认识自我

心理学名著导读

王雨函 著

生活·讀書·新知 三联书店

图书在版编目（CIP）数据

认识自我：心理学名家名著导读／王雨函著．—北京：
生活·读书·新知三联书店，2019.6
ISBN 978 - 7 - 108 - 06467 - 7

Ⅰ．①认… Ⅱ．①王… Ⅲ．①自我－通俗读物
Ⅳ．① B017.9-49

中国版本图书馆 CIP 数据核字（2019）第 026787 号

责任编辑	徐国强	
装帧设计	康　健	
责任印制	徐　方	
出版发行	**生活·讀書·新知** 三联书店	
	（北京市东城区美术馆东街 22 号　100010）	
网　　址	www.sdxjpc.com	
经　　销	新华书店	
印　　刷	三河市天润建兴印务有限公司	
版　　次	2019 年 6 月北京第 1 版	
	2019 年 6 月北京第 1 次印刷	
开　　本	635 毫米×965 毫米　1/16　印张 17.25	
字　　数	224 千字　图 29 幅	
印　　数	0,001－6,000 册	
定　　价	42.00 元	

（印装查询：01064002715；邮购查询：01084010542）

序

法国哲学家笛卡儿有一名句"我思故我在"，它成为人类肯定自我存在的共识。

每一个人在成长过程中，都会思考一些很基本的问题，那就是：我是谁？我为何要存在？我怎样看自己？我的存在有什么意义？

除了对自我的思考以外，我们也会问：他人以为我是谁？他是谁？他怎样看待我？我和他有什么关系？他对我有什么意义？

在中国文化的思考中，我们还会问：天和我有什么关系？天以我为如何？人在做，天在看，我如何可以对得住天？如何可以达致天人合一的境界？

生活在这个物质世界，我们会问：我和物质有什么关系？我是物质的主人？抑或我为物质所奴役？

面对这些因人的存在而引发的基本思考，最关键的问题，就是如何认识那个会思考的主体"我"及那个尚待认识的"我"。

王雨函博士的这本书，不仅是来自她的努力读书和思考，也来自她对学生生命成长的关心，她以行动将一些枯燥拗口的学术理论生活化，以更加通俗的知识面貌帮助学生明白人生的最基本问题——"我"是谁？现今的世界多元而充满矛盾，往往令青年学子迷茫，既不明白自己，也不认识生存中的处境：天、人和物质，而对于人的存在意义更没有把握。如何协助年轻人认识自我，以及建立自我，和天、人、物、我的合宜、和谐关系，这是生命教育的重要使命。

心理学作为一个独立的学科，只有一百多年的历史，在中国的发展更为短暂。但这门学问对于了解人类内在心理活动、精神功能和外在行为的关系，包括寻求人类生存的意义，有很大的贡献。雨函是一位青年心理学者，她在本书中选取了六位西方心理学家的七篇经典文章，深入浅出地介绍每位作者的生平及思想，更在适当的地方加以讲解，使这些理论的可读性大为增强。

　　蒙李嘉诚基金会的鼎力支持，汕头大学文学院宗教文化研究中心成立于 2010 年。面向汕大师生推广全人生命教育是中心的主要目标之一。中心成立以来，紧密配合学校通识教育的改革步伐，举办公开演讲、工作坊、学人访问、专题研究计划、通识课程等主题项目，汇聚专家学者、搭建国际化交流平台，为发展成为华南地区全人生命教育基地及典范而不懈努力。本次支持出版《认识自我：心理学名家名著导读》是中心探究生命教育的又一次积极尝试。我深信这本书不但可以对青年人的自我认识有所贡献，更对其寻找存在的意义有所帮助，并将促进心理学知识在中国社会中的普及。这里对雨函博士的努力谨致以谢忱，并且期望本书可以福泽更多的人。

卢龙光

香港中文大学崇基学院神学院荣休院长

汕头大学文学院宗教文化研究中心前主任

目　录

导言　关于"自我"的三个问题

网上有个笑话，说中国对哲学问题探讨得最执着的是各行政机关的看门大爷，因为他们每天都在就人类哲学的三个终极命题发问："你是谁？""你从哪里来？""你要到哪里去？"

虽说是笑话，但千百年来人类关于"自我"的探讨确实一直没有终止，笛卡儿在《第一哲学沉思集》中有一段很著名的关于"我"的描述："最后必须做出这样的结论，而且必须把它当成确定无疑的，即有我、我存在这个命题，每次当我说出它来，或者在我心里想到它的时候，这个命题必然是真的。"[1] 他有一句我们今天耳熟能详的表述——"我思故我在"，将人类对自我的认识与人类的意识联系在一起，认为人类的意识活动是自我存在的根源。

跳出哲学的思辨，从心理学的角度讲，自我同样是一个非常重要的问题。人类为什么会形成自我？动物有自我吗？人类的自我是如何产生的？自我发展变化遵循怎样的规律？在自我发展的过程中会有哪些因素产生影响？

下面就让我们尝试回答一下看门大爷的第一个问题："我"是谁？

要谈自我，首先要了解心理学对人格的定义。可以说，人格与自我关系密切，是难以彻底分割的两个词。一般情况下，研究者们将自

---

[1]　笛卡儿著，庞景仁译：《第一哲学沉思集》，商务印书馆 1986 年版，第 23 页。

我定义为人格的重要组成部分。

让我们先来看一下什么是人格。人格一词最早来源于拉丁语"persona"，本义是指演员脸上的面具，当演员饰演不同人物的时候，就会戴上相应的面具，这些面具上的图案和表情体现了其所饰演的不同人物的人格特点。古希腊的苏格拉底和近代的康德等哲学家，都用近似的意思解读过这个词。[1] 在心理学中，英语的人格一词为"personality"，沿用了拉丁语中"面具"的解释，但其含义有所延展，不仅指面具所代表的人格的外显特征，也指人们没有展示出来的、内隐的真实自我，即人格的内部特征。每一个人都是一个独立的个体，人与人之间存在着巨大的差异，但人与人之间也存在很多相似性，因此，人格的研究更多的是探讨人的差异性与相似性。不同的心理学派由于研究取向不同，对人格的定义也存在着一些差异，但总体的描述是相似的。这里可以选取彭聃龄先生在其《普通心理学》中的定义作为对人格的界定："人格是构成一个人的思想、情感及行为的独特模式，这个模式包含了一个人区别于他人的稳定而统一的心理品质。"[2] 当我们探讨自己是一个怎样的人的时候，其实就是在分析我们的人格特征。

在谈论人格的时候，必然谈到自我。"这是因为，自我是人的内向性界说。当人们渴望去认识世界万物时，当然也渴望认识自己。而这个问题一旦被提到哲学和心理学的高度，那就出现了对'自我'的探讨。"[3] 在哲学史上，从笛卡儿到康德，从黑格尔到费尔巴哈，很多哲学家探讨过自我这个问题。在心理学研究的过程中，自我更是人格研究重要的组成部分，我们可以这样理解：相对于自我，人格是一个更高层级的概念，对自我的研究包含在人格研究中。因此，在这本导

---

〔1〕 B.R.赫根汉著，冯增俊、何瑾译：《人格心理学》，作家出版社 1988 年版，序第 3 页。
〔2〕 彭聃龄主编：《普通心理学》，北京师范大学出版社 2017 年版，第 495 页。
〔3〕 《人格心理学》，序第 9 页。

读作品中，人格和自我两种表述往往交替出现，下文不会再特别指出两者的关系。

在心理学研究的领域，有两个词被认为是与自我的研究紧密相关的。一个是"ego"，该词广泛见于精神分析学派的研究中，它是弗洛伊德的精神分析理论的核心概念之一，是人格结构的重要组成部分。精神分析学派认为，自我是社会化的本我，它遵循现实社会的法则，使人跳出自我为所欲为的快乐原则，并用现实原则指导人们适应社会生活。由于弗洛伊德的影响力，这个词在诸多心理学之外的研究领域被沿用。另一个词"self"，也被译成自我，这是一个使用更普遍的自我概念，是指个体生理与心理特征的总和，是个体独特的、持久的同一性身份。当前国内外心理学界的主流理论中所探讨的自我，主要沿用这个概念。[1]西方绝大多数心理学家关于自我的讨论，从威廉·詹姆斯（William James）最早开始提出基于"self"的自我的概念，到乔治·赫伯特·米德（George Herbert Mead）区分主体的我"I"和客体的我"me"，再到人本主义学派的另一位代表人物卡尔·罗杰斯（Carl Rogers）对自我所进行的系统研究，都采用了这一解释。[2]罗杰斯认为，自我概念是与一个人自身有关的内容，是个人自我知觉的组织系统和看待自身的方式。他认为，对于一个人的个性与行为具有重要意义的是他的自我概念，而不是其真实自我（real self），自我概念不仅控制并综合着个人对于环境知觉的意义，而且高度决定着个人对于环境的行为反应。[3]

在本书介绍的几位心理学家中，只有弗洛伊德所说的自我是"ego"，阿德勒受弗洛伊德的影响，他所谈到的自我有"ego"的成分，

---

〔1〕 金盛华：《自我概念及其发展》，载《北京师范大学学报》1996年第1期，第30—36页。
〔2〕 王益明、金瑜：《两种自我（ego 和 self）的概念关系探析》，载《心理科学》2001年第3期，第363—364页。
〔3〕 刘化英：《罗杰斯对自我概念的研究及其教育启示》，载《辽宁师范大学学报（社会科学版）》2000年第6期，第37—39页。

但由于与弗洛伊德的分歧，已经不再是彻底的"ego"了，他开始考虑社会和家庭对自我的影响，而非纯粹地探讨本能。到了罗洛·梅和弗兰克尔这里，他们虽然都受到了精神分析学派观点的影响，但在他们的理论中，社会和个体主观因素等诸多问题被纳入对自我产生影响的范畴中，对自我的定义越来越接近"self"。而在马斯洛这里，同为人本主义学派的大师，他的观点则基本接近罗杰斯的观点了。

所以，关于"我"到底是谁，是一个怎样的概念，这本书所介绍的心理学家们关于"我"有不同的解释，请各位读者在阅读时加以注意。

接下来，让我们来一起回答看门大爷的第二个问题："我"从哪里来？在回答这个问题之前，我们先界定一下，我们接下来所分析的"自我"，其概念主要基于"self"。

"我"是不是与生俱来的呢？一个小婴儿，是不是一生下来，就能够清晰区分自我和他人呢？关于这个问题，一直存在着争议。目前主要的观点有两种，一种认为新生儿是没有自我的，比较有代表性的是米德和玛格丽特·马勒（Margaret Mahler）的观点。米德指出："自我有一种根本不同于生理器官的特性。自我并非与生俱来的，而是在社会性发展过程中出现的。"马勒认为新生儿并不具有自我的特性，认为新生儿是"蛋壳中的小鸡"，只是"待在那儿"而已，根本不知道自己是谁，也无从谈起与其他人的区别。另一种观点则认为，由于研究的限制，虽然不清楚新生儿是否确定有自我，但起码可以肯定，两三个月大的婴儿就可以做出一些使自己感到快乐的事情，比如看到电视里的人物而做出相应的动作。[1]必须指出的是，这种基于身体动作的自我，是否代表真正自我的形成，研究界仍然存在较大的争议。

那么，如何确定婴儿或者儿童真正形成了对自我的认识呢？在心

---

[1] 戴维·谢弗著，陈会昌等译：《社会性与人格发展》，人民邮电出版社2012年版，第176页。

理学历史上有一个非常著名的"红点实验"。1979 年，两位心理学家路易斯（M. Lewis）和布鲁克斯 - 冈恩（J. Brooks-Gunn）做了一系列非常有趣的实验，他们找来了不同年龄段的婴儿，在婴儿未察觉的情况下（例如熟睡时），在其鼻尖涂上一个小红点，然后在婴儿面前放一面镜子，同时观察不同年龄阶段的孩子的反应。结果发现，较小的孩子或者面对镜子无动于衷，或者试图去摸镜子里面孩子的鼻子，也就是说，这些婴儿对镜子中是不是自己完全没有认识；15 个月的孩子偶尔会去摸自己的鼻子，而 18 个月左右的孩子，这一现象开始普遍出现。这说明，他们清楚地知道镜子里的人就是自己。这被认为是儿童自我意识发展的重要标志，说明他们开始对自我有了一定的认识。[1]

随着年龄的增大，随着儿童认知水平的不断提高，以及儿童在参与社会活动过程中社会化程度的不断发展，检验儿童对自我的认识的指标也在发生变化。对于 3 到 5 岁的儿童，自我的概念主要是由他们自身经历过的、可观察到的和可检验到的特征来构成，如性别、年龄、喜好、最近几天的经历等。而从儿童中期（七八岁左右）开始，随着儿童各方面能力的发展，他们不再仅仅基于自己的经验来定义自我，而是开始学习将周围的人，尤其是家长和老师等成人的观点纳入对自我的定位中。他们开始概括那些稳定的内在特征，包括能力、价值观、思维方式等。而到了青春期，青少年开始更加关注自己的内心世界，精神自我开始受到越来越多的重视，在对自我的描述中加入了抽象的心理特征，在这一时期，青少年开始面临自我同一性危机。[2]

---

〔1〕 David R. Shaffer、Katherine Kipp 著，邹泓等译：《发展心理学》，中国轻工业出版社 2018 年版，第 419—420 页。

〔2〕 王维、张伟、丘昌建、肖融：《自我概念研究进展概述》，载《精神医学杂志》2008 年第 1 期，第 68—70 页。

戴维·谢弗在其《社会性与人格发展》一书中举了个体在不同年龄阶段在"我是谁"这个问题之下对自己的描述，让我们分别来看一下：

　　3岁："我有一双蓝眼睛，在我的房间里有一只橙黄色的小猫和一台电视。我认识所有的ABC听力字母：A、B、C……我真的跑得很快。我喜欢比萨，在幼儿园我有一位好老师。我能数到10，想听我数吗？……"

　　9岁："我叫布鲁斯。我的眼睛是蓝色的，头发是褐色的。我喜欢体育！我家有九口人。我的视力特别好。我有很多朋友……我差不多是班上最聪明的男生。我爱吃……我喜欢学校。"

　　17岁："我是一个人……一个女孩……一个个体……我是双鱼座的。我是一个忧郁的人……一个优柔寡断的人……一个有野心的人。我是一个有很强求知欲的人……我很孤独。我是一个美国人。我是民主党党员。我是一个自由主义者。我是激进分子。我很保守。我是一个自由主义者。我是一个无神论者。我不是一个容易被归类的人（也就是说，我不想被归类）。"[1]

在这些描述中，我们可以看到人们对自我理解的一个变化过程。值得一提的是17岁的描述，可以看到很多关于价值观的描述，也存在许多前后矛盾的地方，比如激进和保守前后几乎同时出现。这一特点可以看出青少年们正在努力调整自我，让自己可以更多地赢得父母、师长和同伴的认可，更好地适应社会。而这一现象会随着年龄的增加缓慢地消失。这一过程，正是人的自我同一性发展的过程。度过

---

〔1〕《社会性与人格发展》，第168—188页。

青年期，人的自我基本形成，但此后自我并不是一成不变的，即使是成年人，对自我的定位和认识也会发生变化。

那么，在自我形成和发展的过程中，到底哪些因素在起作用呢？当前研究者们普遍认同的影响因素主要集中在以下方面：

1. 生理：生理上的成熟是自我发展的基础，大脑通过收集自我信息的自我觉知过程来发展我们的自我知识（比如个性、欲望和思维相关信息）[1]，认知的发展决定了自我发展能够达到的水平。本书没有对这方面的著作加以导读，因此，对这部分知识感兴趣的读者可以阅读加扎尼加等人的著作《认知神经科学——关于心智的生物学》或者其他认知神经科学相关的书籍来了解。

2. 家庭：父母对儿童自我发展的影响在人生中是出现最早也是贯穿始终的，往往被视为影响自我发展的最重要因素。父母对儿童自我发展的影响表现在很多方面，比如父母教养方式和自我发展的关系、父母与子女之间亲子依恋关系的程度和自我发展的关系等。在这本书中，大部分心理学家的著作都涉及了这一问题，比如弗洛伊德分析依恋、阿德勒探讨父母的教养方式等。

3. 学校：随着儿童年龄的增长，学校成为继家庭之后第二个影响自我发展的重要场所，在学校对儿童产生影响的群体，主要是教师和同学。在该书中，阿德勒探讨了教师的影响。但是，同龄人的影响并没有哪一位心理学家特别突出地表现出来，对此感兴趣的读者可以从任何一本发展心理学教材或者相关研究文章中找到帮助。虽然没有详细的介绍，但同龄人作为社会比较的最重要群体，对于自我发展起到了关键作用，他们通过与同学的比较判断自己在学校中的社会地位，通过与同学的相处形成自己的社交技能，这些对自我的形成至关重要。

---

[1] Michael S. Gazzaniga、Richard B. Ivry、George R. Mangun 著，周晓林、高定国等译：《认知神经科学——关于心智的生物学》，中国轻工业出版社 2011 年版，第 522 页。

4.社会：社会、文化、民族、种族和历史环境等诸多问题是否会对自我产生影响呢？答案是肯定的。罗洛·梅从社会角度对这一问题进行了深入探讨，而马斯洛对需要层次的分析和弗兰克尔对个体主观能动性的分析，都是基于一定的文化、民族、宗教等社会因素而进行的，即使是弗洛伊德从本能出发的分析，也没有跳出当时的社会文化因素的影响。我们处于一个信息时代，影响儿童的社会因素比起本书心理学家们所处的时代更为复杂，对于人的自我形成而言，社会因素所起的作用，比如互联网时代多种信息的杂糅和矛盾共处，可能会产生更为复杂而深刻的影响。

回答了从哪里来的问题之后，我们来到了最后一个问题："我"要到哪里去？我要成为一个怎样的人呢？这个问题可以通过前文提到的自我同一性这个概念来解释。

这个词在前文反复出现。所谓同一性（identity），是一种关于自己是谁、要朝哪个方向发展，以及在社会上处于何种位置的问题的稳固的、一贯性的认识。同一性的建立是一个缓慢的、持续性的过程。有些人在青年期获得，有些人终其一生都在探索。

著名心理学家埃里克·埃里克森（Erik H. Erikson）在1963年最早提出了自我同一性的概念，他认为，这是青少年在人生发展过程中面临的最主要障碍之一。詹姆斯·玛西亚（James Marcia）在1980年通过访谈法将青少年划分为四种同一性状态：

1. 同一性扩散（diffusion）：还没有思考和解决同一性问题，没有计划将来的生活方向。例如：一个大二的学生在被问到未来的打算时表示："我不知道我打算干什么，考研或者找工作吧？我还没有想清楚，或者说我还没有开始考虑这个问题呢！还有三年，不急不急！"

2. 同一性早闭（foreclosure）：获得了一种同一性，但在获得的过程中没有经历"危机"，即没有经历什么是最适合自己的选择的过程。例如，有一个学生在回答为什么选择医学专业时表示："因为父母想让我当医生，所以我应该当医生。啊？你问我自己想不想当医生，我自己并未过多思考，医生应该不错吧！反正你看，我现在在做医生啊，我觉得挺好。"

3. 同一性延缓（moratorium）：处于这一状态的人正在经历埃里克森所谓的"同一性危机"，他们在积极思考有关生活选择的问题，并寻求答案。例如，一个大三的学生在回答未来打算时会说："我不知道我打算干什么，考研或者找工作吧？我正在认真考虑这个问题，我觉得我不喜欢学术研究，所以我考研的可能性不会很大，但我的专业就业不是很好，所以我要认真思考我要不要从事我的专业，虽然我挺喜欢这个专业的。"

4. 同一性获得（achievement）：获得了同一性的人已经选定了特定的目标、信仰和价值观，解决了同一性的问题。例如，一个人在回答职业问题时说道："经过对众多职业的尝试和了解，我最终选择了现在的职业。虽然这个过程比较漫长，我思考了很多，也经历了很多失败，但我很喜欢现在的职业，我觉得这就是最适合我的。"[1]

在研究者们看来，每一个人在人生中要形成对自我的清晰稳定的了解，都要经历上述阶段。随着年龄的增长，每个人都会开始敏感地关注自身，他们开始思考关于自身的很多问题，从最初对外貌和形体的关注，到对自己未来前途的思考。他们的认知发展的水平和社会化过程中获得的经验帮助他们积极思考和回答这些问题，并努力做出种种尝试性的选择，直到形成自我同一性。

在自我同一性确立的过程中，也可能遇到很多问题，比如有些人觉得自己不能或者不想做出选择，就会服从于父母或师长。他们或者沉默地接受，不去思考自己真实的想法；或者在多年后感到后悔。可以说，他们并没有真正地形成自我同一性。大量的心理学研究表明，

---

[1]《发展心理学》，第 440—441 页。

自我同一性的确立，关系到一个人的健康发展，关系到他能否更好地适应社会，能否体验到自身的价值和人生的意义。

需要引起注意的是，同一性延缓与同一性混乱是不同的，在同一性混乱阶段，青少年对于未来的打算未做思考或者没有能力做出思考，而在同一性延缓阶段，他们已经开始进行认真的思考，只是没有得到结果，因此在这一阶段会感受到大量的混乱、压力和焦虑。获得了同一性的青少年会具有较高的自尊、较少的不自在，并能够更专心于自己所关心的问题。最痛苦的不是对未来的思考和在思考过程中遇到的种种困难，虽然这个过程可能确实耗费心力，但最终会有所收获。对于个体而言，最痛苦的是长期不能建立同一性。当人长期陷入同一性扩散状态时，最终会变得情绪压抑和缺乏自信，甚至陷入"消极同一性"，成为"败家子""违法者""失败者"……遗憾的是，很多人，直至成年甚至终其一生，都无法获得自我同一性。

到此为止，我们简单地了解了心理学与自我相关的一些基本问题。接下来，就请各位读者通过不同心理学家的观点，来深入思考"我"的问题。

大时代下人的孤独与焦虑

——从罗洛·梅的《人的自我寻求》出发

一、关于罗洛·梅

罗洛·梅（Rollo May，1909—1994），著名心理学家，与亚伯拉罕·马斯洛和卡尔·罗杰斯并称为美国人本主义心理学三巨头。

相较于弗洛伊德或者荣格等精神分析学派的心理学家的观点而言，罗洛·梅的心理学观点相对较为容易理解。但如果仅仅把他的观点作为单纯的心理学理论，而不将之放置在恰当的时代背景中去解读，则会降低思考的价值。接下来我们首先带大家回溯罗洛·梅的一生，然后再通过阅读其"现代人的孤独和焦虑"一章来理解其中与人格和自我相关的理论。

罗洛·梅出生于美国俄亥俄州小镇艾达的一个普通家庭，但他并没有像一般家庭的孩子那样拥有一个幸福的童年。他的父亲是基督教青年会的秘书，这份工作的性质需要他经常在教区内的不同城市之间变换工作地点，因此罗洛·梅需要经常随家搬迁，其童年生活总是在"适应新的环境—搬家—再次适应新的环境—再搬家"的不断循环中度过。

在这样不安定的童年中，如果父母能够给孩子足够的关爱，无疑可以帮助孩子更好地适应生活，但不幸的是，罗洛·梅的父母婚后感情不和。于是，在不断搬家的路上，年幼的罗洛·梅还要适应父母无休止的纷争和吵闹，直至他们最终选择离异。

罗洛·梅

　　离婚后，孩子们由母亲抚养，但他的母亲却没有尽到一个好母亲应尽的责任。她经常为了个人的烦恼而离家出走，也没有花心思在子女的教育上，罗洛·梅的姐姐罹患精神分裂症，他的母亲甚至将女儿患病的原因归于受教育太多。父母婚姻的不幸给子女们造成了诸多的负面影响，而作为这个不幸家庭中的长子，罗洛·梅不得不在其他孩子还在享受父母关爱下的幸福童年时就早早承担起生活的重担。

　　翻开各种罗洛·梅的传记，在描述他早年的生活的文字中，我们可以看到各种片段，其中充满了由于家庭的动荡、争吵给年幼的罗洛·梅和他的兄弟姐妹们造成的痛苦和压力，这些经历不仅对他的童年产生了巨大影响，也在他后续的研究中一一显现。[1]

　　随着年龄的增长，罗洛·梅开始了他的求学之路。在进入大学前，他对不同的学科表现出了广泛的兴趣，尤其是文学和艺术。因此在高中毕业后，他先后入读密歇根州立大学和奥柏林学院（Oberlin

---

〔1〕　车文博著：《人本主义心理学》，浙江教育出版社 2003 年版。

College）求学，并在奥柏林学院获得了文学学士学位。

求学期间，他对古希腊的绘画、雕刻和文学等领域产生了浓厚的兴趣，并广泛阅读相关书籍。毕业后，由于痴迷古希腊的历史和文化，他跟随一个艺术团体游历欧洲，并找到了一个在希腊任教的机会来更好地了解他所热爱的希腊文化。爱琴海的神秘传说和古希腊文明可以说影响了他的一生，这种影响在他晚年对于神话和个体心理关系的一系列论著中表现明显，在《人的自我寻求》一书中也可以看到大量借用希腊神话来描述人的心理的内容。

1932 年，罗洛·梅接触到了新精神分析学派的著名心理学家阿德勒（Alfred Adler）的理论。当年暑假，一个偶然的机会，他在维也纳参加了一个关于阿德勒心理学理论的暑期研修班，这是他第一次系统地接触精神分析学派的观点。不同于弗洛伊德，阿德勒没有将关注点集中在对本能的解读上（本书将在其他章节中详细介绍阿德勒和弗洛伊德的相关理论），而是注重社会对人的影响，这些观点影响了罗洛·梅并使得他对心理学开始产生兴趣。

1932 年回到美国后，罗洛·梅开始从事与心理学和神学相关的工作。1934—1939 年，他曾经在密歇根州立大学从事过学生心理咨询工作，并在 1938 年获得神学学士学位。其间他结识了对他此后影响深远的存在主义哲学家蒂利希（Paul Tillich），开始接触和了解存在主义哲学。毕业之后，他做了两年牧师，但很快就发现神学相关的工作并不是自己真正的兴趣所在。但是，这段经历对他的影响还是可以在他的理论中涉及宗教与人类心理的关系的探讨中显现。从 1932 年正式接触心理学的观点开始，罗洛·梅一直没有停止关于人的心理活动和人性的思考，但他在心理学和神学之间摇摆，一直没有找到契合自己的学术道路。

在当时的心理学界，心理学家们的研究兴趣正从弗洛伊德的精神分析学派对人的本能的研究中跳出来，弗洛伊德的影响在这一时期开

巴甫洛夫

始慢慢减弱。

　　精神分析学派的研究围绕"力比多"而展开，所谓的"力比多"指人的本能，虽然在弗洛伊德的很多著作中被特别地指向为性的本能，但其实际含义远比性本能更加广泛，泛指人的一切本能。

　　当时很大一部分心理学家认为"力比多"是一个虚无缥缈的存在，它既不能被证明真实存在，也不能被证明不存在。因此，针对既不能被证真又不能被证伪的"力比多"而展开的很多研究被认为是不科学的。进而，主流的研究取向转向了以行为主义为代表的，通过研究人的某些具体的、可以观察到的行为中存在的规律，从而推断人的心理活动的研究中。[1] 这些关于行为主义的描述比较抽象，我们可以通过下面两个经典研究来更好地理解行为主义的研究范式。

　　第一个是狗的条件反射实验，它虽然并不是一个真正意义上的行为主义心理学实验，但被认为是行为主义理论的起源，有助于我们理

---

[1]　罗洛·梅著，郭本禹、方红译：《人的自我寻求》，中国人民大学出版社 2013 年版，序言第7—11 页。

巴甫洛夫关于狗的条件反射实验

解行为主义的研究范式。

伊凡·彼德罗维奇·巴甫洛夫（Ivan Petrovich Pavlov）是苏联著名的生理学家，科学院院士，1904年荣获诺贝尔生理学奖。他创设了"高级神经活动类型学说"和"两种信号系统学说"，这两个理论对心理学研究，尤其是行为主义的研究产生了深远的影响，他因此被称为传统心理学领域之外对心理学发展产生重要影响的人物之一[1]。在我们的初中生物教材上，就有巴甫洛夫最为经典的条件反射实验。

巴甫洛夫设计了一系列实验来研究动物的条件反射现象。实验之初，狗对于铃声没有任何反应，但是对着肉骨头，会产生流口水这种先天反应，巴甫洛夫将之称为先天性条件反射。之后，每次给狗呈现肉骨头的同时，巴甫洛夫都会敲响铃声。通过将食物和铃声这两种刺激物反复同时呈现，狗习得了铃声和食物之间的联系。当两者的联系趋于稳定之后，仅仅给狗铃声刺激而不提供食物，狗也会出现在看到食物的时候会出现的先天性条件反射，例如流口水[2]。

---

〔1〕 莫雷主编：《20世纪心理学名家名著》，广东高等教育出版社2002年版，第583—619页。
〔2〕 戴维·霍瑟萨尔、郭本禹著，郭本禹等译：《心理学史》，人民邮电出版社2011年版，第395—398页。

约翰·华生

　　另一个非常著名的典型的行为主义研究案例是华生的小阿尔伯特实验。约翰·华生（John Watson）是行为主义学派的创始人，美国著名心理学家，曾任美国心理学会主席。他否定传统心理学对人的心理和意识的研究，尤其反对内省法这类通过个人经验的主观报告来进行的研究方法。他认为在研究人的心理的过程中，应该摒弃个人主观的解释，而将心理学的研究对象归纳为可以量化的人的行为，认为可以用刺激－反应（S-R）之间的关系来解释人的心理。对于行为主义的评价褒贬不一，由于篇幅的限制此处不做过多的讨论，但主流的心理学研究者通常认可其在心理学研究领域的开创意义，尤其是对于可量化的行为的研究直至今天仍在心理学研究中占有重要的地位。[1]本书没有对华生的理论展开介绍，但通过对下面实验的介绍可以帮助大家在一定意义上理解行为主义的观点。

　　1920年，华生设计了一个与情绪研究相关的实验，即后来心理学

---

〔1〕《20世纪心理学名家名著》，第131—162页。

史上经典的"小阿尔伯特实验"。在实验中，他通过设计情境人为地诱发了一个十一个月大的名为小阿尔伯特的婴儿对特定动物的恐惧。华生把一个特定的动物（例如小白鼠或是毛茸茸的小兔子）放在小阿尔伯特的面前，开始的时候，小阿尔伯特对这些小动物很有兴趣。但在婴儿与动物共处的时候，华生在他背后突然敲击钢条发出巨大的声音，这巨响吓到了小阿尔伯特，使他非常恐惧。这个过程反复出现，持续几次之后，不需要敲击钢条，只要看到兔子，小阿尔伯特就会恐惧地大哭起来。华生通过这个实验得到一个结论，人类的情感也是通过后天的行为习得的。[1] 这个研究引发了极大的争议，因为其对婴儿造成了巨大的心理伤害，违反了心理学实验最基本的伦理道德原则，此类研究在后来被彻底禁止。

罗洛·梅不喜欢行为主义者的取向，他认为，像巴甫洛夫这样通过训练动物获得某种生理反应或者像华生这样通过反复恐吓儿童使他们习得某种情绪的研究，过度强调自然科学的方法论，因而把心理学的研究对象限定在人的行为等可重复验证的对象上。而罗洛·梅始终认为人的心理是复杂的，绝非只有外显的行为这样简单，仅仅通过行为来推断心理活动的研究并没有触及他所认为的，心理学真正的研究对象：人，以及人的意识、人的心理疾病、人的痛苦和焦虑等问题。但是，罗洛·梅也不认同弗洛伊德理论中对于性的过度分析和解读，他认为，弗洛伊德所处的年代已经过去很久了，他的理论可能针对当时的人有普遍的适用性，但已经不能用来有效地分析和解决当下美国人的心理问题。

他曾经打算在哥伦比亚大学深造心理学，但哥伦比亚大学当时作为行为主义的大本营之一，所讲授的行为主义的观点和研究方法不能得到罗洛·梅的认同。

---

[1] 《心理学史》，第419—420页。

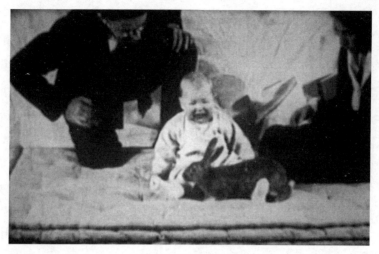

小阿尔伯特实验的场景

直到 20 世纪 40 年代初，罗洛·梅才真正找到自己感兴趣的心理学研究方向。他来到当时纽约著名的怀特研究所，师从沙利文（Harry Stack Sullivan）和弗洛姆（Erick Fromm）等精神分析社会文化学派的大师。这是对罗洛·梅的学术生涯影响深远的一段时期，他不断吸收不同心理学派别的理论观点，在区分这些观点异同的过程中，寻找符合自己对心理学理解的理论，进而丰富自己关于心理学的认识。

最终，罗洛·梅仍然选择了哥伦比亚大学完成自己的博士学习，但其研究并非关于行为主义，而是完成了哥伦比亚大学史上第一个临床心理学的博士论文。这可以被看作他正式学术生涯的开端。

在完成博士论文的过程中，他经历了人生中一个巨大的危机。1942 年，厄运降临罗洛·梅身上，他感染了肺结核，在当时的医疗条件下，肺结核几乎是不治之症的代名词，罗洛·梅的人生似乎看不到任何希望了。与病魔做斗争的过程痛苦而漫长，在长达三年的时间里，罗洛·梅躺在疗养院的病床上，在死亡无处不在的威胁下开始思考关于生命的问题，思考自己存在的形式和意义。

幸运的是，罗洛·梅战胜了疾病。1949年他完成了自己的博士论文《焦虑的意义》，在这篇论文中，他总结了在结核病治疗过程中自己的思考，包括对自身状况的担忧、对生命不确定性的恐惧、对未来的迷茫，以及由上述问题所引发的各种焦虑情绪。罗洛·梅初步提出了自己关于焦虑的理论，这使得他的学术思想初见雏形。

此后，罗洛·梅的学术生涯飞速发展。他推动了存在主义心理学在美国的发展，并且积极倡导人本主义心理学。他先后做过哈佛大学等多所学术机构的访问教授，以及纽约大学的资深学者和加利福尼亚大学雷根特学院的教授，担任过纽约心理学会和美国精神分析学会主席等多种学术职务。他获得了多项荣誉，包括两次克里斯托弗奖章、美国心理学会颁发的临床心理学科学和职业杰出贡献奖，以及美国心理学基金会颁发的心理学终身成就奖章等，是现代心理学历史中有重要影响力的心理学家之一。

同时，他积极投身各项社会活动，在诸如反对越南战争、反核运动、反种族歧视、妇女解放运动等活动中都能见到他的身影。在参与社会活动的过程中，通过对上述社会问题和社会实践的思考，进一步促进了罗洛·梅理论中关于社会对人的自我影响的观点的形成。

二、作品导读

罗洛·梅一生著述颇丰，接下来，我们通过解读其《人的自我寻求》一书，对关于自我和人格的诸多观点进行分析。在写作的过程中，笔者尽量用日常生活中为大家所熟悉的、通俗易懂的例子来帮助心理学的初学者和对心理学感兴趣的读者更好地了解其观点。由于篇幅的关系，没有办法将全书每一个章节进行细致的导读，仅选取第一章"现代人的孤独和焦虑"以及第七章"勇气，成熟的美德"来进行详细分析，其余章节将结合罗洛·梅的理论进行概述。

阅读的乐趣在于与原文作者有更好的沟通和共鸣，本书的目的仅在于给读者以阅读的引导，而不是代替大家完成阅读，因此所有的讨论和分析都尽量贴近原作者的本意，不加入太多解读者的观点。

《人的自我寻求》一书旨在探讨个人在现代社会中对自我和人格的重新建构问题，整本书对 20 世纪中期的美国社会中的人的心理问题进行了深入的描述和分析。通过大量的案例，罗洛·梅详细而深入地解读了现代社会的特点，分析了现代社会中的人所存在的一系列心理问题，进而探究了现代社会中，每个人的孤独、焦虑和空虚，以及在这种情况下自我的丧失和重建。他探讨了自由、爱、勇气、创造性和价值等与人的自我密切相关的问题，指出重新认识和发现自我对现代人心理问题的重要意义。

在阅读该书之初，需要首先向大家简单介绍一下罗洛·梅的人格理论，以帮助大家在后续阅读中更好地理解一些会在书中反复出现的概念。

罗洛·梅的人格观包括六个基本要素，即中心性、自我肯定、分享与参与、觉知、自我意识以及焦虑，为了帮助大家更好地了解推荐阅读的内容，下面我们逐一进行简要介绍：

所谓中心性，是指每一个人在本质上都是一个与众不同的独特存在，存在的意义就是保持自我中心，每个人都是独一无二的，没有人可以与另一个人完全一致，因此没有一个人可以按照别人的模式来塑造自我。罗洛·梅认为，接受自我的唯一性是心理健康的首要条件之一。例如，在家庭中如果一个孩子完全按照父母的要求而不是自己的喜好来发展自我的话，他会对自己存在的价值产生怀疑，进而会产生各种心理问题。

自我肯定是指，每一个人都具有独特的自我中心，但这个自我中心并不是简单顺利地自然形成的，在其形成的过程中会遇到很多来自环境、社会甚至是他自己的阻碍。因此，个人必须不断地鼓励自己、督促自己，这个过程就是自我肯定。孩子在父母的要求和自身的希望两者之间发生矛盾时，如果想要坚持按照自己的本性去发展，就要不断地自我鼓励以战胜各种挑战。例如，一个孩子喜欢音乐而父母希望他好好学习学校传授的知识，那么，就需要不断地为自己的音乐爱好寻找支持和鼓励，既可以是外部的鼓励，比如周围人对他所表现出的音乐才能的赞赏；也可以是内部的支持，比如他自己在学习音乐过程中享受到的内心的喜悦等。

分享与参与是罗洛·梅人格结构中的重要一环，他特别强调外部世界对人的影响。罗洛·梅认为，人虽然必须保持自身的独立性并为此而不断斗争，但社会性从始至终都是人最重要的属性，没有任何一个人可以脱离社会而独立存在，因此人必须参与到社会生活中去，必须学会分享，独立和分享是人格中相辅相成的两个方面。

觉知是罗洛·梅人格结构的第四个特征，他将觉知定义为发现外在威胁或危险的能力。这种能力是人和动物所共有的，不过在人身上，可以转化为焦虑。当人们觉知到外界存在危险的时候，如果这种危险是自身不能控制的，那么就会引发焦虑或恐惧，这就跟动物遇到天敌会焦躁不安是一个道理。

自我意识是人类最显著的特性，是人类所特有的，它与觉知的区别在于：觉知是发现外在危险的能力，而自我意识不仅对外在危险敏感，还有助于了解在危险情境中的"主体（我）"的存在和所面临的问题。例如，当一个人马上面临失业的时候，他判断自己即将陷入丧失收入来源的窘境，由此引发的焦虑是觉知的结果，而对在面临失业状态下的自己的处境、面临的危险和可能的解决途径的思考过程则是自我意识。[1]

罗洛·梅人格结构的最后一个特征是焦虑。他将焦虑定义为当人

---

[1] 郭本禹、杨韶刚编：《罗洛·梅文集》，中国人民大学出版社 2008 年版。

的存在面临威胁时产生的一种痛苦的情绪状态。在罗洛·梅看来，当一个人作为人的最根本价值或自身安全受到威胁时，由此引起的担忧便是焦虑。罗洛·梅区分出两种焦虑：正常焦虑和神经症焦虑。正常焦虑是人成长的一部分，适度的正常焦虑对人有积极作用。而神经症焦虑是对客观威胁做出的不适当的反应。在探讨焦虑问题的时候，罗洛·梅没有孤立地看待焦虑问题，而是把人放在社会的背景下，去思考不同的人在社会中的焦虑表现。[1] 正如在接下来我们会读到的一样，他认为应该把人放到他所处的时代背景中，在一定的社会情境中对其焦虑进行分析。

了解基本概念之后，让我们回到书本当中。《人的自我寻求》这本书并不是一部特别难懂的著作，正如罗洛·梅在该书序言中所提到的，他希望通过这本书"帮助读者通过书中所反映的内容，理解他自己和他自己的体验，获得关于他自己个人整合问题的启发"[2]，因此，每一个人在阅读这本书的过程中都会发现一些自己曾经思考过的问题，并引发共鸣，进而产生关于自我的深入思考。这也是选取这本书来进行解读的一个原因。

作者将全书的内容分为三个部分："我们的困境""重新发现自我""整合的目标"。第一部分介绍了在现代社会中广泛存在的一系列问题，第二部分则基于上述问题思考了自我的本质，最后对社会中的人的自我和人与社会的关系进行了思考和整合。

第一部分 "我们的困境"

该书的第一部分，作者用了两个章节来分析和探讨现代美国社会中的人存在的各种问题。

---

〔1〕 叶浩生：《罗洛·梅论焦虑》，载《心理学动态》1988 年第 4 期，第 50—54 页。
〔2〕 《人的自我寻求》，第 2 页。

在全书之初，罗洛·梅就提出了一个问题："生活在我们这个时代的人们，其主要内在问题是什么？"[1]他自己认为，在其所处的历史时期中，人们心理问题的根源与弗洛伊德所处的时期已经产生了很大的不同，性的压抑以及个人与社会禁忌之间的矛盾，不再是造成人们心理问题的核心因素，而空虚和焦虑才是影响现代人心理问题的核心。文中提到焦虑是当人的存在面临威胁时产生的一种痛苦的情绪状态。那么，在我们所处的时代中，哪些因素会使人产生存在的威胁呢？罗洛·梅的问题不仅提给当时的读者，也是今天每一位读者在阅读他的这本著作的过程中都需要去思考的问题。

【解读】第一章"现代人的孤独和焦虑"

基于对当时美国社会中的个体所面临的问题的分析，罗洛·梅在第一章中提出了"空洞的人"的观念。他在文中指出："20世纪中期人们的主要问题是空虚……我所说的空虚不仅指许多人不知道他们想要什么，而且还指他们通常对于自己的感受没有任何清晰的概念。……他们潜在的问题是，他们对于自己的欲望和需求没有明确的体验。"[2]

空虚是罗洛·梅指出的现代人所具有的第一个特征。在接下来的章节中，他反复论证了这一问题。他认为，这种空虚是无处不在的。而导致这种空虚的真实根源是什么呢？每一个人都想要掌控自己的生活，无论是日常琐事还是人生选择；每一个人都想要得到周围人的爱与关怀，不论是家人、朋友还是爱人；每一个人也都有远大的理想，想要改变环境，使自己的价值能够得到充分的体现。在罗洛·梅看来，导致现代人心理空虚的根源在于，我们有各种各样的需要，但对

---

〔1〕《人的自我寻求》，第2页。
〔2〕《人的自我寻求》，第3页。

于这些需要，我们经常缺乏一个清晰的认识，或者说，我们想要的很多，但我们并不能真正了解自己实际需要什么；我们想要改变空虚的现状，但我们并不知道改变的方式和途径，也缺乏尝试的勇气。他在本章中列举了大量的案例来分析这种内心的空虚，这其中既有每个人日复一日重复着的生活状态，也有说走就走的纽约布朗克斯区的公共汽车司机的压抑和行为抗争。

也许会有人觉得，不是这样的，我在生活中能够很清楚地知道自己到底想要的是什么，并且为之努力。但罗洛·梅认为，在明确地说出自己的想法之前，我们需要先弄清楚一点，我们所明确的到底是不是自己最真实的想法，就像他在书中所分析的那样："通常情况下，他们能够流利地谈论他们想要的东西……但很快这一点就会凸显出来（甚至他们自己也明白），即他们正在描述的是其他人——父母、教授、老板期望他们做的，而不是他们自己想要做的。"[1]所以，对于每一个阅读罗洛·梅这本著作的读者而言，当你沉下心来思考的时候，第一个要问自己的问题应该是："我真正想要的到底是什么？我现在正在为之努力的到底是不是我真实的想法？"

可能有些读者会觉得弄清这件事情实在是太难了！在课堂上，曾经多次有学生在跟我讨论这个问题的过程中直接问我："老师，那么你想要的到底是什么？你自己清楚吗？"这个问题往往无法回答，原因当然多种多样。但如果因为难以回答或者大家都找不到答案而放弃思考，那么我们无疑就丧失了一次更好地了解自己的机会。

回到书本中，我们在前文介绍罗洛·梅生平的时候曾经提到过他并不完全认同弗洛伊德的观点，在接下来的文字中，罗洛·梅很清晰地表述了自己对于沿用弗洛伊德的理论来解释不同时期的心理问题的看法。由于在本书中有专门的章节介绍弗洛伊德的观点，在这里我们

---

[1]《人的自我寻求》，第3页。

仅结合罗洛·梅的论述进行简单介绍。

西格蒙德·弗洛伊德是著名的心理学家、精神分析学派创始人。弗洛伊德在大量临床心理咨询的实践中积累了很多案例，进而将研究的重点聚焦到对人类欲望和本能的研究中。罗洛·梅在该书中指出："正如弗洛伊德所清楚阐明的那样，欲望就在那里；所需要做的主要事情是，清除压抑，将欲望带进意识当中，并最终帮助病人能够在与现实相符的情况下满足他的欲望。"[1]这在一定程度上概括了弗洛伊德的观点。弗洛伊德认为"本能起源于人体内的刺激"，在所有的本能中，他尤其强调性本能（弗洛伊德称之为"力比多"），在其眼中，性欲是广义的，是指人们一切追求快乐的欲望，性本能并不仅仅是生殖意思上的性。性本能冲动是人类一切心理活动中最基本的，当性本能积聚到一定程度时，就会造成紧张，就要寻求途径释放能量。比方说，婴儿幼时对母亲乳头深深依恋，这种性本能，在婴儿长大成人后，可能就转化为抽烟、酗酒等行为，这种行为延续了婴儿在口欲中得到的快感。

在弗洛伊德所处时代的欧洲，人们刚刚从宗教束缚中解放出来，宗教统治对人性的压抑的痕迹还深刻地影响着人们的生活和心理，当时的人们羞于谈性，羞于承认自己存在这样的本能和欲望，因此，人们往往无法意识到这些最基本的本能需要，而将之压抑在潜意识中，无法得到满足，进而造成很多的心理问题。弗洛伊德认为，这些被压抑的本能和欲望，根本无法被自己所了解，它们被囚困在潜意识的牢笼中痛苦地挣扎，只有在睡梦中，由于牢狱看守——前意识——的疏忽，而乔装打扮后以梦的形式出现。所以，弗洛伊德精神分析学派的一个重要观点，就是通过对梦的分析，来发现那些压抑在潜意识中的欲望，使得病人意识到这些欲望，并尽力得到符合现实期许的满足，

---

[1] 《人的自我寻求》，第4页。

这是解决心理问题的根源。这些观点在很长一段时间对心理学界产生着巨大的影响，即使是在今天，仍有很多心理学家用这样的观点来进行心理分析。

但罗洛·梅不完全认同弗洛伊德的观点，或者说，他认为不能照搬弗洛伊德的观点。他承认弗洛伊德理论的价值，并认为这些理论在一定的历史时期内是意义非凡甚至是超前的，他在书中写道："第一次世界大战之后，即到了 20 世纪 20 年代，这些性问题却变得公开，而且流行。"[1]但是性的问题对于个人而言并不仅仅在于性的压抑本身，而是体现了性的需要与社会禁忌之间的冲突，"于是在欧洲和美国，几乎每一个老于世故的人都体验到了同样的性冲动与社会禁忌之间的冲突，而在一二十年前，很少有人会体验到这种冲突。无论人们对弗洛伊德的评价有多高，他们都不能天真地认为，弗洛伊德通过他的著作导致了这一发展；他仅仅是预言了这种发展"[2]。

也就是说，在弗洛伊德所处的时期，他的理论具有积极的意义。但是，20 世纪中期的美国社会已经不再是一百年前的欧洲，性的问题已经不再像弗洛伊德所处的时期那样成为困扰社会的最主要问题。因此，罗洛·梅将关注的焦点从个体的欲望本身转向社会中的人，认为每一个人都是社会中的不可分割的一分子，对人的分析应该从与当前时代特点密切相关，并且着眼于人们的内心空虚和焦虑的角度出发，并展开。

罗洛·梅认为，空虚和焦虑不仅是单纯的个体心理问题，而且是一个普遍的社会心理现象。他援引了戴维·里斯曼（David Riesman）在《孤独的人群》（*The Lonely Crowd*）中关于"外部导向"的美国人的观点来描述这一现象："他不是寻求出人头地，而是寻求适应；

---

[1] 《人的自我寻求》，第 6 页。
[2] 《人的自我寻求》，第 6 页。

他生活得就好像是他受到了一个紧紧固定在他头脑中并且不断告诉他别人期望他如何做的雷达的指挥。……他能够做出反应，但却不能进行选择；他没有他自己有效的动机中心。"[1] 他们的生活被限制在社会规则和他人期许的框架之下，因为无法保有自我中心，因此"外部导向"的人会产生空虚和焦虑，而这样的现象在当时并非个案。

与之相对应的是维多利亚后期"内部导向"的人，罗洛·梅将他们称为"陀螺仪型的人"，指那些拥有严格"内在力量"的人，这里的内在力量并不是人们发自内心的想法，而是将外部社会的道德规则等内化为个人的行为准则，在这个过程中，对于自己本能的欲望和想法，他们会强行加以限制，并且认为对自己的压抑是一种优秀的品质，就好像我们所读到的维多利亚后期文学作品中所为人称道的"贵族"和"绅士"应该具有的极度自律的品质那样。他们中的有些人，当然不是所有的"陀螺仪型的人"，甚至会用同样的方式去限制他们的子女和周围人的行为。这样的例子并不罕见，在弗洛伊德所处的维多利亚时期以及其后很长时间内的文献典籍和文学作品中都有所表现。弗洛伊德的著名案例"少女安娜"（见弗洛伊德部分的导读），可以被看作典型的缩影。

如果一个人深信道德规范和社会规范，并将之融入自身的价值体系，使这些规范成为自己的行为准则，那么，作为"内部导向"的人，他可能也会遇到心理问题，但问题类型与那些仅是遵循社会规范，内心并不认可这些规范的"外部导向"的人所产生的心理问题是不同的。时代发生变化，传统的"内部导向"的人在适应社会的过程中遇到了越来越多的问题，无法坚持自己的"内部导向"，但人们不知道该用什么样的新的力量来替代"内在的力量"，无奈之下转为了"外部导向"，在盲目的适应社会的过程中，由于无法很好地协调

---

[1] 《人的自我寻求》，第7页。

自我的真实想法与外部社会的要求之间的关系，空虚和焦虑就随之而来。

罗洛·梅认为，在当时的美国社会中，这种"外部导向"行为准则已经成为一个广泛存在的普遍特征，他举了一个郊区市民的例子来佐证这种空虚和焦虑的生活形式："郊区市民……每个工作日的早上在同一时刻起床，乘坐同一列火车进城工作，在办公室做着同样的事情，在同一个地方吃午饭，每天给女服务员同样的小费，每天晚上乘坐同一列火车回家，养育两三个孩子，培植一个小花园，每个夏天去海滨度两周他自己并不喜欢的假期，每逢圣诞节和复活节就去教堂做礼拜，年复一年地过着程序式的机械生活，直到最后在 65 岁时退休，在那之后不久就会因为心脏病而去世，而且这种心脏病很可能是由于受压抑的敌意而引起的。不过，我总是私下怀疑，他会不会是死于厌烦。"[1]

我们可以发现，在今天的中国，我们中的很多人似乎也在重复着这样的生活，我们规范自己行为的模板来自那些被认为"优秀"的人的行为方式，我们要求自己像他们一样好好读书，找好工作，买好房子，过好日子，我们衡量自己生活品质的标准是我们与这些优秀的个体的差距。世易时移，但这种"外部导向"给人的生活造成的束缚，跨越了时间和空间，仍然在我们身上沿袭着。

但并不是所有的人都安于重复这样的生活，正如书中提到的布朗克斯区的公共汽车司机的例子。这位司机在工作的过程中没有按照既定的路线行驶，而是开走了他驾驶的空车，别人不知其踪。直到好几天后，警察才在佛罗里达发现了他的踪迹。当被询问为什么要做出这样的行为时，他解释说，由于厌倦了每天在同一条路线上行驶，他决定来一次这样的驾车旅行。当这件事在报纸上被报道后，奇怪的事情

---

〔1〕《人的自我寻求》，第 8 页。

发生了，这位司机并没有因为玩忽职守、公器私用而受到舆论的谴责，反倒成了"引起轰动的人物"，人们从城市的各个角落赶来欢迎这位公共汽车司机，当公司宣布不对他进行法律惩罚时，人们欢呼雀跃，就好像他们自己得到了宽恕一样。[1]

这个事件及其引发的结果很耐人寻味。在一般人的普遍认识中，将公共交通工具在工作日中私自开走去旅行，这无疑是一种在任何一类文化背景下都无法被人们原谅的行为，因此，可以预期这位司机必将面临公众严肃的指责，报纸上将会出现铺天盖地的"严厉谴责""玩忽职守"之类的标题。但现实与之截然相反，如何解释人们这种出乎意料的反应呢？按照罗洛·梅的观点来分析，人们对这样一件与自己无关的个人小事表现出了超常的热情，对于违反社会行为准则的行为的出乎意料的原谅，背后所折射的不仅仅是某一个人对自由的向往，更多的是人们在面对生活的过程中，对现状的无力感而产生的空虚和孤独，以及为了逃离这种感受而做出的种种努力。

今天我们可以看到很多类似的案例，比如我们很多人都向往的"来一场说走就走的旅行"，比如我们所熟知的"世界那么大，我想去看看"的宣言。[2]2015 年 4 月 14 日，河南省实验中学的教师顾少强向学校交上了一封极其简短的辞职信，信上只有十个字："世界那么大，我想去看看。"这封信被传到网上并引起热议，截至 15 日 19 时 30 分，单是在人民日报的官方微博下面就有 16932 次转发、3654 条评论，收获的点赞数达 14900 个。

不论是那位布朗克斯区的公共汽车司机，还是想去看看世界的中学教师，他们的行为似乎代表了我们很多人的理想。我们每天努力奋斗，为了达到一个符合社会或者他人期待的理想的生活状态，但实际

---

[1]《人的自我寻求》，第 8—9 页。
[2]《羊城晚报》2015 年 4 月 16 日。

上我们或者清晰或者模糊地存在着对现状不同程度的不满。我们与他们的区别在于，后者清楚地了解这种不满足的现状，并且有勇气打破现状去寻求生活的满足，而我们中的大多数，或者被困在这种空虚的现状中却弄不清原因，或者了解原因而没有勇气去冲破现状。因此，才会对他人的行为表现出巨大的热情。

如果说公共汽车司机的行为是一次对自由的抗争，那么罗洛·梅接下来提到的"妻子的问题"这个例子则从另一个角度分析了导致我们的时代空虚问题的根源——现代社会对人的限制。他认为："空虚在'善于适应'这种说法的掩饰下，甚至成为人们追求的目标。"[1]

罗洛·梅引用了报刊上对于什么样的妻子适合做公司董事的妻子的一篇文章，文章中所谈到的适合不仅在于她的言行如何能更好地辅助她的丈夫，也限制了她发展的可能。所谓的"好"并不是在程度上要求公司董事的妻子最大程度地发挥她的个人能力，而是要求她的言行要限制在一定的范围，不能太过优秀。"她必须非常善于交际，不需要非常有才气或引人注目，但她必须具有非常'敏感的触角'（又是一台雷达装置！），这样她就永远能够随机应变。"[2]毫无疑问，对文中妻子的行为规范的要求并不是从妻子自身发展的角度出发的，而是以有利于其丈夫的发展为准则。

"好妻子好在无所作为——好在当丈夫工作到很晚时而不抱怨，好在当遇到工作调动时而不唠叨，好在不参与任何有争论性的活动。因此，她的成功不是取决于她如何主动地运用她的力量，而是取决于她知道何时以及如何保持被动。"[3]对于文中的妻子们而言，她们从属于其丈夫所处的社会群体，在这个群体中，作为主宰的男性所需要的辅助者的类型就成为她的言行规范，一个"好的妻子"，就是要能够

---

[1]《人的自我寻求》，第9页。
[2]《人的自我寻求》，第9页。
[3]《人的自我寻求》，第10页。

很好地达到丈夫所处的社会群体对于妻子这一角色的要求，并且调整自己适应这种生活方式，这正是限制所在。

但谁又能证实这样的要求就一定是对的呢？无疑没有人可以做这样的保证，但妻子们不得不默默按照这样的标准去规范自己的言行。为什么呢？因为每一个人都是生活在公众舆论之下的，每一个人都要符合公众的要求。当公众将这一点作为标准时，对标准的偏离就会导致问题，罗洛·梅认为逃离集体规范会带来无法归属于集体而造成的空虚感。

罗洛·梅反复强调这种空虚对当时人们的重要意义，他在接下来的文字中尝试分析空虚的心理根源。"空虚的体验通常来自于人们的感觉，他们感觉到对自己的生活以及他们所生活的世界，无力做出任何有效的事情。内在的空虚是一个人长期积聚的对自己的特定信念的结果，即他坚信自己无法成为一个实体来指导他自己的生活，来改变他人对他的态度，或有效地影响周围的世界。因此，他就产生了深刻的绝望感和无效感，而这是我们这个时代许多人都有的感觉。而且既然他所想的和所感受的都没有什么现实的意义，于是他很快就会放弃自己的想法和感受。冷淡和情感的缺乏也是对抗焦虑的防御措施。当一个人不断地遭遇他无力战胜的危险时，他的最后防线是，最终甚至回避感觉到这些危险。"[1]

综上所述，我们可以尝试分析空虚感的由来：当一个人置身社会生活，不论他所处的地位如何，都有一套相应的社会规则，这些规则来源于他人而非自己，一个人想要良好地适应社会，并被周围的人所认可和称道，就必须按照这个规则来规范自己，故而自己的真实想法反而成为次要的，甚至被摒弃。但身处这种状况下的人们，并不是所有人都会通过获得社会认可而得到满足，那些活得"像个精英"的人

---

〔1〕《人的自我寻求》，第11页。

们中间，有些人内心可能也充满了空虚和无力感。

在我们所处的时代中，面对飞速发展的社会，人们更加感受到个人的渺小和无力，很多时候，我们会觉得自己既无力改变自身的处境，无法解决自己所面临的一系列问题，也无力改变他人对自己的看法和态度，对待周围的环境我们更是无计可施。罗洛·梅认为对于现代社会中的人而言，无力感不是偶尔的体验，由于社会环境的复杂性，由于每个人所面临的压力越来越大，这种无力感日渐成为我们生活中的一种经常会出现的体验，进而造成我们内心的空虚。

这种空虚是确实存在的，如果单纯地加以无视，有可能导致严重的问题，不论是对个人，还是对社会，不论是在罗洛·梅的时代，还是在当下。

罗洛·梅认为现代人的第二个特征是孤独。对于很多人而言，孤独是一种巨大的威胁，他们认识不到独处对人的积极价值，而仅仅感受到由于孤独而产生的痛苦。因此，很多人会积极地参加各种社交活动，罗洛·梅对这种心态进行了非常贴切的描述："被邀请参加舞会或宴会是非常重要的，这不是因为他们非常想去参加（尽管他们通常确实都去参加了），也不是因为他们在聚会中能够获得快乐或者与同伴、他人分享体验和感受人与人之间的温暖（通常他们不能得到这些，而只会感到厌烦）。相反，被邀请之所以非常重要，是因为这是他们并不孤独的一种证明。"[1]

现代人对社会交往的迫切需要，正是他们逃避孤独的一个途径。在文章中，罗洛·梅写下了如下的分析："孤独感与空虚感之间存在密切关系的原因不难发现。因为当一个人……置身于社会巨变的外在困惑之中而感到一种内在的空虚时，他感觉到了危险；而且他的自然反应是环顾四周寻找他人。他希望，他人将会给他某种方向感，或者

---

[1]《人的自我寻求》，第12—13页。

至少由于认识到不是他一个人在恐惧而得到某种安慰。因此，空虚感和孤独感是焦虑这种基本体验的两个阶段。"[1]

孤独和空虚总是相伴而生、密不可分的。人们害怕孤独，为了逃避孤独，他们寻找各种方式来使自己能够融入人群。我们努力获得与不同的人之间的友谊，我们寻找并加入各种组织和社团，我们在各种社交场合跟陌生人相谈甚欢，这一切的目的在罗洛·梅看来就是为了逃避孤独。但这种行为并不总是一帆风顺的，由于缺少对他人必要的了解或者由于缺乏必需的社交技巧，人们在融入人群的过程中总是会遇到各种各样的问题，无法像自己期待的那样顺利，内在的空虚和孤独的体验就会油然而生。

人本主义著名的心理学家马斯洛将人的基本需要划分为生理需要、安全需要、社交需要、尊重需要和自我实现需要，生理和安全为基本需要，而社交、尊重和自我实现的需要为较高层次的需要。[2]在对社会性的重视上，马斯洛与罗洛·梅的观点非常相似。罗洛·梅强调人的社会性，他认为，人在寻求与他人相处的过程中，在群体中寻求安全感的需要是非常重要的一种需要。他在书中写道："对他人的渴望也不仅仅是一种用来填补自己自我中的空白的努力……更基本的原因是，人类是在与他人的关联中获得其成为自身的最初体验的……人类作为一种生物社会学意义上的哺乳动物，不仅在漫长的童年时代需要依赖于其他人，如父亲、母亲等来获得安全感，而且他同样也需要从这些早期关系中获得他对自己的意识，而这种意识是他在以后生活中定位自己的能力的基础。"[3]

我们可以在人与人的互相陪伴中获得温暖的感受，但更重要的是获得周围人的肯定，确定自己的价值，这也是人们安全感的一个重要

---

〔1〕《人的自我寻求》，第13页。
〔2〕 亚伯拉罕·马斯洛著，许金声等译：《动机与人格》，中国人民大学出版社2013年版。
〔3〕《人的自我寻求》，第14页。

来源。正如马斯洛所谈及的尊重需要，这种需要既指向我们的内部，例如人的自尊，也指向外部社会，通过他人的认同来得到满足。我们可以假想一个常见的社交场合，例如一场宴会，人们风度翩翩地努力表现自己最好的一面，一方面我们努力与别人进行沟通，通过赞美别人获得亲近和友谊；另一方面通过不断地展现自己最好的一面来获得别人的肯定和尊重。这种场景在现实生活中随处可见，可能是一次陌生人之间正式的社交聚会，也可能是两个朋友之间随意的相聚。不论是何种形式，其终极目标的指向都是一个，在社会活动中寻找自我，通过自我展示和他人的认同，消除孤独感。

但是，并不是仅仅与人接触，或者说融入社会生活就会消除孤独感，孤独感产生的另一个重要原因，在罗洛·梅看来是"我们的社会过于强调为社会所接受"[1]，也就是说人们往往以一个人是否成功，是否受到大多数人的喜欢来衡量孤独感，不仅是他人这样看待这一问题，我们自己往往也是这样评价自己的。因此，现代社会对孤独的态度是否定的。一个人可以暂时孤独，也可以通过描述自己短时间内的孤独来表述自己的处境和痛苦，但如果一个人说他喜欢孤独，往往不会被社会所认可，并且会被等同于失败者。因此，在社会交往中，我们不断地以各种形式参与到社交活动中，这种行为与其说是为了获得与人相处的快乐，不如说是为了逃避对孤独的恐惧。

罗洛·梅在书中描述了一幅极端的画面来勾勒当时的人们如何逃避对孤独的恐惧。"我们可以想象一个典型的、较为富有的海滨避暑营地，人们来这里度假，因而他们暂时没有任何工作来作为逃避和支撑。对这些人来说，不断地举行鸡尾酒会是非常重要的，尽管在每天的酒会上，他们遇到的是同样的人，喝的是同样的鸡尾酒，谈论的是同样的主题或者没有可以谈论的话题。重要的不是谈话的内容，而是

---

[1]《人的自我寻求》，第14页。

某种谈话必须不断地持续下去。沉默是极大的罪恶，因为沉默就表示孤独，而且是令人害怕的。……这种'空洞无物的交谈'似乎是一种原始部落的仪式、一种事先设计好的巫婆舞蹈，其目的是为抚慰……孤独这个幽灵。"[1]

让人遗憾的是，在今天，同样的情形似乎在很多人身上反复上演。知乎上有一个非常有趣的讨论题目："开跑车或者百万级的豪车当滴滴司机、Uber司机是什么样的体验？"总结大量的回答，可以发现很多类似的答案："不想晚上一个人待在家里""出来聊聊天""无聊找点事情做"[2]……透过这些答案我们不难发现，虽然形式不同，但人们对孤独的逃避一直没有停止。

为什么同样的问题会在不同的时期不断重演呢？罗洛·梅认为："对孤独的恐惧大部分源于害怕失去我们自己的自我觉知的焦虑……每个人都是从他人跟自己所说的话以及他人对自己的看法中获得他对自身现实的大部分感觉的。但是许多现代人却已经达到了这种程度，即他们对现实的感觉完全依赖于他人，以至于他们会害怕，如果没有对他人的依赖，他们将失去其对自身存在的感觉。"[3]在这一基础上，罗洛·梅认为西方文化中对"理性、一致性和机械学的强调"[4]使得他们过度依赖社会参照来衡量自己，当人无法从外部世界获得帮助，而需要靠自身的力量来摆脱孤独的时候，由于在此前缺少对自身内在力量的重视和培养，就无法依靠自己来解决问题。"因此，对他们当中的许多人来说，孤独是一种真实而非想象的威胁。"[5]

罗洛·梅将现代人的第三个特征定义为焦虑，并认为这是比空虚和孤独更加根本的特征。

---

〔1〕《人的自我寻求》，第16页。
〔2〕知乎网，https://www.zhihu.com/question/54581201?sort=created。
〔3〕《人的自我寻求》，第17—18页。
〔4〕《人的自我寻求》，第18页。
〔5〕《人的自我寻求》，第18页。

罗洛·梅所处的时代几乎横跨整个 20 世纪。在这一阶段，人类社会经历欧洲三大革命——科学革命、政治革命和工业革命的余晖，经历了两次世界大战，经历了殖民主义的终结，经历了大同盟和冷战，经历了所谓的第二次工业革命，体验了科学技术对现代社会的影响。在这本书写作时，西方世界经历了一系列的创伤性变化，人们在数百年来建立的价值体系开始崩塌。

"对核毁灭的恐惧……信念和伦理价值观的丧失……对飞碟和来自于火星的小人的焦虑这种形式出现的迷信，我们的'魔鬼和巫师'是以纳粹及其他极权主义神话中魔鬼似的超人的形式出现的。那些希望得到更为详细的关于现代焦虑——正如在情绪和心理障碍、离婚和自杀、政治和经济动荡发生率的上升中所表现出来的——证据的人，可以在上面提到的那本书（《焦虑的意义》）中找到你要的东西。"[1] 正如他在如上文字中所描述的，罗洛·梅认为，战争、经济萧条和政治混乱等一系列重大社会问题会导致人们陷入焦虑状态。而长期陷入焦虑的状态既会导致个体的身心疾病，也会引发群体成员的对抗性行为，进一步加剧社会问题的恶化。在导致焦虑的社会因素中，战争等原因仅仅是表面因素，前文反复提及的现代人对个体目标和价值体系的困惑，才是导致焦虑的社会性根源。而现代社会个体价值观分裂后产生的空虚和孤独感，则是导致焦虑的心理因素。

"迷惘的一代"这个词在第一次世界大战后被广为提及。在经历了"一战"的创伤之后，年轻人失去对生活的信念，但仍在思考自我的价值和人性的温暖，他们因此而产生迷惘；而"垮掉的一代"则随着著名作家杰克·凯鲁亚克（Jack Kerouac）的小说《在路上》而广为人知。第二次世界大战之后，在美国，垮掉的一代悄然出现，他们通过体验各种极端的生活方式来寻找自身的价值。在电影《阿甘正

---

〔1〕《人的自我寻求》，第 20 页。

传》中，女主角珍妮很符合这一形象，她的流浪和漂泊是当时美国社会的青年人和"垮掉的一代"自我寻找的一个很好的缩影，他们不知道自己想要什么，通过音乐、酒精甚至是毒品等刺激的行为来摆脱孤独，寻找快感，无数个"珍妮"焦虑的根源在于大时代背景下对人生价值无法清晰地定位。焦虑乃是"人对威胁他的存在和自身价值的基本反应"[1]，当我们不能明了自己存在的意义和价值时，我们就会产生焦虑，它对人们所产生的干扰要比空虚和孤独更加严重。

罗洛·梅进一步指出，焦虑不仅仅是社会状况在个体身上的折射，也是导致社会问题的根源。当社会群体中的绝大多数都陷入焦虑状况的时候，就会导致严重的社会问题，甚至是战争的出现。他以"二战"为例来论述这一观点："法西斯和纳粹极权主义不会因为一个希特勒或墨索里尼决意篡夺权力而出现。相反，当一个民族陷入难以支持的经济匮乏，而且在心理和精神上很空虚时，极权主义就会出现以填补这一空虚；而人们会将自由作为一种必需品加以出卖，以摆脱对他们来说已经大到不能再忍受的焦虑。"[2]因此，了解现代人焦虑的根源，并尽量摆脱焦虑，不论是对个人还是对社会而言，都具有极为重要的意义。

焦虑的体验是什么样的呢？罗洛·梅用下面一系列描述将焦虑做了形象化的解读："在汽车从你身边驶过以后，你可能会感觉到一种轻微的晕眩，心底有一种空洞感。这就是焦虑。……焦虑是一种被'困住'、被'淹没'的感觉；而且我们的知觉会变得模糊不清或不明确，而不是变得更为敏锐。……可以呈现出各种形式和强度，因为它是人类在其生存遭受危险时所做出的基本反应，是当人类视为与其生存同等重要的某种价值观遭遇危险时所做出的基本反应。"[3]

---

〔1〕《罗洛·梅论焦虑》，第50—54页。
〔2〕《人的自我寻求》，第21页。
〔3〕《人的自我寻求》，第24页。

焦虑有轻重之分，在面临威胁我们现有的安定状态或者是生命安全等不同情境下，我们会产生不同程度的焦虑，这是正常情况下每一个人都会有的反应。罗洛·梅认为，还有一些焦虑是由于潜意识中的心理冲突所导致的神经症性的焦虑，但这并不是他关注的重点。如何建设性地运用正常的焦虑才是在他看来解决问题的关键。而要做到这一点，首要的因素就是弄清楚"一个人的焦虑与他的自我意识之间有什么样的关系"[1]。

也就是说，罗洛·梅将解决焦虑问题的关键归于对"自我"的思考，简单地说，就是"关于我们是谁以及我们应该做什么"[2]，即一个人对自己的认识和定位，以及他对自己的现状是否符合自身的认识和定位的评估。当我们对自我的认识和定位产生混乱的时候，就会产生焦虑，反之，如果自我意识足够强大，也能够战胜焦虑。因此，罗洛·梅将《人的自我寻求》这本书的主要写作目的设定为"加强自我意识，找到自我力量的中心，这些中心能使我们抵制住周围的混乱和困惑"[3]。

在第一章的末尾，罗洛·梅提出了全书的主要问题，如何加强自我意识。而在接下来的章节，他针对导致焦虑困境的根源结合当时的社会背景和社会问题展开了一系列的分析，并探讨了自我和存在的含义，以及对人的价值，最后提出了个体如何重塑自我，整合存在的意义，寻找人生的价值的可行途径。由于篇幅的原因，我们在这里仅对内容进行简单的介绍，不进行细致解读。

【介绍】第二章"混乱的根源"

在本书的第二章中，罗洛·梅分析了导致焦虑的根源问题，他将

---

[1]《人的自我寻求》，第 27 页。
[2]《人的自我寻求》，第 28 页。
[3]《人的自我寻求》，第 29 页。

之归结为五个主要的问题：社会价值观核心的丧失、自我感的丧失、交流语言的丧失、与自然的关联的丧失，以及悲剧感的丧失。

在罗洛·梅看来，现代社会存在两个主要的价值观：第一个价值观是倡导个体竞争，这种价值观在面对社会变迁的过程中，受到了集体协作需要的巨大冲击，但崇尚个人奋斗的利己观点并没有因此而消亡，反而在与集体主义的斗争中导致了很多心理问题；第二个价值观是对人的理性的信任，也就是说每个人都是有理性的，根据这个观点，人们可以理性地分析和解决现实生活中的问题，使自己最终可以获得幸福。但现实往往不是这样，他引用了笛卡儿、弗洛伊德等诸多心理学家的观点来解释这一问题，分析在现实生活中情感与理性的对立关系。

罗洛·梅认为，上述两种对西方文化影响深远的价值观正在受到日益严峻的威胁和挑战，他引导读者去思考现实生活中一系列与之相关的问题，思考理性与情感的对立，经济利益的获得对同伴关系的影响等。在思考的基础上，他指出，价值观的冲突和破裂是导致焦虑问题的根源所在。

自我感或者说自我意识的丧失，是导致焦虑的第二个根源所在。这里的自我意识更多地被罗洛·梅指向自我价值和尊严。他认为这并不是一个突然出现的现象，长久以来，人们忽略了对自我的认识和思考，而行为主义的推进又使得对人的认识过分地简单化，这一切最终导致了自我意识的丧失。他引用了加缪的小说《局外人》来表述这一现状，小说的主人公是一个普通的法国人，跟他所处时代的大多数人一样平凡。他像我们一样工作和生活，一样面对复杂的情感和生老病死，但生活上随波逐流，他对自己的生活并没有一个明确的意识。在意外的杀人事件发生在他身上时，直至被判死刑之后，他都有一种不真实感，仿佛他只是在旁观别人的生活，这一切并不是发生在自己身上。这种对自身价值的迷茫和模糊，使得他对自己与世界的关系，尤其是对自我的意识产生了巨大的偏差。那么，现实世界中，我们自己是否能够很好地认识自己的价值呢？无疑，在罗洛·梅看来是不能的，因此，重新思考自我的意义在他看来对于每一个人乃至整个社会而言都具有重大价值。

交流语言的丧失不仅包括人们用于互相交流的词语本身，还包括交流的形式，罗洛·梅认为这种形式不仅包括书面和口头语言，还包括艺术和音乐，他认为现代音乐和艺术中缺乏个人意识的表达。

与自然的关联的丧失指人们缺乏对于自然界的共情的能力，不论是秀美绝伦的自然风光，还是可爱乖巧的动物，都难以引发人们在与之共处时应该自发产生的情感，这种缺乏在罗洛·梅看来正是由于内心空虚所导致的。

悲剧感的丧失是个人尊严和价值丧失的最终结果，我们失去了感受人类生活悲剧意义的感觉。但是，意识到生活的悲剧并不是罗洛·梅真正的目的，仅仅是重塑个人尊严和价值的第一步而已。

正如上述所有分析的目的并不仅仅是为了让我们了解人类的焦虑现状，罗洛·梅分析焦虑的目的在于帮助人们"重新发现自己的内部力量和完整性的根源……积极地选择和确证他据以生活的价值观"[1]。也就是说，分析焦虑的目的在于引导人们思考"我为什么会焦虑？""我的自我价值是什么？"这类问题，进而通过对自我的重新思考和发现来解决焦虑问题。

第二部分"重新发现自我"

在接下来的第二部分，罗洛·梅用两章论述了解决第一章中论述的问题的最根本方法——重新发现自我。

---

[1]《人的自我寻求》，第59页。

【介绍】第三章"成为一个人的体验"

罗洛·梅向读者们介绍了人类的"自我",指出"自我意识"是人类有别于动物的重要标志。有了自我意识,我们才可以客观地体察自我,对自我产生各种评价,了解自己的想法、自己的需要、自己的价值以及与自身相关的一切,不论这种了解是否客观而真实。但是,在了解自身的过程中,我们不得不付出代价,焦虑和内在的危机不可避免地产生。

在自我意识形成的过程中,很多因素会产生影响,父母对待孩子的态度是其中非常重要的因素。那些被父母关爱但并不宠溺的孩子,比起那些被父母抛弃或者溺爱等不良方式对待的孩子在自我意识形成的过程中会更加地顺畅,体验到更少的焦虑,而后者则会过度地依赖父母,甚至产生懦弱的心态。

同时,父母对儿童的影响不仅体现在对待孩子的态度上,父母自身如果陷入焦虑和困惑,这种焦虑就会自然地影响到孩子,使得孩子在适应社会的过程中更容易产生焦虑。可以说,每一个成年人在形成自我意识的过程中,都无法忽略早期家庭的影响。除家庭之外,社会、文化等诸多因素都会影响人的自我意识的形成。

虽然自我意识的形成漫长而曲折,影响因素众多,但对任何一个人而言,这都是不可或缺的。

在意识自我的过程中,由于体验到自我价值感的缺失,人们往往会采用自我轻蔑的方式,通过谴责自我来抵消由于感觉到无价值感和羞辱感所带来的痛苦。然而,这种自我谴责并不能真正地解决自我价值的缺失,而仅仅是一种逃避,使人产生一种虚假的谦卑,而所有这一切,都无助于我们真正地了解自己,形成对自身价值的正确认识。

那么,如何做到更好地了解自我呢?罗洛·梅提到了三个重要的方面:

第一,对自己的物理属性(包括躯体的能力和感受)有客观体验，也就是说能够客观地评价自己的优缺点，例如外貌的美丑或能力的高低等；

第二，对自己的主观感觉有清晰的意识，了解自己实际需要的到底是什么，而不是把社会对某种人的定位当作自己的行为标杆；

第三，恢复个人与自我下意识（可以理解为弗洛伊德所说的潜意识）方面的联系。

【介绍】第四章"存在之斗争"

第四章探讨了在罗洛·梅整个学术体系中非常重要的存在问题。

罗洛·梅关于人的存在的观点最为核心的是存在感。他认为，人不同于动物之处，就在于人具有了解自我存在的意识和本能，也就是说，人能够意识到自身的存在，这种体验就是存在感。每一个人的存在都是他自己选择的结果，人必须承担选择的责任和后果。

罗洛·梅将人所存在的世界分为三个层面：物理和生理环境构成的外部世界（Umwelt），由他人组成的人际世界（Mitwelt），自我、自我价值以及人的潜能所构成的自我内在世界（Eigenwelt）。三个世界彼此之间不是孤立的，而是互相联系在一起，每一个人都同时存在于这三个世界之中。[1]

我们可以用下面的例子来表示人和三个层面的世界的关系：一个人在参加舞会（外部世界）时与朋友们在一起（人际世界），在这个过程中他体验到自己内心的快乐（内在世界），对于这个人而言，这三个世界是彼此联系的，我们要探讨的存在，是一个人在三个世界中同时的存在，而不能单独地将某一个层面的存在剥离出来，也就是说，人不能仅仅单独存在于内在世界，而没有人际世界和外部世界。

---

〔1〕 叶浩生：《罗洛·梅和他的存在主义心理学》，载《心理学探新》1987年第10期，第92—96页。

罗洛·梅认为，在个体形成自我意识，真正获得存在感的过程中，需要经历各种心理斗争，他将之分为如下三个阶段：

第一，割断心理脐带。也就是说要建立与父母之间恰当的依恋关系，当个体成长到一定阶段的时候，就应该能够脱离父母的束缚，否则会导致一系列心理问题。

第二，与母亲的斗争。罗洛·梅引述了俄瑞斯忒斯的故事来表述这一阶段的问题。俄瑞斯忒斯是希腊神话中的人物，是远征特洛伊的统帅阿伽门农的儿子。特洛伊战争结束后，阿伽门农被妻子克吕泰涅斯特拉及其情人埃吉斯托斯杀死，而俄瑞斯忒斯也被母亲驱逐。长大后他替父报仇，杀掉了母亲，但自己陷入了弑母痛苦之中，最后在雅典娜的无罪审判之下才获得安宁。罗洛·梅认为俄瑞斯忒斯杀死对他诸多迫害的母亲的过程，事实上是他作为一个人为自己的存在而进行斗争的过程。这里所谓的弑母或与母亲的斗争，实际上是成长中的个体与压制其成长的权威之间的斗争。

第三，与自身依赖性的斗争。罗洛·梅指出："成长不是一个自动的过程，而是指再教育、发现新的洞见、做出有自我意识的决定并始终愿意面对偶然的或频繁的痛苦的心理过程。"[1]一个人，如果一直生活在无微不至地关爱和照顾他的父母身边，或者长期停留在他所熟悉的环境之中，无疑会更加安逸，但只有离开这样的环境，才能真正地了解自我。因为人们意识到自我存在的意义和价值的过程，实际上是一种冲突的过程，是人们离开摇篮走向独立、离开支持走向暂时孤独的过程，所以他必然要体验到焦虑和无力感才能成长。

第三部分"整合的目标"

本书的第三个部分谈到为了更好地了解自我及存在的意义，我们

---

[1] 《人的自我寻求》，第108页。

从哪些方面进行了整合。其中，第五章探讨了自由与人的内在力量；第六章探讨了个体创造性的重要意义；第七章就勇气的价值进行了分析；第八章则在整体层面进行了思考和整合。

【介绍】第五章"自由与内在力量"

在第五章探讨自由的环节中，罗洛·梅自己建构了一个寓言故事。故事中，一个国王将一个在他看来生活平淡乏味的普通人关进了一个大笼子中，我们给寓言中的这个普通人起个名字叫老王，以方便大家更好地读故事。开始，老王对国王的行为感到困惑，并进行了强烈的抗议。但国王每次在他抗议时都反问："你在这里衣食无忧，受到好的照顾，你为什么还要抗议呢？"几天之后，老王停止了抗议，他开始产生了对国王的仇恨。但随着国王不断向他重复"人不能太贪心！""你还有什么不满足的呢？你在这里什么都有，生活得像国王我一样！"一类观点之后，老王慢慢变得很犹豫，不知道该如何表达自己的仇恨。几周后，他开始与国王请来的心理学家讨论接受命运的重要性。随着时间的推移，他甚至开始向周围不同的人表达对现阶段在笼子中的生活的认同。"嗨！看我现在这日子过的，要啥有啥，我以前哪里享受过这种生活！"看起来，老王似乎接受了命运的安排。但是，故事并未结束，罗洛·梅继续写道，随着时间的推移，老王继续发生变化，他会恭维国王以获得更好的照顾，但同时他的表情慢慢变得空洞。最终，他不再有愤怒和仇恨，他的精神错乱了。[1]

这个寓言的第一个关注点是仇恨对于人的意义。被剥夺自由必然会引发仇恨，其程度与被夺走的自由的程度成正比。罗洛·梅认为，仇恨对于被剥夺自由的人是有价值的，"它具有保存某种尊严和某个

---

［1］《人的自我寻求》，第116—119页。

人自己的同一性的功能"[1]，也就是说，仇恨可以使人们意识到自己的存在，意识到自己的价值受到了挑战，并寻找各种途径来维持自己的尊严和价值。他分析了各种不同社会情境下个体和社会群体仇恨的产生，以及由此引发的结果。但他随后指出，仇恨虽然对于自我有一定的意义，但它并不是一种健康的情绪，反而具有破坏性，这种破坏性不仅体现在抗争中对他人造成的伤害上，也体现在对自己的伤害上，就好像寓言中老王最后的结局一样。因此，对于一个成熟的人而言，将仇恨转换为建设性的情绪，例如自我成长的动力，而不是盲目地放纵仇恨或者是掩饰仇恨，对于自我具有更大的意义和价值。

寓言的第二个关注点在于自由的价值。自由不是对外部规则和限制的抵抗，不是责任的对立面，也不是无计划的任意而为和放纵。那么，自由到底是什么呢？罗洛·梅认为，自由是一个人参与自身发展，塑造自己的能力，是在自我意识的基础上产生的，只有清楚地知道自己想法的人才具有自由抉择的可能。随着自我意识的增强，个体获得自由的范围也会增大。他以绝症患者为例来论述这一点，那些缺乏清晰自我意识的患者面临自己的症状可能会自暴自弃，而拥有清晰、客观的自我意识的患者则能够对自己的现状进行相对正确的评价，进而选择自己应该做的最有价值的事情。

自由不是凭空出现的，它需要一个人通过自身长久的努力才能获得，而获得自由的第一步，在罗洛·梅看来，是对自我存在的认同。他在文章中分析了自杀者的心态，认为自杀行为的形成正是与自由相对立的典型。导致自杀的根源之一，就是自杀者无法接受现实中的自己。他们可能清楚自己想要什么，但觉得自己无法做到，也有可能根本不知道自己真实的想法和需要。其中有一点是共通的，就是对于自己当前的状态，以及自己存在的意义和价值都极为不满，但没有勇气

---

[1]《人的自我寻求》，第119页。

通过努力去改变。

【介绍】第六章"创造性的良性"

在第六章中，罗洛·梅探讨了道德与自我意识的关系，他尝试去分析一个人如何创造性地选择和形成自己的正确的价值观，并探讨个体的道德判断的获得。罗洛·梅指出：一个成熟健康的人，他的生活应该与他的价值取向相重合，而混乱的价值观则会造成空虚和焦虑。

在罗洛·梅看来，价值观首先受其所处的时代的影响。社会问题和社会氛围会影响置身其中的每一个人的价值观的形成。但人并不是完全被动地受制于社会的，他用亚当与普罗米修斯来形容人在形成自我和道德判断的过程中所具备的主动性和创造性。亚当的神话隐喻了人的自我意识的获得，而普罗米修斯则代表了人类所具有的创造性和主动性。这些对外界束缚的反抗必然会给人带来痛苦，但对反抗者而言，却是积极的、有建设性的行为，其导致的结果是个人自我价值的建立和道德观的形成，这一过程对于人的自我而言，是良性的促进过程。

【解读】第七章"勇气，成熟的美德"

第七章探讨了勇气对人的巨大价值，罗洛·梅认为，对于每一个人而言，勇气是一种持续一生的、基本的美德。如同第一章，我们摘取本章来进行详细的导读，帮助大家更好地理解勇气的价值。

在本章中，勇气不是指人在面对外在威胁时表现出的坚强决心和行为，而是一种内在的特性，是将人的自我与自身的可能性相联系的方式，罗洛·梅将之定义为"一种人们在面对获得自由时所产生的焦虑的能力"[1]。我们可以这样理解这个概念，当人们面临获得自由的境

---

〔1〕《人的自我寻求》，第187页。

况时可能会产生焦虑，而勇气正是战胜焦虑，最终获得自由的能力。他引用了库尔特·戈德斯坦（Kurt Goldstein）的一句话来印证对勇气的定义："勇气归根到底只是一种对存在之震动所做出的肯定性回答，它是人之本性的实现所必需的。"[1]这句话可以理解为当已有的现实发生变化时，人的勇气正体现在对这种变化的积极应对之中，这是人所具有的最基本的特性。

罗洛·梅试图分析为什么在现代美国社会中人们不再崇尚勇气，他引用了19世纪后期正处在南北战争后的经济高速发展时期的美国人[2]，以及英国诗人威廉·欧内斯特·亨利（William Ernest Henley）的第一本诗集《生命与死亡》中的《不屈者》的例子，来分析当时美国人对勇气的种种解读。在这些解读中，勇气带有一种孤注一掷的成分在内，当遇到"处于有一只手被夹住的境地之中"[3]的一类困境时，人们所能做的是毫无顾忌地拼搏和断肢求生的抗争。也就是说，人们将勇气看作是面对绝境时不顾一切的抗争行为，是自然而然的行为，与人的内心没有太大关系。

即使与内心有关，在很多时候，这种努力往往是盲目的，是没有任何效果的抗争，不论是面对外部世界，还是人们内心的困境。他引用了伊卡洛斯的希腊神话，来表述人们将勇气看作盲目的努力的观点，伊卡洛斯被囚禁在克里特岛上，为了逃离那里，他和他的父亲代达罗斯一起利用蜡和羽毛制造了翅膀，但由于伊卡洛斯飞得太高了，翅膀上的蜡被太阳的热度熔化，最后落水丧生。伊卡洛斯的结果显示，盲目的勇气并不能产生良好的结果。

在罗洛·梅看来，勇气是指向人的内心的，人们缺乏勇气不是因为鼓起勇气抗争没有作用，而是害怕被社会所孤立，或者说害怕被嘲

---

[1]《人的自我寻求》，第187页。
[2] 帕尔默著，董正华等译：《现代世界史：1870年起》，世界图书出版公司2009年版。
[3]《人的自我寻求》，第188页。

笑、奚落或拒绝。被排斥和孤立于社会给人所带来的伤害无疑是毁灭性的，他引用了威廉·詹姆斯（William James）的观点"由于社会不认可'而被杀死'这种表达方式中所包含的真理要比其中所包含的诗意多得多"[1]来描述这一现象。中国著名影星阮玲玉的例子似乎可以作为这句话的一个真实写照。人们提起阮玲玉，最先想到的就是"人言可畏"这四个字。对于围绕着阮玲玉的经济和情感纠纷，当时的社会给予了过度的关注和集体的道德审判，阮玲玉受不了铺天盖地的报纸报道和百姓的街谈巷议。那些看不见的道德审判将阮玲玉逼上了绝路，最后她选择以安眠药结束自己年仅25岁的生命。鲁迅先生曾为此撰文《论人言可畏》。

罗洛·梅认为，我们"需要恢复一种对勇气的积极方面的理解——作为成长内在方面的勇气，作为个人自我生成的一种建设性方式的勇气，这种自我生成要先于献出自我的力量"[2]，也就是说，首先人应该先形成一个稳定的自我意识，然后自我意识才会在人应对社会生活中方方面面的压力的时候表现出来，并贡献力量，而不是在对自我的理解都没有清晰之前，就盲目地形成自我牺牲的精神，这种自我牺牲并不是真正的勇气，真正的勇气应该是在清楚认识自我的情况下，直面自己的内心，正视自己的困境，并且想办法使自我真正建立和强大起来。

罗洛·梅引用了巴尔扎克的描述来论述勇气与创造的关系，他指出："创造就意味着要摆脱过去婴儿时期的依赖关系，意味着要打破旧的井然有序的关系，这样新的关系才能诞生。"[3]在前文中，我们已经介绍过，在罗洛·梅看来，创造与自我的发展关系密切，高创造性的活动必然与高水平的自我意识和个人自由紧密关联，因此，勇气的

---

〔1〕《人的自我寻求》，第188—189页。
〔2〕《人的自我寻求》，第189页。
〔3〕《人的自我寻求》，第190页。

一个典型表现就是战胜这些内心的冲突，做出使得自我能够发展的有效决定。而在这一过程中，我们会面临很多内心的冲突，这些冲突往往是由于我们所习惯的生活模式或者心理模式和我们想要达到的改变之间的冲突所引发的，因此，克服这些冲突并做出创造性改变的决定的过程，就是勇气表现的过程。

勇气不是英雄主义，而是人的内在的状态，就如同文中所举的伽利略的例子，伽利略为了坚持自己关于地球中心说的研究，表面上向宗教法庭做出了妥协，同意宣布放弃地球围绕太阳旋转的观点。当伽利略提出了与当时宗教观点相违背的理论的时候，这是一次与外界的对抗，他的勇气应当是指向外界的。而当他表面上向宗教法庭做出妥协时，事实上面临的是自己内部的冲突，是坚持自己的观点不变，还是表面做出妥协但坚守自己内心的想法。有人可能会觉得后者没有冲突，但事实上，要求自己在对自身意义重大的问题上说假话，对于某些人而言也是一项巨大的冲突，是心灵上一场艰难的内部旅程。

勇气也不仅仅局限在道德层面，身体的勇气可以被看作是承受肉体痛苦的能力和意愿。在什么样的情况下，人们可以忽视或摆脱因为惩罚而导致的肉体痛苦呢？罗洛·梅认为有两种办法，一种是由于坚持自己的观点而导致的树敌和孤立，另一种是通过顺从和假扮弱小而获得他人的同情和喜欢。前者是一种朝向内心和自我的勇气，而人一旦对某一问题产生了兴趣，勇于坚持自己的观点，就会使他可以获得坚持自己的勇气，进而克服内心对疼痛的恐惧，关于这一点，他用了"由于这种冲突所引起的兴趣"[1]来进行描述。而后者则是缺乏勇气的典型表现。

罗洛·梅认为："个人勇气发展的最大障碍在于，他不得不接受

---

[1]《人的自我寻求》，第193页。

一种并非植根于他自己的力量的生活方式。"[1]他用了一个有同性恋倾向的男青年的例子来解释这个观点。青年的母亲是一个对待儿子极为强势的人，她一直渴望得到一个女儿，唯一的女儿不幸很小就去世了，于是，为了满足自己对女儿的渴望，她将最小的第五个儿子当女儿来教养。对于这个男生而言，他一方面渴望母亲的关爱，另一方面不喜欢母亲对他的女性化的教养方式，他没有勇气在年幼的时候去与母亲那种与他天性不符的教养方式斗争，到了成年以后，又不得不将勇气转向与自己的同性恋倾向和社会对同性恋的态度之间的分歧的斗争之中。

罗洛·梅非常认同阿德勒关于家庭和父母对于儿童人格形成的重要性的观点。他认为，在良好的教养环境中长大的儿童具备更好地解决与父母之间"危机"的勇气，这里的危机是指儿童跟父母的种种意见上的分歧。对于儿童的成长而言，这些分歧是必需的，就如同在发展心理学中经常提及的儿童成长的"第一叛逆期（三岁左右）"和"第二叛逆期（青春期）"一样，这是每个人成长的过程中都应该经历的。那些受到父母喜爱的，有安全感的孩子在这一阶段可以顺利地，用作者的话说是有"勇气"地表达自己的各种观点，在同父母的分歧与和解中顺利度过叛逆期。但前文提到的被母亲视为女孩的男性的例子则不符合这一点，因此会遇到问题。

作者进一步指出："不辜负父母的期望是获得父母的赞美与表扬，并继续做'父母的宝贝'的方式"[2]，也就是说，对于某些儿童而言，顺从的目的一方面是为了获得父母的赞扬，另一方面是逃避因抗拒父母而带来的冲突和压力。这种以做个听话的好宝贝的方式来行事的人在作者看来是缺乏勇气的表现。因此，作者得出一个结论："虚

---

[1]《人的自我寻求》，第193页。
[2]《人的自我寻求》，第196页。

荣与自恋是勇气的敌人。"[1]

当一个人具有强迫性的获得表扬和喜爱的需要的时候,就会丧失勇气。罗洛·梅认为这是一种自我价值和尊严的丧失,"勇气来自一个人的尊严感和自尊感;而若一个人没有勇气,则是因为他太过小看自己"[2],也就是说,一个有自尊感的人会更有勇气面对由于表达与他人不同的观点所带来的压力,而不敢这样做的人,是因为缺乏自信。因为"求表扬"的心态而产生的顺从或反抗,不是发自内心的真实的勇气,因而会使人更加不自信,甚至使人感受到因为自身过度弱小而使得自己不得不屈服于他人的屈辱。

罗洛·梅认为:"在我们这个顺从的时代,勇气的标志是人坚持自己信念的能力——并非固执地或对抗性地坚持(这些都是防御而不是勇气的表现形式),也不是一种报复反击的态势,而仅仅是因为这些是他所坚信的。"[3]也就是说,坚持自己认为对的东西,而不是为了盲目地获得赞扬或者是对抗权威,是勇气的真实含义。

但获得勇气的过程并不是简单平顺的,他在文中用了"中间的步骤"来表示勇气发展的过程中的一个重要环节。在这个中间步骤,勇气的表达不是坚持自己的观点,勇敢面对各种压力,而是通过向父母或其他人解释自己行为和想法的合理性来帮助自己获得认同,而认同的最终目的是帮助自己减少或者逃避由于观点的对立而带来的压力。作者之所以认为这是一个中间状态,是因为在这个阶段的人并没有真正具备面对和承受由于观点的对立而带来的压力的能力和勇气。如果一直停留在这个阶段,一旦他的解释不能被外界所接受,他就有可能重新妥协。例如一个青年想去西藏骑行,虽然他有详细的规划和靠谱的旅伴,做好了充分的练习和准备,也承诺一定不会做超出自己能力

---

[1]《人的自我寻求》,第 196 页。
[2]《人的自我寻求》,第 196 页。
[3]《人的自我寻求》,第 197 页。

范围的事情，但他的父母不同意。如果他处于中间步骤，他会尽量说服父母，但如果不行的话，他会选择顺从；但如果他处于罗洛·梅所说的真正的勇气的水平，他会顶住压力，坚持自己的观点，最终出发，作者认为这是具备勇气的一种非常重要的表现。

在接下来的部分，罗洛·梅探讨了关于爱的准备，或者说爱的前奏的问题。他认为，对于现代社会的人而言，能够接受爱并能够给他人以成熟的爱是一项非常重要的能力。

并不是所有以爱为名的关系的实际动机都是爱本身。例如，我们在弗洛伊德的本我内容中谈到了恋母情结，罗洛·梅就认为恋母情结的实质是对父亲的敌意和替代，而不是真实的对母亲的爱。爱的实质应该是性的驱动和对恋爱的对方的价值观的肯定。

在现代社会中，前文反复提及的焦虑、孤独以及个人的空虚是阻碍人们获得爱的能力的重要因素。罗洛·梅在分析这个问题的时候使用了"集体主义神经症"[1]这一概念。他一直坚持社会文化对人的心理会产生重要影响的观点，他认为西方文化对个人成功的追求既是西方文化的主要目标，也是导致很多心理问题的根源。在这样的文化背景下，事实上人们是缺乏对集体的理解和体验的，人们缺少集体工作的经验，也很少体验基于集体的爱，由于对集体的不适应，在应对国与国之类的大的集体之间的关系，或者是工作或家庭等其他小的集体行为和问题时，人们会出现各种问题，进而产生其所谓的"集体主义神经症"[2]。在第二章"混乱的根源"中，他将个体竞争和集体主义的冲突与自我意识的丧失并列为导致焦虑的根源。

罗洛·梅认为，"爱的能力是以自我意识为先决条件的"[3]，同时，

---

〔1〕 Rollo May, *The Meaning of Anxiety,* New York: Ronald Press, 1950, Chapter 5.

〔2〕 罗洛·梅著，朱侃如译：《焦虑的意义》，广西师范大学出版社 2010 年版，第 147—167 页。

〔3〕 《人的自我寻求》，第 202 页。

"爱还以自由为先决条件"[1]。所谓不自由的"爱"的表现是你只是需要一个人，这个人是谁对你的影响并不是很大，也就是说，对于你而言，这个人跟其他人相比毫无特殊性，他只是人们用来逃避孤独的一个工具，并不是我们真正意义上的，只对某一个特殊的人而产生的爱情。简单说来，就是我恋爱的目的只是我不想一个人待着，而不是因为我发自内心深爱对方。这种爱的关系是不对等的，是依赖而不是真正的爱。这种依赖经常成为现代社会中的一些人逃避孤独处境的手段。但对于广义的爱而言，爱不仅包括恋人之间的关系，其他类型的爱，例如儿童对父母的爱也包括在内。在儿童和父母之间，依赖虽然不是爱，但是对于儿童的成长而言，对父母的依赖是他了解爱的第一步。但父母的过度限制或束缚可能使得儿童不能从依赖过渡到真正的爱，而是以为对父母或是任何一个人的依赖就是爱。

我们的爱不应该是以付出为前提的，或者说，不应该是我们付出了越多，就应该收获越多的爱。罗洛·梅认为爱是一种能力，是一种心理上成熟的表现，是一种给予，而不要求回报。也就是说，只有一个人心理成熟之后，才能给予。但爱不等于保护，不是将子女或另一个人置于自己的羽翼之下。

之后，罗洛·梅探讨了勇气对于认识真理的重要意义。他引用了叔本华的大段观点，来阐明对于真理的认识：人想要认识真理，就必须诚实地面对自己在探索问题中的种种错误和不足，由于否定自己是一个痛苦的过程，因而对真理的探索是需要巨大勇气的。不同的是，叔本华倾向于认为所有的人都天生具有探讨真理的倾向，而罗洛·梅则认为，人对真理的探索不应该受到先天的本能的束缚，而是一个主动积极探索的过程。

罗洛·梅引用了俄狄浦斯的例子来说明认识真理的过程需要巨大

---

[1] 《人的自我寻求》，第 202 页。

的勇气。

俄狄浦斯是希腊神话中的人物。俄狄浦斯的父亲拉伊奥斯年轻时因为某些不正确的行为遭到诅咒，神谕显示，他会被自己的儿子亲手杀死。为了逃避命运，拉伊奥斯将刚出生的儿子丢弃在野外等死。然而由于执行任务的人的怜悯，俄狄浦斯幸运地长大。因为德尔菲神殿的神谕说，他会弑父娶母，由于不知道自己的身世，为避免神谕成真，他便离开养父母并发誓永不再回来。在流浪的途中，他失手杀了他的生身父亲。后来又解开了斯芬克司的谜题，在不知情的情况下娶了自己的生身母亲为妻。神谕应验，他所统治的国家不断有灾祸与瘟疫降临。最后，俄狄浦斯才知道他真正的身世，他刺瞎了自己的双眼，故事以一个悲剧的结局收尾。[1]

在罗洛·梅看来，俄狄浦斯刺瞎自己双眼的行为，隐喻了"人们在认识关于自身的真理时所面临的'有限性'和'盲目性'这一悲剧性困难的象征化"[2]。在他看来，人们对真理的探索的路都是相同的，我们所具备的勇气有大有小，面临的压力和痛苦有强有弱。在探索与自身相关的真理的过程中，我们与俄狄浦斯的故事虽然看起来有很大的差异，但这些区分只是程度上的强弱的区别，没有实质的不同。而他在下文继续谈到，人们对真理探索的程度，与自我意识的发展有密切的关系。

有观点认为是人的自我成长使得我们被其他因素所束缚而不敢追求真理，但罗洛·梅不赞同这种观点。他认为，正是由于我们没有很好地发展我们的自我意识，而不是由于我们的自我意识的成熟，我们才会被外界所影响，会为了逃避孤独和焦虑而选择将一些错误的观点误认为是真理，而不加思考和辩驳。例如说，当我们看到一个很脏的

---

〔1〕施瓦布著，肖慧英译：《希腊神话故事：诸神的传说》，中国华侨出版社 2016 年版。
〔2〕《人的自我寻求》，第 210 页。

乞丐在哭泣时，正确的做法是帮助他，但由于周围的人都不这样做，我由于担心自己的行为会导致他人的议论而不提供帮助；甚至是当我已经准备伸出援手时，由于他人的说法，我不去思考到底哪一种是对的，而选择跟他人一样围观，这些都是自我不成熟的表现。而一个自我成熟的人，在任何一种情况下，都有能力思考到底什么才是对的，有能力坚持自己的正确的独立判断而不是盲从于他人。

在认识真理的过程中，彻底忽视自我也是行不通的，他用"教条主义者"来描述那些盲目自大地认为自己一定在坚持真理，而且绝对不会受任何主观因素的限制，自己的任何决定都是正直无私的人。

【介绍】第八章"人，时间的超越者"

在整本书的最后一章"人，时间的超越者"中，罗洛·梅探讨了人与时间的关系。

他认为人不应该仅靠时钟生活，也就是说，承载时间意义的，是在那一段时间中我们的经历对于我们的价值。人应该可以创造性地使用时间，而不应该被时间的流逝所困扰，如果一个人"并非通过选择而是被迫工作，那么他就越会被大量的时间所支配"[1]。

现代社会中，人们的生活节奏越来越快，很多人会感觉到压力，觉得自己将所有的时间都投入工作，生活越来越空虚和茫然，在工作之余，只有孤独可以陪伴他少得可怜的自由时间，因此会觉得格外地焦虑。这种体验与罗洛·梅在书中所谈到的问题何其相似。阅读这一部分，思考如何主动地、创造性地使用时间，而不是被时间所支配，对于我们每一个人而言意义重大。

活在当下，这是罗洛·梅关于如何建设性地使用时间的一个建议。"因为从心理学的角度讲，这个当前时刻是我们所拥有的一切。

───────────────

〔1〕《人的自我寻求》，第218页。

过去和未来之所以具有意义，是因为它们是当前的一部分……过去是曾经的现在，而未来在即将来到的时刻也会成为现在。"[1]但如何更好地活在当下，是每个人需要自己去思考的问题。我们必须对自己的存在和自我有一个清晰而客观的认识，才能在当下的困境中更好地面对和战胜焦虑。

三、后记

罗洛·梅在著作中所分析的是20世纪中期的人在自我探寻的过程中所存在的问题。半个多世纪后的今天，之所以选择其著作介绍给大家，一方面是因为他的心理学思想的重要学术价值，另一方面也是因为这部作品的可读性很强。

更重要的是，即使到了今天，人的生存境遇依然没有得到根本的改观，甚至更加恶化。21世纪激烈的社会竞争、高速的生活节奏、来自日常生活各个层面的巨大压力，使得个体内心的空虚、孤独和焦虑等现象日益严重。这一切与罗洛·梅所处的时代何其相似！通过解读罗洛·梅的著作，我们希望可以帮助每一位读者开启自我追寻的大门，在寻找和重新审视自我的过程中，获得更好的生活。

附：罗洛·梅部分著作推荐

《焦虑的意义》(*The Meaning of Anxiety*，1950)，朱侃如译，漓江出版社2016年版

《人的自我寻求》(*Man's Search for Himself*，1953)，郭本禹、方红译，中国人民大学出版社2013年版

---

[1]《人的自我寻求》，第224页。

《心理学与人类困境》（*Psychology and the Human Dilemma*，1967），郭本禹、方红译，中国人民大学出版社 2010 年版

《爱与意志》（*Love and Will*，1969），宏梅、梁华译，中国人民大学出版社 2012 年版

《存在之发现》（*The Discovery of Being: Writings in Existential Psychology*，1983），郭本禹、方红译，中国人民大学出版社 2008 年版

《祈望神话》（*The Cry for Myth*，1991），王辉、罗秋实、何博闻译，中国人民大学出版社 2012 年版

站在人性的三岔路口

——通过《自我与本我》了解弗洛伊德

一、关于弗洛伊德

任何一个对心理学有点了解的读者，他可能没有听说过华生、斯金纳、皮亚杰等现代著名心理学家，但他一定听说过弗洛伊德的名字。可以说，在一定程度上，很多人对心理学的了解是从弗洛伊德开始的。

西格蒙德·弗洛伊德（Sigmund Freud，1856—1939），著名心理学家，精神分析学派创始人，出生于奥地利弗赖堡（今属捷克）的一个传统犹太家庭。

他的祖父是犹太教的拉比，所谓拉比是犹太人中的一个特别阶层，指那些接受过正规犹太教育、系统学习过《塔纳赫》《塔木德》等犹太教经典、担任犹太人社团或犹太教教会精神领袖或者在犹太经学院中传授犹太教教义的人，能够担任拉比的人一般是有学问的学者。拉比在犹太人中具有相对较高的社会地位，是老师也是智者的象征。[1] 有意思的是，虽然成长在一个传统的犹太家庭，但弗洛伊德自己对宗教却并没有形成坚定的信仰，甚至他认为自己对宗教的态度应该是"批判地否定"[2]，这一点在他的学术生涯中表现得很明显。不

---

〔1〕 徐新：《犹太文化史》，北京大学出版社 2011 年版，第 94 页。
〔2〕 戴维·霍瑟萨尔、郭本禹著，郭本禹等译：《心理学史》，人民邮电出版社 2011 年版，第 244 页。

弗洛伊德

过，虽然对犹太教的态度不是很积极，但他始终承认自己是犹太人。

弗洛伊德的父亲没有继承其祖父的崇高地位，而是做了一名羊毛商人。弗洛伊德的父亲结过三次婚，共生育了九个子女，他排行第三。弗洛伊德的童年实在谈不上家境优渥，由于家庭人口众多，虽然父亲工作非常努力，但经济状况仍然欠佳。在这种情况下，弗洛伊德的教育启蒙是在家庭中由父亲完成的。

1860 年，父亲带领家人举家搬迁到维也纳，弗洛伊德也终于有机会接受正规教育了，他进入了著名的利奥波德地区实科中学（初高中一贯制）读书。在学校里，弗洛伊德开始展现出杰出的天赋。他是一个聪明的学生，在学校读书期间，他不仅成绩好，而且对文学表现出极大的兴趣，他热爱莎士比亚，同时精通德语、法语、英语等多种语言，还自学了西班牙语和意大利语。对语言的兴趣贯穿了弗洛伊德的一生，在他的学术体系中，我们可以看到大量基于语言的心理分析的思想。

以优异的成绩高中毕业之后，弗洛伊德的家庭经济状况开始好转，这使他有条件进入大学学习。1873 年，弗洛伊德进入维也纳大学学习医学，但这名未来的医生对医学并未表现出极大的兴趣。他在大学中受到哲学家、意动心理学派的创始人弗朗茨·布伦塔诺（Franz Brentano）的影响。作为一名虔诚的天主教徒，布伦塔诺的思想深受经院哲学的影响，他提出灵魂就是心理现象，研究灵魂也就是研究心理现象的观点。虽然在严肃地思考了对上帝的信仰后，弗洛伊德仍然坚持自己无神论的信仰，但布伦塔诺所主张的内省法（自我观察）而非实验室研究的方法，以及对他人的言语、动作等方面的研究在一定程度上影响了弗洛伊德的观点。[1]

1881 年弗洛伊德在维也纳大学获得医学博士学位。毕业后，弗洛伊德先是在布吕克的实验室工作了一年，之后进入维也纳综合医院，开始在各个科室中轮岗。

轮岗期间对他最为重要的一段经历应该是在精神病学诊所工作的五个月，在这段时间，他遇到了他人生中的第一个癔症患者。所谓癔症（hysteria，也音译为歇斯底里），是精神疾病的一种，是由精神因素（如生活事件、内心冲突、暗示或自我暗示等）而非大脑器质性病变引发的精神障碍[2]。这个案例为他以后的研究开启了大门，但真正引起弗洛伊德对癔症研究的兴趣，并形成其后续理论的重要人物应该是约瑟夫·布洛伊尔（Josef Breuer）和他著名的"少女安娜"的案例。

安娜·欧（Anna O）本名贝尔塔·帕彭海姆（Bertha Pappenheim），在弗洛伊德和布洛伊尔的案例中都以化名安娜·欧称呼，以掩饰真实身份（后文统称安娜）。安娜出生在一个富裕的正统犹太教家庭中，

---

〔1〕 Duane P. Schultz & Sydney Ellen Schultz, *A History of Modern Psychology*（10th）, Cengage Learning, 2011, 81.

〔2〕 J. Jureidini & D. C. Taylor, *Hysteria, European Child & Adolescent Psychiatry*, 2002, 11（3）:123-128.

她接受了严格的宗教训练并在一所私立天主教学校学习了十年，精通多国语言。16岁后由于没有进一步接受教育的机会，她回到了家庭中。1880年起，安娜开始照顾生病的父亲直至父亲去世。在这期间，她出现严重的咳嗽症状，并表现出一些功能丧失的症状，因此开始接受布洛伊尔的治疗。父亲死后，安娜开始出现多种能力的丧失，表现为情绪波动、出现幻觉、暂时性失聪、紧张咳嗽、情感爆发、部分躯体瘫痪和语言障碍（她甚至会忘记作为母语的德语，只能通过英语和法语来进行阅读和表达）等诸多症状。布洛伊尔希望通过"谈话疗法"来挖掘她的病因，并尝试通过催眠来分析她的早期经历对症状的影响。

后来，由于在治疗的过程中，布洛伊尔和安娜产生了超出治疗范围的情感，有一种说法是安娜爱上了布洛伊尔，治疗被迫终止。安娜随母亲移居法兰克福，在以后的岁月中，她积极参加犹太团体活动，并成为一名早期的女权主义者和社会工作者。[1]

"少女安娜"的案例引起了弗洛伊德极大的兴趣，从这个案例出发，他开始了"精神分析"的漫长道路。

1885年，弗洛伊德获得了维也纳大学的讲师职位，此后到1886年，弗洛伊德赴巴黎在让–马丁·沙可（Jean-Martin Charcot）的诊所学习，沙可擅长催眠和癔症的治疗，弗洛伊德多次观摩了他通过催眠和暗示来移除歇斯底里的症状，沙可的很多观点对弗洛伊德产生了深远的影响，例如：癔症的症状既有器质性病变的基础，也有心理上的原因；性在某些癔症中是一个非常重要的诱因。尤其是后一种观点，可以说在极大程度上影响了弗洛伊德的心理学观点。

1886年，弗洛伊德建立了自己的私人诊所，治疗癔症等多种疾病。在不断积累治疗案例的过程中，弗洛伊德开始慢慢形成他的心理治疗方法和"精神分析"（psychoanalysis）理论，并在1895年与布洛

---

〔1〕 文聘元：《直面人性：弗洛伊德传》，作家出版社1997年版，第121—128页。

伊尔共同出版了《癔症研究》一书。精神分析要研究潜意识现象，但是人无法直接了解到潜意识的存在，所以弗洛伊德认为必须通过一些特殊的方法才能对它进行研究，例如自由联想法、梦的解析法和日常生活的心理分析法等。1885—1910 年对于弗洛伊德而言是其理论发展的高峰期，他的一系列理论陆续在这一阶段提出，包括意识、潜意识和前意识理论，本能理论，梦的解析，日常生活中的心理病理学法，以及在本文中我们摘选的人格理论等。

随着研究的不断深入，弗洛伊德的观点开始引起其他研究者的兴趣。20 世纪初，弗洛伊德在学术界开始拥有与日俱增的声望，并获得了阿德勒、荣格等人的追随，他们成立了维也纳精神分析学会。弗洛伊德也开始出席诸如克拉克会议等心理学相关会议。但鲜花和掌声并不是弗洛伊德成功道路上的唯一礼物，在他的学术生涯中，赞扬和嘲讽、称道和质疑，就像双生子，往往同时出现。亲密弟子荣格等人后期与他的观点背道而驰，许多研究者对其理论的批评和质疑从他的理论提出起就一直不断。[1]

1923 年春，弗洛伊德被诊断患了口腔癌，1923—1939 年，他接受了很多次手术。在忍受痛苦折磨的同时，他继续为病人诊疗并著书立说。

1933 年纳粹党人开始对犹太人进行迫害，这对弗洛伊德的研究工作是一个重大打击。尽管面对来自纳粹的重重压力，弗洛伊德仍然固执地坚持留在维也纳。到了 1938 年 3 月纳粹入侵奥地利以后，局势日益恶化，如果他还坚持留在维也纳，可以预期，不久之后他就会与战争中已经受到迫害的那些犹太人一样厄运临头。显而易见，纳粹当局并不喜欢弗洛伊德的理论。1933 年，在德国莱比锡心理学大会上，精神分析被标记为"犹太科学"，随后在德国被取缔。在柏林，纳粹

_____

〔1〕《心理学史》，第 258—262 页。

当局当众烧毁了他的著作，他在莱比锡出版社的库存书被没收，他在德国的支持者也受到迫害，一些人被迫逃离自己的国家。

1938 年维也纳被纳粹占领，但弗洛伊德仍不愿离开。最后，由于他女儿安娜·弗洛伊德被捕，她的房屋屡遭纳粹匪徒抢劫，他才同意去伦敦。在支持者们和家人们不断的劝说，以及英国内务大臣的大力帮助之下，1938 年 6 月，他克服了纳粹分子设置的重重障碍，终于飞抵伦敦。1938 年 9 月，他搬到位于伦敦的马兹费尔德花园的住所，这是他人生中的最后一个住所。由于癌症的原因，1939 年 9 月 23 日，弗洛伊德在伦敦去世[1]。

美国心理学家黧黑（T. H. Leahey）说："如果一个人的伟大程度可以用他对后世的影响来衡量，那么弗洛伊德无疑是最伟大的心理学家。几乎没有一项探讨人性的问题没有被他触及过。他的学说影响了文学、哲学、神学、伦理学、美学、政治学、社会学和流行心理学……"[2]这样的评语并不罕见，虽然并不是所有的研究者们都认同弗洛伊德的全部观点，甚至他的某些观点受到广泛的质疑。但毋庸置疑，没有任何一个人可以否认弗洛伊德的理论对于心理学发展的重要意义。

不仅在心理学领域，弗洛伊德在社会学等诸多领域也表现出独到的看法。在《图腾与禁忌》《文明及其缺憾》等著作中，他尝试从社会文化的角度对人的心理进行解读。在艺术领域，这样的说法可能有点夸张，但几乎在任何一本艺术评论的著作或者是西方的任何一部艺术电影中，我们都能看到弗洛伊德的影子。可以说，弗洛伊德的精神分析理论不仅是一种心理学理论，甚至可以被视为一种哲学思潮，

---

〔1〕 叶浩生：《西方心理学的历史与体系》（第 2 版），人民教育出版社 2014 年版，第 293—314 页。

〔2〕 黧黑著，陈仁勇译：《心理学史：心理学主流思想的发展》，台北：野鹅出版社 1987 年版，第 264 页。

在诸多领域，在世界范围都得到了广泛的传播。在中国，他的作品也曾经在 20 世纪 80 年代风靡一时，直到今天，我们仍能找到他的大批读者。

二、作品导读

弗洛伊德著作等身，接下来，本书通过解读其《自我与本我》中的部分章节，来对弗洛伊德关于自我和人格等诸多观点进行分析。该书出版于 1923 年，主要介绍了弗洛伊德人格理论中的本我、自我和超我的概念，以及对三者之间关系的解释。

在阅读之初，首先向大家简单介绍一下弗洛伊德的一些广为人知的基本理论，以帮助大家在后续阅读中更好地理解一些会在书中反复出现的概念。由于篇幅的限制，我们主要介绍弗洛伊德的人格理论和本能理论，以及在治疗和研究的过程中他所采用的一些主要的研究方法，更多的内容留待感兴趣的读者自行探索。

首先来看弗洛伊德的人格理论。

在早期，弗洛伊德把人格分为意识、前意识和潜意识三个层次，在导读中我们会有详细介绍，这里不加赘述。在晚期，他进一步提出了新的人格学说，提出人格是由本我、自我和超我三个部分组成的。他认为每个人的心理活动都有一套整体的系统，我们称它为自我，而意识正是其中的一部分。本我、自我、超我构成了弗洛伊德人格理论的基础，弗洛伊德认为人的一切心理活动都可以从三者之间的联系中得到合理的解释。

在弗洛伊德的所有人格理论中，关于人格发展阶段的理论无疑是最受质疑的理论。弗洛伊德认为，儿童在父母的照顾之下长大成人的过程中，如果这个孩子或父母等抚养者在看护儿童的过程中刺激其性敏感区（erogenous zone），那么这名儿童在这一阶段的"力比多"

（libido）的需要就可以得到满足，但如果他在某个阶段受到的刺激过多或过少，他对这个阶段就会变得异常固着，也就是说，在他成年后，还会通过一些行为反映出来。

他将人的人格发展——也有人称之为性的发展——按照性感带的不同划分为五个阶段，即：

口唇期（oral stage）：从出生到1岁，这个阶段婴儿口腔的刺激，如吮吸、咬和吞咽等，是性满足的主要来源，这一阶段的问题可能会导致依恋口腔的行为，例如，弗洛伊德认为如果一个婴儿过早或过晚断奶，就会在成年后通过吸烟、咬指甲或啃东西等习惯表现出来；

肛门期（anal stage）：从1岁到3岁，这一阶段，性敏感区转到肛门，儿童通过排泄大小便和对排泄过程的控制来获得快感，他认为，这一阶段对排泄的训练不足或过于严厉会导致各种人格问题，如完美主义、洁癖或粗心大意等；

性器期（phallic stage）：从3岁到5岁，这个阶段生殖器成为性敏感区，儿童会对生殖器产生兴趣并习惯摆弄自己的生殖器，这一阶段的性满足涉及对异性父母的性幻想以及玩弄和展示生殖器，可能产生恋父情结或恋母情结；

潜伏期（latent stage）：从5岁到12岁，这一阶段儿童的"力比多"受到压抑，没有明显表现；

生殖期（genital stage）：从12岁到20岁，这一阶段个体的性器官开始发育成熟，"力比多"压抑逐渐解除，生殖器成为主导的性敏感区，其他性敏感区成为辅助。

这个理论一经提出就引起了广泛的争议，有些人支持他的观点，并将之应用到教育实践中，到今天，我们还能在很多育儿百科中看到其影响，例如训练儿童如厕的时间不要过早或过晚的观点，一方面基于生理发育的水平，另一方面也受到了他的影响。也有一些研究者对该观点持否定的态度，一方面他们认为这些阶段的划分更多的是从对成年病人的观察中推导的，而非从儿童身上直接观察所得，因此其有效性有待商榷；另一方面，包括弗洛伊德的弟子在内的很多研究者认为，他过度强调了性本能和无意识在儿童发展中的作用，而现实中影响人格发展的因素要复杂得多。[1]

在弗洛伊德的理论体系中，"本能"是一个非常重要的概念。他曾经提出："在心理学中，最紧迫的需要莫过于建立一种稳固的本能理论，然后才可能据此进一步向前发展。"[2]

所谓本能，在弗洛伊德看来，是人的生命和生活中最为基本的需要和最为原始的冲动，是来自人体内部的刺激。本能的目的是通过某些行为，如进食、饮水、性行为等，来消除或减少这种刺激。本能具有四个特征：

来源：是身体的状态或需要，主要是指人的身体缺少什么；
目的：消除身体所缺少的，进而重新达到身体的内在平衡；
对象：那些需要减少或消除的身体所缺乏的经验和事物；
原动力：取决于身体欠缺的程度。[3]

例如，感到孤独的人需要社会交往（来源），进行社交活动的目的是要消除自己的孤独感（目的），要达到这一目的就需要去与他人产生联系和互动（对象），而产生社交活动的强度就取决于人的孤独感的强度（原动力），孤独感越强，社交活动的原动力就越强。

在早期，弗洛伊德把本能分为：性的本能和自我的本能，性本能就是我们提到过的"力比多"。弗洛伊德非常强调性本能的作用，认

---

[1] 拉瑟斯著，蒋洪波等译：《你一生的故事：走进发展心理学》，机械工业出版社2011年版，第3—4页。
[2] 弗洛伊德：《弗洛伊德自传》，辽宁人民出版社1986年版，第77页。
[3] 叶浩生主编：《西方心理学的历史与体系》，人民教育出版社1998年版，第300—301页。

为它是影响人的行为的身体内部的潜在力量。而自我的本能则是指人类害怕危险，在危险面前保护自我不受伤害的本能。

后来，弗洛伊德进一步把本能分为生的本能和死的本能两种。性本能和自我的本能最终归于生的本能，包括饥饿、渴、性，其目的是为了生命的增长、个体和种族的存续，因此是维持生命的创造性力量。生的本能通过被称为"力比多"的能量形式表现出来。死的本能是一种破坏性的力量，表现为各种攻击行为，可以指向一个人的内部，表现为自虐和自杀等，也可以指向人的外部，表现为仇恨和攻击等。[1]

除了上述理论外，关于梦、焦虑和社会文化的观点也是弗洛伊德理论中的重要构成部分，这里不再展开介绍，各位读者可以通过《梦的解析》《抑制、症状和焦虑》《图腾与禁忌》等作品了解其观点。

为了更好地治疗病人，并研究和验证自己提出的理论观点，弗洛伊德采用了很多不同的研究方法，由于篇幅的关系，本文仅选取几个有代表性的、在接下来的导读中会出现的方法加以介绍，包括自由联想法、日常生活的心理病理学方法和梦的解析方法。

自由联想法是弗洛伊德精神分析技术的一个重要手段，该技术的产生与弗洛伊德在治疗中的一些经验有关。弗洛伊德发现，每当他让病人回忆他们第一次歇斯底里发作的症状以及那期间发生的事件的时候，如果病人能够回忆起一些被压抑和深藏了多年的记忆中的事件，他们的症状就会开始出现好转。前文提到的"少女安娜"案例中有这样一段记载：安娜的症状中有一个非常奇怪的表现是她不肯喝水，但不论是她的口腔还是食道都没有任何问题，因此，不肯喝水的病因就成为困扰医生的一个难题。在治疗的过程中，有一次安娜说出了儿时曾看到一只狗用她的杯子喝水的记忆之后，不肯喝水的症状就消失了。基于此，弗洛伊德提出了自由联想法，他要求病人如实描述进入

---

[1] 孙叔桥：《弗洛伊德本能论视野下的自由》，《毕节学院学报》2009年第6期，第65—69页。

其脑海的一切事物，想到什么就说什么，在此期间，医生不能对患者的思路进行任何引导和限制，而是在这些结果中进行深入内心的观察。对于病因的确定也不是由医生来认定的，而是要医生和病人共同讨论，直到双方都认为找到了引发疾病的根源为止。[1]

日常生活的心理病理学方法是弗洛伊德在写作《梦的解析》一书中分析口误、笔误等日常生活琐事时采用的方法，在此基础上，弗洛伊德在1901年出版了《日常生活的心理病理学》一书。他认为，潜意识被压抑着无法表现出来，但它一直没有停止自己的挣扎，除了梦以外，还可能有其他不同的表现形式，例如，有些时候可以在日常生活中以"过失"的形式体现出来。所谓的"过失"可以包含很多形式，比如口误、笔误、误读、错放、遗忘和误解等。弗洛伊德曾经举奥地利某位下议院议长的口误为例，来分析通过日常生活中的口误如何表现出内心深处的真实想法。他在书中写道，在一次会议的开幕式上，由于估计接下来的会议中会存在严重的争论，议长先生出现了如下口误："诸位先生，我注意到已经有足够的法定人数出席，因此宣布会议闭幕。"[2]弗洛伊德认为，将开幕说成闭幕的口误，正反映了议长对接下来会议中暴风雨般的争论的不满，以及希望这种毫无意义的讨论快点结束的真实想法，但由于种种现实原因，这些不满和想法被压抑在潜意识中没有表现出来，而是在谈到相关问题的过程中，以口误的形式出现。这种口误，便是其潜意识中想法的真实表现。

梦的解析是弗洛伊德最为大众熟悉的方法。弗洛伊德认为，梦的本质是被压抑在潜意识中的愿望的表达，人的各种本能和欲望由于种种原因无法得到满足，就会被压抑到潜意识中。在睡梦中，由于"稽查者"的松懈，这些没有得到满足的本能和欲望就乔装打扮，以梦的

---

[1] 《心理学史》，第250页。
[2] 《心理学史》，第256—257页。

形式展现出来。弗洛伊德认为人的梦可以分为"显梦"和"隐梦"。显梦是指人们所做的梦的内容，隐梦则指梦的真正含义，即潜意识中想要表达的本能和欲望。对梦进行分析的过程就是从"显梦"中将"隐梦"分析出来。人的梦是复杂的，对梦的解释也不是一件简单的事，很难用一两段话清晰而准确地概括弗洛伊德的释梦技术，因此感兴趣的读者可以阅读弗洛伊德的《梦的解析》一书，这是他关于释梦理论的最经典的也是最著名的作品。

在对弗洛伊德的理论有一个基本了解之后，让我们回到文本中。《自我与本我》是弗洛伊德的代表作之一，其知名度虽然不像其《梦的解析》那样高，但如果要了解与精神分析学派的人格理论和自我相关的观点的话，这是一本必读书。本书共五章，分别是"意识与潜意识""自我与本我""自我与超我""两种本能"，以及"自我的附属关系"。

我们使用的《自我与本我》文本收录于中译本《自我本我与集体心理学》一书的第三部分。在这一部分中，我们节选了第二章"自我与本我"和第三章"自我与超我"展开详细的解读，其余章节仅作引导阅读。

【介绍】第一章"意识与潜意识"

潜意识学说在弗洛伊德的整个学术体系中具有非常重要的意义。在《自我与本我》中，他在第一章就开宗明义地点明了这一点。"把心理生活划分为意识和潜意识，这是精神分析所依据的基本前提……"[1]可以说，要了解弗洛伊德的理论，必须首先了解他关于意识的观点。有些读者可能会误以为意识、无意识等理论最早是由弗洛伊德提出

---

[1] 弗洛伊德著，戴光年译：《自我本我与集体心理学》，吉林出版集团有限责任公司2015年版，第170页。

的，其实不然，莱布尼茨（Gottfried Wilhelm Leibniz）、赫巴特（Johann Friedrich Herbart）和费希纳（Gustav Theodora Fechner）等研究者都曾在其著作中对于意识和无意识等问题进行了大量的论述。[1]

在吸取前人经验的基础上，弗洛伊德最初将人的心理划分为意识和无意识。早在与布洛伊尔医生讨论癔症的原因时，弗洛伊德就发现很多患者都存在某一类相似的描述，这类描述的共同特征是：在开始的时候由于涉及隐私或者使患者感觉羞愧，因此某些问题会被患者们隐藏起来，一直无法向他人说出，久而久之，这些人们意识不到因此不能够得到正常解决的问题就进入人的无意识中，并可能会在日后导致患者出现歇斯底里的症状。只有在使用精神分析的方法进行治疗的过程中，它们才会被从患者的潜意识中挖掘出来。

比如说，有一个女孩，非常喜欢一个男孩，但由于自卑或者是害怕被家人责备早恋等各种因素，不敢将自己的想法表达出来。她对这个男孩的爱慕并没有消失，而是潜伏在意识深处，时间久了，表面上看起来女孩已经忘记了，但在弗洛伊德看来，这个没有被满足的愿望最终进入了女孩的无意识中，在日后碰到巨大压力或者类似的情感问题的时候，就以各种症状的形式表现出来。

然而，之前已有的关于无意识的划分是模糊的，不足以满足精神分析学说的需要。于是进一步地，弗洛伊德又将无意识现象划分为前意识和潜意识，前意识是指无意识中那些能够进入意识中的经验；潜意识则是指很难进入或不能进入意识中的经验，它包括原始的本能冲动和欲望，特别是性的欲望。弗洛伊德用冰山来比喻三者之间的关系：意识是冰山露出海面的一部分，是能够被人看到的，前意识是冰山隐藏在海水之下但靠近海面的部分，它与意识之间虽有界线，但不是不可逾越的，在一定的条件下，前意识中的某些内容是可以进入意

---

[1] 刘钊：《弗洛伊德无意识理论及当代价值》，广西师范大学硕士学位论文，2006 年，第 3—7 页。

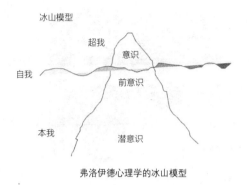

弗洛伊德心理学的冰山模型

识的，就如同海浪的涌动会使得冰山接近海面的部分展露出来一样；同时，前意识位于意识和潜意识之间，作为"稽查者"，它的一个重要作用就是严防潜意识中的本能欲望闯入意识中；潜意识是冰山深埋在海水之下的部分，不能为人所知，虽然受到种种限制，但潜意识始终在积极活动着，当这位"稽查者"放松警惕时，潜意识就通过伪装等多种途径伺机进入意识中。弗洛伊德认为，潜意识无法直接观察，但是可以通过口误、笔误、梦等途径被了解。虽然它不为人们所觉察，但却支配着人的一生。[1]

弗洛伊德的潜意识理论受到了广泛关注，并对心理学和其他学科领域产生了深远影响。通过分析潜意识来寻找心理问题的根源，成为精神分析学派和其他一些心理治疗方法的重要环节。《爱德华大夫》是电影史上非常经典的、以表现精神分析治疗法为主题的影片之一。这部发行于1945年的黑白片由希区柯克执导，影片讲述了女心理医生康斯坦斯与一位假冒的"爱德华大夫"的爱情故事。

一家精神疾病医院里来了一位新院长，这位院长英俊潇洒，很快俘获了美丽女医生的芳心，但在接触的过程中，女医生却发现院长身上疑点重重，她用精神分析的方法，在老师的帮助下，最终帮助男主

---

[1]　车文博:《透视西方心理学》，北京师范大学出版社2007年版，第419—425页。

站在人性的三岔路口　　71

电影《爱德华大夫》海报

角战胜了内心的疾病。在整个故事中，希区柯克对潜意识理论的运用非常精彩。

电影中一段非常经典的情节是，男主角因为被指控杀害了真正的爱德华大夫并冒充他而逃走，女主角相信他无罪，但他却觉得自己真的杀过人。女医生试图用精神分析法帮他回忆起隐藏在记忆深处的真相。在布鲁诺教授和女医生的共同努力下，经过诱导，男主角说出了自己的梦境，通过分析他的梦，解开了导致男主角犯罪的情结。原来，他在童年时有一段非常悲伤的经历。在一次玩耍时，他不慎误伤弟弟，使弟弟从台阶的扶手上滑下，摔到栅栏上，最后遭遇了不幸。弟弟去世后他一直非常内疚，时间过去很久了，男主角表面上似乎已经看淡了这件事的影响，但内疚感并没有消失，而是一直埋藏在他潜意识的深处。当他与爱德华大夫一起滑雪时，爱德华大夫从他身边滑下山坡的场景与当年他误伤弟弟的场景重合，使得他产生了自己杀害了爱德华大夫的错觉。但是，因为一系列的意外，男主角将这些情节都"遗忘"了。为了让男主角彻底摆脱噩梦，他们来到滑雪场，试图再现当时的场景。在危急关头，男主角回忆起了隐藏在潜意识中的一切，意识到自己既没有杀害爱德华大夫，也不是故意害死弟弟的。

正如我们在介绍作者生平中所提到的，弗洛伊德的影响之广泛是毋庸置疑的，直到今天，我们还可以在很多文学作品和影视作品中看到对其理论的运用，比如我们熟悉的《盗梦空间》《七宗罪》《沉默的羔羊》等影片。

弗洛伊德的意识、前意识和潜意识理论可以被视为他心理学思想的基础和核心理论，下文所介绍的他的大部分理论，都是建立在其意识理论的基础之上的。

【解读】第二章"自我与本我"

弗洛伊德早期的人格结构属于以无意识为主的无意识、意识"二元结构论"，但其中也包含前意识在内。到了晚年弗洛伊德在此基础上又提出了"三元人格结构"说，即本我（id）、自我（ego）和超我（superego）。在本章中，弗洛伊德主要介绍了自我与本我，并论述了两者之间的关系。

弗洛伊德认为本我是人格中与生俱来的最原始的无意识结构部分，它是人格形成的基础。自我是从本我中分化出来的，"每个人的心理活动都有一套整体的系统，我们称为自我，而意识正是自我的一部分"[1]。

人是社会性动物，出生后就必须在与周围人的互动中生活，在这种适应环境的过程中，自我逐渐从本我中分化出来。弗洛伊德认为自我按照"现实原则"活动，例如，我想吃哈根达斯，但因为没有足够的钱，会转为买一个便宜的冰激凌来满足，这就是现实原则。自我的作用是既要满足本我的当下的要求，为本我服务，如饿了要吃饭；同时又按照客观现实的要求来行事，例如，在我没有钱的时候，我很想

---

[1]《自我本我与集体心理学》，第 178 页。

吃东西，但我也知道不给钱就拿是违法的，所以不会去偷，而是想办法赚钱去买。但自我中也有一些东西是无意识的，它们似乎被压抑着，但在未被意识到的情况下发挥着巨大的影响力，只有通过特殊的方式才能使其成为意识。[1]

在本章的开端，弗洛伊德对早期的意识和无意识的划分进行了反思，"但既然我们现在已经认识到，自我在适当情况下也可以是无意识的，那么我们就想对自我有进一步的了解。迄今为止，在我们的研究中，唯一的指示方向就是意识或无意识的区分依据；我们终究会了解到这个区分的依据是多么不确定"[2]，并认为此前的划分方法无法有效地解释问题。

他进一步从意识出发展开思考，他向自己，也向其他读者提出了这样的问题："但那些我们〔草率地、不准确地〕以思想活动的名词来归纳的心理过程又是怎样的情况呢？它们显示出器官内部的某一部位在内心的力量付诸行动时所发生的移动。究竟是它们朝着意识的表层移动还是意识朝着它们移动？"[3]

弗洛伊德认为所有的知觉最初都是意识的，这里的心理过程可以理解为视觉加工或听觉加工等感觉加工的过程，也就是我们眼睛和耳朵加工获得的过程，按照弗洛伊德的理解，这些认知加工是在人的内部需要的引导下，由感觉器官（如眼睛）产生活动而完成的。例如我们内心想要了解一朵花的颜色，那么眼睛就会将视线移动到花朵上来满足我们的需要。但我们如何对眼睛所观察到的物体进行心理加工呢？这个加工过程到底是怎样的呢？弗洛伊德认为存在两种模式：人们意识到内心深处的需要，或者是需要进入了人的意识。但他认为这两种都不合理。所以，他指出："这里面必然存在着第三种可能

----

〔1〕《自我本我与集体心理学》，第178页。
〔2〕《自我本我与集体心理学》，第180页。
〔3〕《自我本我与集体心理学》，第181页。

性。"〔1〕但在这里他并没有对第三种可能进行仔细分析。

接下来，他区分了无意识与前意识的关系："无意识与前意识的观念（思想）之间真正的区别是：前者以某些未知的素材进行，而后者除此之外还与词表象（即语言描述）有关。"〔2〕

为了更好地帮助大家理解书中的原文，这里要简单为大家介绍几个不太熟悉的词汇。第一个是"词表象"，这个词最早出现在弗洛伊德的《超越快乐原则》〔3〕中，可以理解为用语言（词或短语）来表达事物，或者说将事物的意义用词语的形式加以概括和表达〔4〕，弗洛伊德将之作为区别意识、前意识和潜意识的一个非常重要的标志。意识是可以用语言来描述的，但潜意识不可以，因为我们对于潜意识的存在是一无所知的，所以也谈不上用词语来进行描述。前意识徘徊于潜意识和意识之间的界线上，是可以用语言，也就是"词表象"来描述的。

词表象不是凭空而来的，在弗洛伊德看来，它们是曾经历过的事件的记忆碎片，他认为"只有曾是意识的东西才能成为意识"〔5〕，也就是说，只有经历过的记忆才能成为意识，进一步地说，只有我们经历过的，但由于种种原因被压抑到潜意识中的事件才能再次进入意识中。比如说，假设我们小时候曾经因为偷糖果被妈妈知道而挨打，这件事让我们觉得羞愧，随着时间的推移，这件事被压抑到潜意识中去，我们察觉不到自己还留有这样的记忆，但由于我们曾经经历过，这件事情在我们的意识中出现过，因此可以再次进入意识环节。词表象的来源并不单一，不仅仅是我们看到的事物，我们听到的语言也都可以成为词表象，这些潜意识可以用词表象或场景的形式，绕过"稽

---

〔1〕《自我本我与集体心理学》，第 181 页。
〔2〕《自我本我与集体心理学》，第 181 页。
〔3〕 弗洛伊德著，车文博译：《自我与本我》，长春出版社 2004 年版，第 1—45 页。
〔4〕 刘放桐：《现代西方哲学》，人民出版社 1990 年版，第 663 页。
〔5〕《自我本我与集体心理学》，第 182 页。

查者"的审察，以能被人们意识到的形式存在于我们的前意识中，进而成为前意识的信息来源。

同时，经历过的场景也会成为记忆碎片。场景记忆的表现形式多为事物的形象，形象本身没有具体的意义，但经过人的思想加工后就有了意义。例如，当我突然想起了一个茶杯，茶杯本身没有除了喝水的功能之外的其他意义。但是当我想到这个茶杯是在一个什么情景下由什么人赠予我的，那么这个茶杯就承载了额外的祝福含义。弗洛伊德认为，场景记忆是极为重要的，"在某些情况下，它比词语思想更接近无意识，在个体发生和种系发生上也要早于词语思想"〔1〕。

第二个要解释的词汇是"精力贯注"，在论述词表象的过程中，弗洛伊德用到了"精力贯注"这个概念。"我们将残留的记忆碎片归于那些与知觉－意识系统直接接触的系统之中，因此这些残存下来的精力贯注就可以自如地由内部向知觉－意识系统扩散。……当记忆恢复的时候，精力贯注存留在记忆系统之中，当精力贯注并不只是沿着记忆痕迹通往知觉，而是彻底贯穿它时，就可以产生出那种无法与知觉区分开来的幻觉。"〔2〕

精力贯注也译作精神贯注。弗洛伊德用这个词来表示人的精神能量的使用或者是情感的投入。他认为，在日常生活中，我们所投入的精神能量或情感并没有完全消耗，当残存的精神能量或情感不能与正常的物质世界保持一致的时候，就容易出现幻觉。

到此为止，弗洛伊德表面看起来是在讨论意识与外部感知觉的关系，而事实上，他是在论述自我与外部世界的关系。我们对之前的内容进行简单的总结，可以发现，自我的构成不仅如前文所说的那样包含意识在内，也包含无意识的成分。但不论是意识还是无意识，都必

---

〔1〕《自我本我与集体心理学》，第182页。
〔2〕《自我本我与集体心理学》，第182页。

须明确一点，自我所包含的内容，必须是人们曾经亲身经历过的，不论是以何种感觉模式，这些内容都曾经进入过人们的意识中，区别只在于其中的某些部分仍留存在意识中，而其他部分则由于种种原因进入了潜意识而已。

前文探讨的都是自我与外部世界的关系，在接下来的文字中，弗洛伊德探讨了自我与内部知觉的联系。

所谓内部知觉，可以理解为人对各种心理加工过程的知觉。弗洛伊德将产生"快乐与不快乐的感觉和感情视为其中的最佳范例"[1]，也就是说，对情感和感情的加工就属于内部知觉的范畴。他认为，不同类型内部知觉的产生源头不同，因此，它们之间的属性是不同的，甚至可能是互相排斥的。

他以内部动力为例来进行说明，在弗洛伊德看来，"内部动力并不存在于快乐的感觉之中，而是大量地存在于不快乐的感觉之中。这种动力崇尚变化，力图发泄，这就是我们将精力贯注的增强视为不快乐的缘由，而将精力贯注的减弱视为快乐的缘由的原因。……我们将称为快乐与不快乐的意识的那种东西称为心理过程中量和质的'某物'……"[2]

这里的"某物"可以理解为本能。弗洛伊德认为本能是决定心理过程的一种状态，这种状态是先天的。例如，性本能决定了心理活动的方向是满足对性的需要。[3]

一般情况下，对本能欲望的满足对于人而言是起到动力作用的，例如我们为了解除饥饿而寻找食物。但如果本能不能得到顺利的满足而是受到阻碍，就会产生不愉快的感觉。按照弗洛伊德的观点，当我们处于快乐的状态的时候，由于没有匮乏，因而也就无从产生内部驱

---

〔1〕《自我本我与集体心理学》，第183页。
〔2〕《自我本我与集体心理学》，第184页。
〔3〕 C. S. 霍尔著，陈维正译：《弗洛伊德心理学入门》，商务印书馆1985年版，第28—29页。

动的力量来要求我们获取满足。

我们可以举个例子来帮助理解，一个小女孩吃得很饱，穿得很暖，父母很爱她，她没有任何的物质匮乏，处于幸福的童年之中，在这种状态下她很难产生内部动力去获得在当前状态下她已经拥有的东西。假如有一天她的父母离异了，她突然之间缺失了双亲中的一个，那么，她就可能处于不快乐的状态，这个时候，内部力量就开始起作用，使得她对于亲情或者来自他人的关爱变得更加渴求。

关于这个过程，弗洛伊德进行了如下论述："它使我们观察到，这个'某物'的迹象与被压抑的冲动类似。它能够在自我未察觉到被强迫的情况下发挥动力作用。直到抗拒强迫的力量产生，发泄才会遇到阻力，这个'某物'才会被变成不快乐的意识。"[1]

这里弗洛伊德用了"压抑"一词，他在前文中将"观念在成为意识之前所处的状态称为压抑"[2]，也就是说，当一个想法没有进入意识中之前，是被压抑在无意识中的。发起压抑和维持压抑的力量被弗洛伊德看作"抵制"。人被压抑的欲望和需要是无意识的根源。

我们继续用刚才的例子来帮助我们理解，当小女孩的父母离异后，我们假设她跟随母亲生活，那么她对父亲会产生思念和渴望，但这种想法并不是母亲希望看到的，因此，这个孩子为了让母亲高兴就不会把对父亲的思念表现出来，而是将这种想法隐藏到潜意识中，这种压抑的状态在我们意识不到的情况下可能会表现为不听母亲的话等形式来进行发泄，但本人不会意识到自己因为对父亲的思念而感到不高兴，只有在受到比较强烈的阻碍的时候，比如母亲严厉的惩罚等，孩子才会感觉到不快乐的意识，并因此可能会将隐藏在潜意识中的对父亲的思念表达出来。

---

〔1〕《自我本我与集体心理学》，第184页。
〔2〕《自我本我与集体心理学》，第175—176页。

弗洛伊德用了下面的描述来对此前的内容进行总结："知觉系统是自我的摇篮，自我以它为中枢，自我以前意识为起点，这个前意识与记忆的碎片相连。然而，正如我们所知，自我也是无意识的。"[1]

接下来，弗洛伊德开始探讨"本我"。

弗洛伊德认为本我是人格中与生俱来的最原始的部分，本我是无意识的范畴，是人格形成的基础。自我和超我都源于本我。本我由人先天的本能和最基本欲望所组成，如饥、渴、性等，是心理能储存之处。

弗洛伊德认为本我按照"快乐原则"行事，所谓"快乐原则"，是指解脱的快感，如饥饿后的饱食感带来的满足。本我从不考虑客观现实的限制，只追求欲望的即时满足，比如婴儿哭泣为了寻求乳汁来解除饥饿，只要马上给予乳汁，婴儿的哭泣就会停止。[2]

在论述自我与本我的关系时，他进行了如下描述："自我与本我本来彻底分离，自我中较低级的那部分并入了本我。但是，自我中被压抑的东西同样也并入本我，并且只是其中的一部分。被压抑的东西与自我的分离只不过是因为抗拒作用，它能够通过本我与自我发生联系。"[3]自我中较为低级的部分指那些基本生理需要的即刻满足，例如饿了马上要吃，没钱就要去偷；而压抑则是指当人有了欲望，例如我喜欢商店橱窗里的一件衣服，太贵了我买不起，但我也不想用其他衣服替代，由于受到社会规则的束缚，我知道买不起也不能去偷和抢，那么对这件衣服的欲望就会被压抑到本我中。

弗洛伊德用了一幅图来表示前面所提到的本我、自我和意识、前意识等概念之间的关系。

---

[1]《自我本我与集体心理学》，第185页。
[2] 王光荣：《弗洛伊德人格结构理论的演变及其影响》，载《西北师大学报（社会科学版）》1994年第3期，第64—67页。
[3]《自我本我与集体心理学》，第186页。

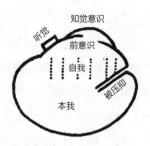

本我、自我和意识、前意识关系图[1]

从图中可见，自我是本我的一部分，自我以知觉意识为媒介来体察外部世界，并用外部世界的规则来规范和改变自己的行为方式，这种变化不仅局限于自我本身，它还试图影响本我，以自我倡导的"现实原则"取代本我施行的"快乐原则"。正是由于自我受到外在社会的影响，一些本能和欲望因为违反社会规范和现实原则而不能得到满足，因此就会被从自我中分离出来，这部分本能和欲望被压抑，不在意识的范畴，最终进入本我。自我受理性支配，而本我更加倾向于凭借感情行事。这是自我与本我经典的"理想状态"下的模式。

本我无法控制本能和欲望的满足，需要借助自我来实现。自我的作用类似一个"稽查者"，它时刻监控着本我，决定了本我的本能和欲望是否能够得到满足，以及满足的程度。例如，一个人很喜欢一件衣服，但这件衣服非常贵，他根本买不起。如果按照本我来行事的话，他会用尽一切办法来拿到这件衣服，例如偷盗或抢劫，不论所采用的行为是不是合乎社会规范。但因为自我的存在，事实上他不一定会这样，因为自我时刻监督着本我，当他依照本能所采取的行为与社会规则相抵触时，自我就会限制本我的行动。所以，虽然我们非常想要那件衣服，但绝大多数人不会采取违法的行为。

---

〔1〕 图片引自《自我本我与集体心理学》，第 186 页。

在接下来论述自我与意识的关系的过程中，弗洛伊德将很多认知加工的过程归于无意识。"对于较低层次的情感是在无意识中进行的这个事实，我们并未感到诧异。……就连那些通常情况下要求具备极强思考性的复杂精细的智力操作，也能在非意识的前意识状态下进行。……我们发现一些人的自我批判和道德良心的功能——这些都是极为高级的心理活动——属于无意识并且在无意识中产生了至关重要的结果。"[1]关于这一点，此后引起了很多争议，比如智力到底是在意识还是无意识层面进行就产生了很大的分歧，现代心理学很多进行智力研究的学者并不认同弗洛伊德的观点。因此，在阅读弗洛伊德的作品的过程中，读者应该进行批判性的阅读，时刻保有自己的判断。

【解读】第三章"自我与超我"

在第三章中，弗洛伊德主要介绍了超我，并论述了自我与超我的关系。

在三种人格结构中，本我按"快乐原则"行事，自我按"现实原则"行事，而超我则按照"至善原则"行事。超我衡量是非善恶，代表人的理想，追求道德和完美，是人格中的最高层。

超我的主要职能是指导自我，进而限制本我的活动，是本我和自我的"稽查者"。在弗洛伊德看来，超我的功能如下：（1）压制本我中不受社会道德允许的本能和欲望的满足；（2）使自我向更加合乎社会规范的目标前进；（3）使个体达到人格的完善。[2]

清华大学的张明明在《哲学十二钗》中用了一个非常有趣又恰当的比喻："超我"是唐僧，"本我"是八戒，"自我"是沙僧[3]，这个比喻非常形象，超我正如唐长老一般，持清规，守戒律，时刻以一个完

---

〔1〕《自我本我与集体心理学》，第188—189页。
〔2〕《弗洛伊德人格结构理论的演变及其影响》，第64—67页。
〔3〕 转引自网络：http://www.360doc.com/content/15/0414/18/1003261_463195225.shtml。

美和尚的形象出现；而八戒看到美食要吃，看到美女想还俗，时刻遵循自己内心的欲望，最不像和尚，是取经队伍中滥竽充数的存在；而沙僧是遵循现实规则的典型，师父在时，他是好和尚、好徒弟，师父有难，他尽力营救，但救不出来，他也不强行反对八戒的散伙提议。

回到书中，在介绍自我与超我的关系时，弗洛伊德提到了"自居作用"这个概念："一个被遗弃的对象被重新置于自我之中，即自居作用替代了对对象的精力贯注。"[1]

所谓"自居作用"（identification），也可翻译为"求同作用"，是一种无意识同化的心理过程，弗洛伊德用这个概念来表现个体将某一人或集体的某些属性同化到自己的人格特征中的行为。自居作用包含两个层次，首先是认同，其次是同化，上述过程都是无意识的。[2]

举个例子来帮助大家理解什么是自居作用，在一个男孩成长的过程中，假设他崇拜他的父亲，孩子就会经常按照父亲的思路来发表观点，并在日常生活中无意识地模仿他的行为。上述过程就是自居作用使得男孩将成年男性的特点同化到自己的人格中，他先要对父亲这一成年男性的形象产生认同，然后才会模仿父亲的行为方式。

弗洛伊德认为，自居作用在自我形成的过程中具有非常重要的意义，对于性格的形成也至关重要。他通过对儿童发展阶段的论述讨论自居作用的重要性。

在口唇期，对对象的精力贯注和自居作用是难以区分的。婴儿为了获得性的满足而对口唇动作和动作的对象格外关注，将自己的注意和情感大量地投入如母亲一类的对象上，但这种本能不一定完全能够被满足，也有可能受到抑制。[3]

在这里，弗洛伊德举了一个很有趣的例子。"我们似乎可以轻易

---

〔1〕《自我本我与集体心理学》，第191页。
〔2〕《弗洛伊德心理学入门》，第64页。
〔3〕 戴维·谢弗著，陈会昌译：《社会性与人格发展》，人民邮电出版社2012年版，第40页。

地从那些屡坠爱河的妇女身上找出其性格特征中的对象精力贯注的蛛丝马迹。我们还必须兼顾到对象精力贯注与自居作用同时发生的情况——这意味着性格的转变发生在对象被遗弃之前。此时，性格的转变已经超出了对象关系的范畴，从某种意义上来说，对象关系已经能够在这种转变中得以存留。当对象的特征进入自我时，它就已经以一个爱的对象的形式强加于本我，并试图以此弥补本我的损失：'看吧，你也可以选择爱我，因为我与那对象如此神似。'"[1]

这段文字本身有些晦涩，让我们带大家一起重新还原弗洛伊德想要讲述的观点。我们可以这样理解，一个女孩子，在她性格发展的早期，会产生一个依恋的对象，按照弗洛伊德的理论，这个对象应该是她的父亲（关于恋父和恋母情结，我们在后面会详细介绍），但是这样的感情是不符合社会规范的，因而会很快地被限制在本我中。

在被迫抛弃最初的依恋对象的时候，弗洛伊德认为会产生三种可能：第一，通过自居作用，使得自己具有相应的品质，进而抛弃他所依恋的对象；第二，通过自居作用，使得自身发生改变，进而使得与依恋对象的关系产生可能性；第三，通过自居作用，使得自身发生改变，进而不再依恋原有的对象。

例如，这个女孩在成长的过程中不断地受到依恋对象（父亲）的影响，虽然这种依恋可能不被接受，但是，她在性格形成的过程中可能会使自己具有一些父亲的特征，或者会慢慢形成对恋爱对象的一个憧憬和幻象，这个幻象往往就是以她的父亲为原型的，进而将不被接受的依恋关系转化为社会能够接受的恋爱关系，通过对爱人的亲密和依恋来得到满足，虽然有些时候这种关系可能会超出应有的限度。自居作用的另一个可能是将父亲所喜爱的对象，也就是母亲的某些特点转移到自己身上，这个女孩会模仿母亲的言行，希望可以成为像母亲

---

[1]《自我本我与集体心理学》，第192页。

一样的人，进而取代母亲。虽然这种方式不能真的起到女孩希望的作用，但从儿童成长的角度而言，对于儿童的性别角色的形成和发展事实上具有重要的意义。

在弗洛伊德看来，这种自居作用是非常重要的，"由选择性对象转化为改变自我，这种方法能够使自我驾驭本我，并增强两者之间的关系"[1]，也就是说，对于本我中那些不被社会所接受的欲望，被自我用这样的一种改变自身的做法来进行控制，虽然这些都是在无意识中完成的。

弗洛伊德这样进一步解释上述过程："这种由对象性力比多转化为自恋性力比多的情况，显然表示摒弃了性目的，斩断了性欲，因此这是一种升华作用。"[2]在引文中弗洛伊德提到了"升华"（sublimation）这个概念，在他的《精神分析引论》中，他将升华描述为："性的冲动乃能放弃从前的部分冲动的满足或生殖的满足的目的，而采取一种新的目的——这个新目的虽在发生上和第一个目的互相关联，但不再被视为性的，在性质上须称之为社会的。"[3]简单地解释，可以看作性的本能不仅可以通过性行为得到满足，也可以通过性之外的其他社会行为得到满足，这个过程就是弗洛伊德所说的升华，也就是个体将本我中被压抑的不符合社会要求的原始冲动和欲望，用符合社会要求的方式进行表达的过程。结合上一段来看，我们可以这样理解，此前没有满足的对某一对象的依恋，除了转化为社会能够接受的恋爱关系之外，产生了另外一种可能，将对不被社会接受的依恋关系转变成了对自己的依恋，也就是我们所说的自恋。

正如前文提到的，"自居作用"的第一种情况就是"自恋的发泄作用"。弗洛伊德认为，有时候人会将对自己某些特点的认同发泄到

---

〔1〕《自我本我与集体心理学》，第192页。
〔2〕《自我本我与集体心理学》，第192页。
〔3〕 弗洛伊德著，高觉敷译：《精神分析引论》，商务印书馆1984年版，第155页。

约翰·威廉·沃特豪斯（John William Waterhouse）的著名画作《厄科与那喀索斯》

对其他人相同特点的认同上去。[1] 例如一个男孩子喜欢他自己身上的某一男性特征，他就可能会赞赏其他拥有同样男性特征的男人。弗洛伊德在很多文章中都谈到这一点，甚至认为，如果这个人自恋的因素太强的话，他甚至有可能娶一个特别男性化的女性或者成为同性恋。

自恋是人们在讨论心理问题时经常被提及的一个话题，心理学经常用希腊神话中那喀索斯（Narcissus）的故事来隐喻自恋，那喀索斯是希腊神话传说中的美少年。山林水泽中的女仙们爱上了他，那喀索斯虽然从未见过自己的容貌，却从周围人的反应中确信自己的英俊举世无双，因此逃避女仙们的爱恋。终于有一天，他见到了自己在水中的倒影，并为之而痴迷，最终憔悴而死，变为一朵水仙花。因此，心理学上有时候会用水仙花症来形容自恋心理。

但是，对早期依恋对象的自居作用并非仅仅会导致自恋这一个

---

[1]《弗洛伊德心理学入门》，第64页。

结果。弗洛伊德在其文中提到了自恋之外另一个常被讨论的心理学词汇——多重人格，他写道："……将目光聚焦在自我的对象自居作用上。一旦它们获得优势地位，数目膨胀，并且强大到彼此不能共存……不同的自居作用间分崩离析，此时的自我就会发生分裂，自居作用轮番主宰着意识，这或许正是'多重人格'的真相。"[1]

人的一生中并不是仅仅会发生一次自居作用，而是会在成长的过程中不断地对多个不同人或者群体产生"求同机制"，这时就会进而形成多种人格特征。当这些人格特征不能同时在一个人身上体现时，就会轮流出现，在一个人身上不同时期表现出不同的人格特点来，而这个人本身并不能意识到这一点。

这一观点被很多影视作品采用，美国电影《致命ID》中的主角麦肯·瑞夫被塑造成为具有11个分裂人格的典型"多重人格"患者。由于幼年被母亲所虐待，形成了数个邪恶人格。在平时的生活中，一个相对较为符合社会规范的人格占据主导，但这些邪恶的人格会在不确定的情形下轮流出现，做出各种不良的行为，甚至导致了数起杀人案件。死刑前夕，精神病医生马力克和其中一个善良勇敢的人格（艾德）对话了，告诉这个人格真相并要他帮助麦肯·瑞夫消灭邪恶的人格。

类似的电影还有《美国精神病人》，其中的主角帕特里克·贝特曼受过高等教育，找到了一份人人羡慕的好工作。他白天是华尔街的骄子，在从事股票经纪人工作的过程中，不断地展示自己英俊迷人、谈吐风趣的一面。而当夜幕降临，贝特曼双重性格中邪恶的一面被唤醒，他化身为魔鬼，将被他的表象所迷惑的受害者绑架，并在自己的公寓里残忍地折磨并杀害他们，制造了很多恶性事件。他身上似乎存在着两个完全独立并且是背道而驰的人格，在不同的时间里主宰着他

---

[1]《自我本我与集体心理学》，第193页。

电影《致命 ID》海报 　　　　　　　电影《美国精神病人》海报

的生活。

　　对于多重人格，虽然在精神分析的案例中经常被提到，但弗洛伊德在本书中并没有多加分析，他在接下来的大段论述中探讨了他所重视的，也是在他的精神分析的治疗方法中经常被提及的一个话题，恋父情结和恋母情结。

　　在弗洛伊德看来，3 至 6 岁是儿童发展的一个重要阶段：性器期。在这一阶段，男孩开始对父亲产生敌意而对母亲产生爱意，女孩开始对母亲产生敌意而爱慕自己的父亲。这种暧昧的状态，表现在男孩身上被称为恋母情结（Oedipus complex，也称俄狄浦斯情结）；表现在女孩身上则被称为恋父情结（Electra complex，也称伊莱克特拉情结）。

　　我们简单地介绍俄狄浦斯的故事来帮助大家了解这个概念。俄狄浦斯是古希腊神话中的一个悲剧人物。他是忒拜国王的儿子，但国王年轻的时候做了一件忘恩负义的事情，因而受到诅咒，诅咒中说他的亲生儿子将会杀死他并与自己的母亲结婚。国王听了这个预言后感到非常恐惧，于是下令把刚刚出生的儿子丢弃到荒山上。但是，这幸运

希勒马赫（Eugène Ernest Hillemacher）的画作《俄狄浦斯在忒拜城》

（或者说不幸）的婴儿被牧羊人发现了，并把他送给邻国没有孩子的国王收养。

俄狄浦斯并不知道自己真正的父母是谁，他在邻国幸福地成长，直到有一天他在神庙中听到了关于自己的预言。为了避免悲剧的发生，他逃离了自己成长的国家，来保护他所深爱的父母。在旅途中，他因为小事上的争执杀死了一名路人（其实是忒拜国王），并破解了斯芬克司的谜语拯救了忒拜，按照约定的风俗，在不知情的情况下，他娶了丧夫的王后，也就是他的生身母亲为妻，并生下了两个儿子和两个女儿。

到这个时候，俄狄浦斯身上的诅咒已经应验了。他在不知不觉间犯下了"弑父娶母"的大罪，瘟疫、饥荒以及各种灾难不断地降临忒拜城，在寻找原因的过程中，俄狄浦斯终于知道了真相。王后羞愧地自杀了，俄狄浦斯羞愤不已，他痛恨自己竟然亲眼看到这样的悲剧，因而刺瞎了自己的双眼，然后走到忒拜市民面前承认了自己的种种罪孽。此后，俄狄浦斯在安提戈涅的牵引之下开始四处流浪，最终死于众女神的圣地。

弗洛伊德借用了这个神话故事，来指代男孩子对父亲产生敌意而对母亲产生爱意。根据弗洛伊德的理论，儿童开始向外界寻求性对象的首选就是自己的双亲。这种选择，一方面是由于"力比多"的作用，另一方面是由于双亲的刺激，他认为在一般的家庭中往往会出现母亲偏爱儿子和父亲偏爱女儿的现象。在此情形之下，男孩很早就对母亲产生了特殊的柔情，将母亲视作自己的所有物，而将父亲视为竞争者和敌人，甚至想取代父亲在父母关系中的地位。同理，女孩有类似的对父亲的爱，因此，同样也有"恋父情结"。

弗洛伊德认为，儿童在明确自己与同性别的父亲或母亲的竞争关系开始，直到摆脱了这种对父母的不合伦理的欲望为止，都会由于与父母的敌对而产生焦虑。弗洛伊德将之视为自居作用的一种最本源的机制，并认为这种恋父或恋母的情结在儿童社会化的过程中是必不可少的，也就是说，一个男孩子成长为一个具有"男性气概"的成年男性，或一个女孩子获得"女性气质"而成长为一个真正的女性，正是由于这一阶段的作用。

随着恋父或恋母情结的减弱，儿童会开始认同同性别的父母的特征，产生自居作用。这时自居作用的途径主要有两种，一种是以母亲自居，将母亲的特点内化到自己的人格中；另一种就是加强对父亲的自居，后者比较常见。就如我们在前文中曾经提到过的，一个男孩在恋母情结减弱后，对母亲的爱并没有完全消失，而是通过将父亲的特征内化到自己的人格结构中，而使这种爱有所限制地得以保留。

但弗洛伊德认为，这时的自居作用对儿童的发展不一定是有益的。比如一个女孩子的恋父情结减弱了，她可能会出现男性化的举止，希望自己替代父亲的角色，如果她先天人格中的双性化倾向足够强，那么她可能就会成长为一个假小子。

在阅读这一部分的时候，读者们应该格外留意，因为从探讨儿童发展阶段开始所涉及的一系列问题，可以说是弗洛伊德理论中最受争议的，甚至其中有些部分是广受诟病的理论，对于弗洛伊德将儿童发展过程中的所有问题都用性压抑和满足来进行解释，很多研究者表示反对，但也有一些研究者非常认同这些观点。因此，请读者们在阅读这一部分的时候保留自己的判断。

接下来，弗洛伊德谈到了超我，超我也被称为自我典范。超我也可以被理解为道德化的自我，弗洛伊德对于超我的起源看法如下："它是在生物性与历史性，即人类弱小无助的童年期漫长的依附阶段和他的俄狄浦斯情结……这两个关键因素的作用下产生的。精神分析假设：后一种似乎为人类所独有的因素源自冰河时期的文化进程。因此，超我从自我中分化出来绝非偶然，这种分化显现出个体发展与种系发展中至关重要的特质……"[1]

超我的一个重要作用，就是在道德的框架下限制男孩子对母亲的不合伦理的恋慕的无限制发展。弗洛伊德认为超我带有强制色彩，在超我发展的过程中，人的社会属性和性本能都会对超我的发展产生影响。

同本我和自我一样，超我与自我之间也是存在对立关系的，弗洛伊德认为，两者之间的对立，表现为现实与理想、外部与内部的巨大差异，他进而指出对俄狄浦斯情结的压抑是宗教、道德等观念产生的早期根源。对儿童而言，最重要的认同的对象往往是自己的父亲，但对父亲的"自居作用"在成年后可能会延伸到其他权威男性身上，例如对于学识深厚的师长。男孩子会对这些权威男性展现出类似的认同

----

[1]《自我本我与集体心理学》，第197—198页。

现象和同化行为，进而在言谈举止上与他们尽量贴近。比如说，一个小男孩崇拜邻居的警察叔叔，就会对玩具枪和抓坏人的游戏格外感兴趣，并认为自己就是一个警察。当他形成了当警察的想法，并且将除暴安良作为自己的道德准则的时候，如果我们细究其根源，按照弗洛伊德的观点，可以追溯到早期的恋母情结，以及在恋母情结消退之后对父亲的自居作用中。

在人格的三系统中，我们可以将本我看作人格中的生理成分，包含最原始的本能和欲望；自我是人格中的心理成分，受现实因素的制约；而超我是人格中的社会成分，道德、宗教等一系列因素对它产生影响。弗洛伊德把由本我、自我和超我构成的人格结构比作一辆由三匹马拉的车，只有当这三匹马齐头并进，朝向同一方向共同努力时，马车才能良好地运行，如果三匹马的前进方向存在差异，或者行进速度不能保持一致，就会出现各种人格问题。本我、自我、超我三者之间并不是彼此孤立的，它们之间相互联系、相互作用。自我中的本能和欲望不断地向本我和超我发起攻击，而本我的现实原则和超我的道德原则之间又经常存在矛盾斗争，三者之间不断地互相作用互相调节，不断地从不平衡状态达到平衡状态，促进了人格的发展。

【介绍】第四章"两种本能"

在这一章中，弗洛伊德提出了他的关于两种本能的观点："一种是性本能（爱的本能）……它不仅包括不受限制的性本能、受限制的本能冲动或源于性本能并趋向升华的冲动，而且还包括自我保存本能。……第二种本能就不太易于描述了，最终我们用施虐狂来比喻它。我们以理论思考为基础并借助生物学的支持，提出了关于死本能的设想，这种本能旨在使有机生命体回归到无机物的状态。另一方面，规模日趋宏大的微粒（由生命体的分解而来）聚合，使我们将爱本能的目的归于形成并维护复杂的生命。这样一来，这两种本能从严格的词义上来说都是因循守旧的，因为它们都试图回归生命诞生前的宁静状态。就这样，生命的诞生既催生了维持生命的意愿，也导致了趋向死亡的冲动。生命本身就是这两种趋向间的一种中和状态。"[1]

弗洛伊德认为人的精神活动的能量来源于本能，这是人的最基本的动力源泉。他将人的本能分为两类：一类是生的本能（也称为性本能或爱的本能），另一类是死本能或攻击本能。根据弗洛伊德本人的解释，性（或者称为性欲）与其说是与有性生殖直接相关，倒不如说是保持生命的趋向，是更新生命的趋向，即生的趋向，或者换句话说——是创造的趋向和进步的趋向。对立面是毁灭和破坏。生的本能包括性欲本能与个体生存本能，其目的是保持种族的繁衍与个体的生存。弗洛伊德是泛性论者，他甚至提出性欲是人类取得的一切成就的源泉这样的观点。[2]

前文我们已经介绍过升华的概念，弗洛伊德认为本能的升华对人类而言有重要的意义，"本能的升华是最引人注目的文化发展特征；正是由于升华，高级的心智活动、科学活动、艺术活动或思想活动才成为可能"[3]。也就是说，弗洛伊德将人类文明的发展看作是对性本能的一种改换途径的满足的过程。举个例子，按弗洛伊德的升华理论，因为我现在的欲望（对性的）无法满足，我就将我的欲望投射到学术活动或者文学艺术中，现在我所做的对弗洛伊德的这部著作的分析，事实上只是我的欲望的变相地满足的过程。

在弗洛伊德的理论中，他的"泛性论"以及"性本能升华说"是广受质疑的两个理论。很多研究者都认为，将文明看作是性欲的产物过于单纯和极端，忽视了诸如人的社会实践等因素对于人类文明发展

─────────────

[1]《自我本我与集体心理学》，第 203 页。

[2] 徐泽虹、廖辉：《弗洛伊德"性力升华说"探微》，载《华南师范大学学报（社会科学版）》2005 年第 8 期，第 121—124 页。

[3] 弗洛伊德著，严志军、张沫译：《一种幻想的未来：文明及其不满》，河北教育出版社 2003 年版，第 82 页。

的重要意义。

弗洛伊德认为"生的本能"的对立面是毁灭和破坏，也就是死本能，弗洛伊德有时候也称其为毁坏冲动、攻击本能或侵犯本能。死本能的实质在弗洛伊德看来是要摧毁秩序、回到前生命状态的冲动。死本能的冲动起初是朝着我们自己本身而发的，目的在于设法使人走向死亡，并认为只有死亡才能带给人彻底的安宁。事实上弗洛伊德认为生本能和死本能是同时存在的，当两者之间不能保持平衡的时候，如果死本能占了上风，就有可能表现出两种状态：一种情况下，毁灭的对象指向其自身，这时可能会产生自虐、自伤、自残，甚至自杀等行为；另一种情况下，当毁灭的对象从自身转移到其他人时，就会导致对他人的谩骂、殴打、仇恨、谋杀，甚至当死本能的产生者拥有绝对的权力的时候，死本能可能会导致战争等毁灭行为，这时，攻击行为是指向外部对象的自我毁灭的需要。

在弗洛伊德看来，如果没有人类和其他生物，那么我们的世界就是一片死气沉沉。换句话说，生命的出现改变了我们所处的星球，使得它从我们所了解的月球之类无生命的星球的状态中摆脱了出来，并促使环境不断发生变化，而环境的变化又促进了新的生命的产生，促进了生命的繁衍，也就是说有了生的本能。但弗洛伊德认为，这种本能不是最根源的，真正先天存在的是世界初始的无生命的无机状态的本性，死本能就是把人带向无机，生物的真正本能是死本能。生本能与死本能有时会互相中和甚至互相代替[1]，例如爱可以代替恨，恨也可以转化为爱。

弗洛伊德对两种本能的关系进行了如下表述："生命的诞生既催生了维持生命的意愿，也导致了趋向死亡的冲动。生命本身就是这两种趋向间的一种中和状态。"

---

[1] 许燕：《人格心理学》，北京师范大学出版社 2009 年版，第 103—104 页。

在论述了两种本能之后，弗洛伊德又提出了一个问题："我们设想的自我、本我与超我结构和两种本能之间是否具有启示性的关联？进一步讲，在支配心理活动的快乐原则中，我们能否找到两者之间的永恒关系？"[1]

弗洛伊德花了大量篇幅来论证这个问题，在探讨爱与恨的转换关系的过程中，话题又回到了上一章被弗洛伊德反复论证的早期欲望的满足上。弗洛伊德假设在本我和自我中存在着一种可以转换的能量，这个能量可能来自我们诸多"力比多"中的自恋成分。

还记得我们前面反复讲述的故事吗？一个小男孩对母亲的依恋通过自居作用促进了他的人格改变，对母亲的不被接受的爱转化为对自己的相对容易被接受的爱，这个过程在弗洛伊德看来是自我将自己塑造成唯一的爱的对象的过程，是自我与爱的本能关系的一个体现。而本我中的性的本能在升华作用下消亡了，因此，它成为爱的本能的反对者，进而会支持对其他的对象，例如父亲或者任何一个人的精力贯注，也就是将贯注的对象从母亲转向父亲。

但是在笔者看来，在《自我与本我》这部著作中，弗洛伊德并没有能够清楚解释其本我、自我和超我与两种本能之间的关系。因此我们只能在这里用弗洛伊德的话来对两种本能进行总结："死的本能沉寂静美，生命的悸动则大部分源于爱的本能。"[2]

【介绍】第五章"自我的附属关系"

在这一章中，弗洛伊德写了这样的一句话："由于我们讨论的内容盘根错节，因此，本书中任何一章的内容都与标题不太吻合。"[3]这句话非常准确地切中了这一章标题和内容之间的关系。本章标题是

---

[1]《自我本我与集体心理学》，第204—205页。
[2]《自我本我与集体心理学》，第209页。
[3]《自我本我与集体心理学》，第211页。

"自我的附属关系"，但在文章中更多的则是从道德感出发来探讨自我和超我的关系，仅用附属一词好像很难清楚地表达本章的内容。

在弗洛伊德看来，超我与自我的关系可以从两个角度来进行表达：第一，正是由于超我的存在，对第一个依恋对象（父亲或母亲）的爱不被允许，才会产生自居作用，将父亲或母亲的特征转化到自己身上，因此超我可以说是第一个自居作用；第二，他将超我视作俄狄浦斯情结的延续，正是由于超我的作用，第一个不被允许的依恋对象的特征才会进入我们的人格，而不是盲目延续对母亲或者父亲的依恋。因此，超我始终保持着与本我的密切关系。

弗洛伊德通过对道德感的论述来进一步分析自我和超我的关系。他举了"负性治疗反应"[1]这一现象来论述问题。什么是负性治疗反应呢？假设一个人在接受了一段心理治疗之后，他的症状有所好转，这时候他的医生会开始赞扬和鼓励他。在一般情况下，患者应该为此而感到高兴。但有些人却并不是这样的，他们面对医生的赞扬和肯定表现出反抗和愤怒，甚至出现病情的反复和加重。

弗洛伊德认为，这种情况的出现事实上是"道德感"在起作用。这些人对自己的病痛抱有一种特殊的态度，他们认为自己所承受的痛苦是对自己所犯的过错的惩罚，承受痛苦是一种赎罪的过程，在这个过程中他们得到了内心的满足，因此他们拒绝脱离惩罚。

但弗洛伊德接着指出，所有这一切都是无意识的，患者并没有清晰地意识到自己是有罪的，而只是知道自己生病了。因此，当他们的病情出现反复的时候，他们并没有意识到是自己道德上的负罪感导致了"负性治疗反应"的出现，而是认为精神分析的治疗方法不适合自己。

基于以上论述，他得到了一个结论："某种自我不能意识到的过

---

〔1〕《自我本我与集体心理学》，第213页。

程对超我产生了影响。或许可以揭露出在负罪感最深处的被压抑的本能欲望……在这种情况下，超我比自我更了解无意识的本我。"[1]

当超我所带来的良心谴责超过一定程度的时候，可能会诱发攻击性的行为，这时候，破坏的本能再次出现，本我中死的本能可能会导致一系列的负情绪和行为，甚至导致毁灭性的结果。而这时候，可怜的自我面临着双重的压力，一方面来自本我的兽性欲望的满足，另一方面来自超我的良心谴责。自我就像一个奴隶，战战兢兢地侍奉着本我和超我，以避免诱发焦虑。

弗洛伊德用了这样的一段话来进行总结："从控制本能、道德良心的角度来看，本我彻底背离道德，自我竭尽全力接近道德。而超我，或许会超越道德，最终回归到本我的那种冷酷无情。"[2]

三、后记

弗洛伊德在心理学史上是一个备受争议的人物。一方面，所有的研究者都承认他在精神分析领域开创性的贡献，他可以被称为西方心理学界第一个对人格进行系统分析的心理学家，尤其是他对无意识的研究对后来的心理学研究者们产生了重要的影响，直到今天，在心理咨询的过程中，咨询师们仍然重视潜意识的重要作用。同时，作为一个心理学家，他的影响力不局限于心理学一个学科，今天，我们在影视艺术、文学作品、社会人文等诸多领域都可以找到弗洛伊德的影子。但另一方面，对弗洛伊德理论的质疑也一直存在，主要表现在以下几个方面：

一是他严重的泛性论倾向。弗洛伊德在早期用性本能解释神经病

---

[1]《自我本我与集体心理学》，第 215 页。
[2]《自我本我与集体心理学》，第 218 页。

的起因是非常有价值的观点，但是他过度强调了性对人的意义，甚至到了后期他尝试用这个理论来解释人的一切行为，这引起了其他研究者的广泛质疑。要谈到弗洛伊德的泛性论，不能不将之放到整体的大环境中加以分析。在弗洛伊德之前相当长的一段历史时期，当欧洲人谈到精神疾病的时候，往往将之与邪恶、异端相联系，认为精神疾病患者是受到恶魔所控制的，没有理智和灵魂。到了后期，人们甚至将一切精神疾病患者与一些无辜但被教廷或其他统治者所不容的人都视为巫师或妖魔。1999年上映的由吕克·贝松（Luc Besson）执导的《圣女贞德》中，贞德最后被视为异端和巫女，人们将她绑在火刑架上处死，这一悲剧结局不仅发生在贞德身上，也是很长一段时间里欧洲社会对待精神问题的一个写照。同时，延续数百年的宗教统治对人性，尤其是性欲等方面因素的压抑，长期积累，也使得对性与心理问题的探讨确实在当时具有重要意义，在前文谈到"少女安娜"的案例时，我们也提及了这一问题。但随着时间的推移，欧洲社会的不断发展使得由于宗教束缚所导致的性的因素对人的影响不再成为最主要的问题。在这一情形下弗洛伊德依然坚持并不断强化他的泛性论，就难免让人感觉走向了极端。

二是对无意识的意义的过度重视。弗洛伊德把无意识的情绪、本能、欲望提高到了首要的地位，认为它们是人的一切行为的最主要的动力和原因，过度强调本能、欲望等先天遗传的心理倾向，而对于社会等因素在人格形成和自我发展的过程中所产生的重要影响，弗洛伊德则并未给以足够的重视。现实生活中我们能找到大量的例子反驳弗洛伊德的观点，研究者们也因此提出了诸多批评。

一千个读者眼中应该有一千个弗洛伊德。没有哪一个人的理论可以毫无瑕疵，而如何品评弗洛伊德的观点，则需要读者在阅读的基础上自己展开深入的思考。

每一个心理学的研究者都需要承认的一点是，尽管弗洛伊德的很多思想可能存在一定的缺陷，但是他的理论仍然具有重大的意义和价值。弗洛伊德著作等身，四次登上《时代》杂志的封面（1924，1939，1956，1993），研究者将其称为"深刻影响西方思想与文明的伟大思想家"。

今天，在伦敦汉普斯特德的梅尔斯菲尔德花园路 20 号，他流亡英国并度过人生最终阶段的地方，人们为他建立了博物馆，以追思这位心理学史和人类文化史上的重要人物。

附：弗洛伊德部分著作推荐

《歇斯底里症研究》（*Studies on Hysteria*，1895），与约瑟夫·布洛伊尔（Josef Breuer）合著

《梦的解析》（*The Interpretation of Dreams*，1899），《弗洛伊德文集》，车文博主编，九州出版社 2014 年版

《日常生活的心理病理学》（*The Psychopathology of Everyday Life*，1901），《弗洛伊德文集》，车文博主编，九州出版社 2014 年版

《性学三论》（*Three Essays on the Theory of Sexuality*，1905），徐胤译，浙江文艺出版社 2015 年版

《图腾与禁忌》（*Totem and Taboo*，1913），《弗洛伊德文集》，车文博主编，九州出版社 2014 年版

《论自恋》（*On Narcissism*，1914）

《超越快乐原则》（*Beyond the Pleasure Principle*，1920）

《自我与本我》（*The Ego and the Id*，1923），车文博译，长春出版社 2004 年版

《一种幻想的未来》（*The Future of an Illusion*，1927），严志军、张沫译，河北教育出版社 2003 年版

《文明及其缺憾》(*Civilization and Its Discontents*, 1929)，《弗洛伊德文集》，车文博主编，九州出版社 2014 年版

《摩西与一神论》(*Moses and Monotheism*, 1939)，李展开译，生活·读书·新知三联书店 2017 年版

《精神分析概要 / 精神分析引论》(*An Outline of Psycho-Analysis*, 1940)，高觉敷译，商务印书馆 1984 年版

《诙谐及其与潜意识的关系》(*Jokes and Their Relation to the Unconscious*, 1905)，《弗洛伊德文集》，车文博主编，九州出版社 2014 年版

"熊孩子"背后的问题父母

——阿德勒《儿童人格教育》解读

一、关于阿尔弗雷德·阿德勒

阿尔弗雷德·阿德勒（Alfred Adler，1870—1937），奥地利精神病学家，个体心理学的创始人。

1870年2月7日，阿尔弗雷德·阿德勒出生在维也纳郊区的一个小镇上。他的父亲是一名富裕的犹太商人。阿德勒在维也纳长大，是家里六个孩子中的老三。虽然家境优渥，但阿德勒的童年却充满了不幸和挫折。

他在很小的时候就得了脊柱疾病（佝偻病），终其一生都在外貌和身高上存在较大的不足，病弱、矮小、其貌不扬的标签贴满了他的童年，并对他的人生产生了重大的影响。

童年的不幸并没有因为佝偻病而完结，噩梦才刚刚开始。我们可以想象一下，当3岁的阿德勒一天早上从睡梦中醒来的时候，发现躺在他旁边、昨天睡前还跟他嬉戏的弟弟无论如何也叫不醒的时候，年幼的孩子心里的无助和恐惧，这是他第一次切身感受死亡。我们还可以想象一下，当他两次遭遇车祸，虽然没有危及生命，但死神的擦肩而过又会给他的心灵带来什么样的影响？而5岁那年，当小阿德勒从重度肺炎的阴影下走出来时，再次直面死神的孩子又经历了什么？

于是，我们可以理解从很多关于他的资料中读到一些相同的信息，为什么年幼的阿德勒远比同龄人胆小，为什么他的动作发育也比

阿尔弗雷德·阿德勒

同龄人缓慢，甚至 4 岁才学会走路。

我们可以想象这样一个场景，年幼的小阿德勒坐在自己的床上，透过窗子看到哥哥在阳光下尽情地嬉戏，这样的图景可以帮助我们理解为什么在他谈论自卑的时候，总是将身体的缺陷作为其中一个非常重要的因素来讨论。

当其他孩子都在享受无忧无虑的童年时光，在阳光下奔跑，在父母身边和兄弟姐妹们嬉戏的时候，病弱的阿德勒只能待在房间里孤零零地看着这一切，儿时病弱的体验和对死亡的恐惧导致了他的自卑意识，这一点可能在同龄的健康的孩子身上是不会感受到的。

幸运的是，阿德勒没有被这些磨难打倒。由于自身的经历和弟弟的不幸，他立下了成为一名医生的志向。阿德勒曾回忆说："5 岁那年我得了肺炎，家里请来的医生告诉我父亲，以后不会再有照顾我的麻烦了，因为我已没有活下来的希望。我顿时浑身感到一种极可怕的恐怖。当我好了之后，我就断然决定要成为一个医生，可以更好地抵御死亡的危险，并要有比我的医生更高明的能力来对付死亡的危险。"[1]

虽然他理想远大，可是现实堪忧。除了身体条件较弱之外，阿德

---

〔1〕 沈德灿：《精神分析心理学》，浙江教育出版社 2005 年版，第 59 页。

勒的学业表现也不优秀，他在求学期间成绩表现平平，尤其是数学成绩极差。而阿德勒的哥哥西格蒙德是个典型的模范儿童，是父母口中那个"别人家的孩子"，阿德勒很不幸，这个传说中的"别人家的孩子"就生活在他自己家里，哥哥的光环随时闪耀着，给他带来了不小的压力。

学校里的老师们也不看好他，认为他是个差生，以他的资质，实在无法通过学习而获得成功。甚至有一个老师给他父亲提了一个建议，让他去学习一门手艺，例如修鞋，以便在未来能够有一技之长来养活自己。至此，阿德勒的人生走向似乎已经确定了，其貌不扬、资质不佳、前途堪忧，一个可怜的丑小鸭的形象跃然纸上。

当周围的人都不看好他的时候，只有阿德勒的父亲没有放弃他。在父亲的支持和鼓励下，阿德勒没有沉沦下去，而是发奋努力，他的成绩突飞猛进，成为班上数学最好的学生。童年的学习经历对他的影响至关重要，他在后期研究中对儿童教育的重视被认为是受到这段经历的影响。丑小鸭最后逆袭变成了白天鹅，阿德勒虽然没有成为一个高富帅，但他在自己的领域也取得了极高的地位。

经过不懈的努力，1895 年，阿德勒进入维也纳大学学习，并最终取得了医学博士学位。博士毕业后，他开始了自己的行医生涯。最初，他的职业是一名眼科医师，但他很快就对精神病学产生了更大的兴趣。由于自身的缺陷，他特别注意由于身体器官而导致的自卑，认为这种自卑是驱使个人采取行动的真正动力。值得一提的是，在阿德勒所处的那个年代，很多著名的心理学家，都是从精神病学作为开端，才进入心理学的研究领域的，尤其是以弗洛伊德为代表的精神分析学派的心理学家们。

在从事医生这一职业期间，他接触到一些来自各个不同社会阶层、从事各种不同职业的患者。阿德勒在治疗时发现了一个很有意思的现象，他的一些具有某种特殊才能的患者，例如画家、演奏家等，通常具备一个共同点，就是他们的童年往往并不顺利，这些患者中的很多人都在童年时代遇到过重大疾病或意外事故，而他们现在所具备的才能，则都是在克服这些障碍的基础上发展而成的。这些经验与他自身的童年经验相吻合但又不完全相同，使得他开始思考自卑产生的根源，并意识到也许自卑的产生不像他之前认为的仅与生理缺陷有关，社会经历可能也是非常重要的影响因素。

阿德勒与弗洛伊德在同一个城市里行医，同行之间总是更容易产生接触。1899 年，他认识了弗洛伊德并与之成为好友。由此，阿德勒开始接触精神分析学派的观点，并在这一领域投入了极大的热情。1902 年他参加了弗洛伊德的周三讨论会，开始追随弗洛伊德探讨神经症问题，并成为当时围绕在弗洛伊德周围的精神分析学派的核心成员之一。由于他对于精神分析学派理论的热情以及自身在这一领域的深入研究，1910 年，他担任了维也纳精神分析学会主席。

但阿德勒也是精神分析学派内部第一个公开反对弗洛伊德心理学观点的人。随着个人研究的深入，他开始质疑弗洛伊德的某些观点。1911 年，因为公开反对弗洛伊德的泛性论，两人关系彻底破裂。在与弗洛伊德决裂之后，阿德勒创立了个体心理学（individual psychology），另建自由精神分析研究会，开始了自己的研究道路。

他做过多所学校的客座教授，对儿童人格教育等问题有深入而系统的研究，并将其个人心理学的观点应用到家庭教育、学校教育和社会运动的许多领域，是心理学史上著名的心理学家之一。[1]

二、作品导读

阿德勒一生著作颇丰，尤为偏重对儿童心理的研究。接下来，我

---

[1] 吴杰、郭本禹：《阿德勒：个体心理学创立者》，广东教育出版社 2012 年版。

们将节选阿德勒的《儿童人格教育》一书，对其中的第五章"自卑情结"进行详细的解读，其余章节仅略作引导阅读。需要读者们留意的是，《儿童人格教育》一书有多个翻译版本，本书选取戴光年老师 2010 年在上海人民出版社发行的译本，戴老师的译本还有一版为 2014 年由吉林出版集团有限责任公司出版，两版差异不大，请读者自行选择合适的版本阅读。

在解读之前，我们还是先简单了解一下阿德勒的基本理论，结合本书的阅读，我们主要选取了阿德勒的人格理论和关于自卑的理论，来帮助我们更好地了解书中的观点。

跳出弗洛伊德的研究框架之后，阿德勒将重点放在对社会的需要与社会文化对个体的心理影响的研究上。阿德勒认为人是具有自我意识的个体，并将意识作为人格结构的中心。阿德勒认为，人类行为和动机的根源不仅仅局限在动物性的本能当中，心理学研究者应当放宽自己的眼界，从客观社会中去寻找行为动机的根源。正是因为重视社会对人的影响，阿德勒被认为是精神分析学派中最早带有社会心理学烙印的研究者，他的理论在人文科学和社会生活的诸领域都产生了广泛的影响。

首先，让我们来简单了解一下阿德勒的理论。

阿德勒认为人格的发展是个体通过克服自卑，获得权力意志与优越地位，形成独特的生活风格，并培养自身社会兴趣的过程。他关注社会和教育在成长的过程中对人所起到的重要作用，认为遗传和环境在人格形成过程中互相作用，缺一不可。[1]我们可以从追求优越理论、生活风格理论、社会兴趣理论三个方面来了解阿德勒的人格学说。

阿德勒认为，"追求优越"既是人的基本需求，也是人的崇高目

---

〔1〕 王婷婷：《阿德勒人格理论对学前儿童社会教育的启示》，《教育教学论坛》2013 年第 5 期，第 241—242 页。

标，这种目标是普遍存在的。他所说的追求优越，并非单指在社会竞争中战胜他人取得胜利，而是指人的一种求全、求美、奋进、向上的心态，这种说法跟我们后面在谈马斯洛的理论时会谈到的自我实现有些相似。

"追求优越"的欲望来自人的自卑，我们在后文会对自卑进行详细的解读。达成"追求优越"这个崇高目标的途径因人而异，多种多样。在追求优越的过程中，每个人都有他独特的反应形式，阿德勒称这种反应形式为生活风格。

阿德勒将人格分为健康人格与不健康人格两种，他认为适当地追求优越对人格的发展是很有益的。但是如果一个人在生活中过度追求优越，在这个过程中采用了不恰当的行为方式，甚至给他人和社会造成了负面的影响，那么，"追求优越"对于他而言就产生了负向的价值。

"生活风格"是在"追求优越"的过程中形成的，但并不仅仅受"追求优越"的影响。阿德勒强调生命早期对人的"生活风格"的形成具有重大的作用，他认为人在四五岁的时候，"生活风格"就已经基本固定下来了，在这之后，"生活风格"至多只有程度上量的变化，而难以形成类型上质的变化。因此，家庭是影响"生活风格"的重要场所，而父母的教养方式和自身的言行对儿童"生活风格"的形成也具有极为重要的意义。"生活风格"可以体现一个人对生活的基本态度，并在一定程度上可以通过"生活风格"预测这个人的未来目标，以及他会以何种手段和方式去追求目标。[1]

阿德勒描述了四种主要的生活风格：回避问题型、统治支配型、索取－依赖型、社会利益型。在阿德勒看来，前三种都是错误的"生活风格"，只有第四种人总是以有益于社会的方式去解决自己生活中

---

〔1〕 郗峰：《阿德勒人格理论浅评》，《探索与争鸣》1987年第6期，第13—15页。

遇到的问题，因此，只有他们有希望过上充实而有意义的生活。

"社会兴趣"理论也是阿德勒非常重要的理论之一。"社会兴趣"是每一个人都具有的先天需要，是与他人友好相处、共同建设美好社会的需要，它包括团结协作的精神、助人为乐的品质、服务社会的意识以及和谐相处的愿望等。社会兴趣是一种潜能，它可以而且必须通过有意识的发展才能实现。阿德勒始终认为人是必须放在社会环境下去分析和观察的。从人类诞生之初，由于自身柔弱的生物属性，使得人类必须以群体的方式生活才能在物种之间和人与人之间的竞争中存活下来，因此，不论是远古还是现代，没有人能完整而彻底地离开人类社会生活单独生存。因此，阿德勒认为"社会兴趣"的形成对人的发展和人格的健全而言非常重要。

接下来，为了更好地阅读该书，我们来了解一下阿德勒关于自卑的研究。

在现实生活中，导致自卑产生的原因其实很多，但由于我们在前文中提及的童年经验，阿德勒早期将导致自卑感产生的根源定位于人的生理缺陷。这一点在他自身和很多人身上都能找到例子。例如，我们熟悉的张海迪，她5岁时因患脊髓血管瘤导致高位截瘫，这使得她从小就非常敏感，她在小说《轮椅上的梦》中借助主人公方丹对那段感受进行了如下描述："小时候，每当听到别人说我是残疾人，我那颗脆弱的心都要受到伤害，我偷偷地哭过，自卑过，怨恨过，愤怒过，失望过。"[1]而卡夫卡的小说《变形记》中的怪物，则可以被看作主人公因为自己体质羸弱而导致的自卑心理的一个扩大的投射。

后来，阿德勒发现人在社会生活中体验到的无能为力的心理感受，以及社会交往中的人际关系的缺乏等因素都是导致自卑的重要原因。他进而将自卑感的起源扩大到人在生活中感受到的不完美、不

---

[1] 张海迪：《轮椅上的梦》，人民文学出版社 2005 年版。

完满的感觉，这种体验是每一个人都会具有的，因此人人都有自卑感，只不过不同的人因为自身特点和生活经验不同，所感受到的自卑程度不同而已。自卑感这种心理不平衡会促使人们通过种种方式来追求心理上的优越感，或者是产生一些补偿行为，其最终目的在于重新获得心理平衡。这里的补偿主要是指克服自卑，努力获取优越感的过程。[1] 阿德勒认为自卑与补偿是每一个人追求卓越的最基本的动力。

　　童年时期是自卑感产生的最主要时期。正如我们在前文介绍生活风格理论时提到的，在阿德勒看来，从幼儿起，儿童就在缓慢地形成自己的人格。但由于人生本来就不是完整无缺的，不论这些缺陷是身体缺陷，还是由于家庭因素所造成的缺陷，都会产生自卑感。对儿童而言，自卑的影响是巨大的，阿德勒对自卑的影响做了如下描述："一方面可能毁掉一个人，使人自暴自弃或产生精神疾病；但另一方面，它也能激发人的雄心，催人奋发图强，以补偿生理上的缺陷，成就不平凡的人生。"[2]

　　因此，阿德勒将"自卑与追求优越"定义为人格教育的起点与归宿，强调父母和教师必须重视、指导和关注儿童的成长。他认为，对于儿童的人格矫治是非常重要的。他指出教育儿童的核心问题就是采取正确的方法，帮助儿童形成积极的、健康的人格，在童年期，要帮助他们克服自卑，建立独立、勇敢、自信、不畏艰难的品质，以及良好的合作精神，这种教育对于每一个人而言都将一生受益。[3]

　　阿德勒对儿童人格的培养的研究体现在很多不同的领域：他认为，每一个人都是与他人和社会密切相连的、而自身内部又不可分割的有机体，进而强调只有将家庭、学校和社会的影响都纳入考虑的范围，才能更好地对儿童进行教育。

---

〔1〕 谭颖达、孟维杰：《对自卑的他人补偿的修正》，载《心理研究》2014 年第 10 期，第 3—6 页。
〔2〕 阿尔弗雷德·阿德勒著，戴光年译：《儿童人格教育》，上海人民出版社 2010 年版，第 21 页。
〔3〕 车文博：《西方心理学史》，浙江教育出版社 1998 年版，第 200—207 页。

阿德勒非常强调社会对人的影响，进而将合群作为判断一个人的人格是否健全，以及对儿童的人格教育是否成功的标准。这里的"合群"即"社会感"，也就是我们前面提到的"社会兴趣"，阿德勒认为所谓的合群是："在儿童和成人身上也会发现的一种把自己和他人联系起来、与他人合作完成任务并使自己成为社会有用人的愿望。"[1]

在上述理解的基础上，阿德勒提出了"三位一体"的人格教育模式。在这个人格教育模式中，家庭是对儿童进行人格教育的基础场所，承担着培养儿童社会兴趣和社会适应能力的责任。但父母由于种种原因，会产生宠溺或过度限制等不当的教养方式，不能按照社会需要来培养孩子。而学校的作用是发现家庭教育中存在的问题并及时矫正，也是儿童人格教育的重要场所。"教育咨询场所"是沟通家庭与学校、父母与教师的枢纽，其中的心理学家对于发现父母和教师存在的问题，并对他们进行训练，促进家庭和学校的合作起到关键作用。[2]

选取《儿童人格教育》的目的不仅是要帮助大家了解儿童自卑心理的形成，更重要的是，通过对儿童的了解来帮助大家分析我们自我形成的过程中为什么会产生自卑的心理，家庭和社会对我们自我形成的影响，以及这种心态对后续发展的影响，从而更好地反思自我。

【介绍】第一章"前言"

在这一章中，阿德勒开宗明义地讲明了教育对于人的自我形成的重要意义。"教育问题就是人的自我认识和自我指导。对成年人来说如此，对儿童来说亦然。"[3]

但是，由于儿童本身仍未成熟，他们无疑比成年人更需要指导。

---

〔1〕《儿童人格教育》，第68页。
〔2〕王雨来、徐瑞：《阿德勒的人格教育观及当代教育价值》，载《天津师范大学学报（基础教育版）》2014年第3期，第15—19页。
〔3〕《儿童人格教育》，第2页。

成年人对于指导儿童负有责任，但要很好地履行这个责任并不是一件容易的事情。因为一方面很多成年人连自己都无法很好地认识，另一方面他们对儿童的心理也没有任何认知。正是因为上述原因，开展对儿童人格的研究就具有非常重要的实践意义。之所以强调实践意义，是因为阿德勒认为自己的个体心理学是一门建立在实践基础上的学科，从个体心理学研究中得到的理论，应该能够被迅速地应用于指导人的实践中去。

在前言中，阿德勒尝试对个体心理学的观念进行整体论述，在这个过程中，他第一个提出的问题就是在人格研究中要注意主观性。这里的主观性是指，虽然人的生活目标、生活风格等都是建立在事实的基础上的，但由于存在个体差异，面对同样的事实，每个人的看法都不会是客观事实本身，而是加上了自己的主观判断。例如，老师给五个 10 岁的孩子分一盘西瓜，西瓜一共有六块，因此有一个孩子多拿了一块，那么，剩下的五个孩子对这个问题会产生不同的想法。我们假设其中一个孩子由于是家里唯一的孩子，他的父母总是把一切好东西都让他一个人独享，因此他已经习惯了独占，那么，他会不高兴并可能质疑老师偏心；另一个孩子可能是家里几个孩子中的老大，他已经习惯了分享，虽然他也想多吃一块西瓜，但他会默认这种分配方式；还有一个孩子可能生活在一个父母习惯用争吵和暴力解决问题的家庭，那么，他可能会争抢甚至殴打那个多吃一块西瓜的孩子。在现实生活中，有太多这样的例子，面对的问题相同，但每一个人的主观理解是不同的，因而导致分析问题的思路和解决问题的方法存在极大的差异。

接下来他论述了自卑感和心理补偿机制之间的关系：正是由于存在自卑感，儿童才会努力通过各种途径来寻求方法改善自身的处境，不断追求优越，进而缓解或消除自己的自卑感。而在这一过程中，心理学家和成年人可以通过儿童社会情感的发展来对儿童进行观察。家庭和学校无疑对儿童的成长都起到重要的作用，但是阿德勒更关注家庭的作用。

【介绍】第二章"儿童人格的统一性"

在第二章的开篇，阿德勒对儿童人格的统一性进行了如下解释："了解儿童人格最重要的一点，那就是如果我们要了解儿童的某一特定行为，就必须先了解儿童完整的生活经历。儿童所经历和参与的每一项活动都是他生活整体和完整人格的表达，不了解儿童行为中隐蔽的生活背景就无从理解他正在做的事情。我们将这一现象称为儿童人格的统一性。"[1]

在阿德勒看来，人格的形成是一个完整的过程，我们生命中每一刻的经历都对今天的"我"的形成具有至关重要的意义。因此，单凭一个错误来批评孩子或者单凭几次优秀表现来表扬孩子，对于儿童心理研究而言都是不可取的。因此，他提出："知道个体某一行为表达的真正含义是以能够全面认识他的整体人格为前提条件的。"[2]

作者在书中举了一个很有趣的例子，这个例子在"二孩"全面放开的今天，在中国社会可能会找到很多缩影。下面我们简单地描述一下这个例子：

一个男孩子，生活在一个幸福的家庭里。父母都受过良好的教育，也非常爱他，孩子的日常表现乖巧而优秀，总体看来，这是一个跟我们周围的孩子没什么区别的小男孩。但有一天这个孩子突然开始学习成绩下滑，言谈举止暴躁、跋扈，甚至开始打母亲。

这种儿童行为上的偏差在日常生活中很常见。阿德勒详细分析了这个孩子成长的经历后发现，孩子行为的转折点出现在妹妹出生之

---

[1]《儿童人格教育》，第16页。
[2]《儿童人格教育》，第17页。

后，妹妹取代了这个男孩在家庭中的中心位置，父母把更多的关注给了更小的孩子，这个男孩子就开始成为问题儿童。

这样的例子近年来在我们的生活中屡见不鲜，在"二孩"政策放开之后，我们经常在媒体上看到类似的新闻报道，例如 2015 年 1 月 22 日，中央电视台《第一时间》栏目报道了一则新闻，一名 13 岁的女孩因为抗拒母亲生二胎，相继上演了"逃学""离家出走"，甚至"跳楼""割腕"等威胁手段，最终，怀孕 13 周零 5 天的母亲不得不含泪到医院终止了妊娠。[1]

阿德勒认为，在日常生活中，父母很难将孩子的行为转变与一些小事结合起来。阿德勒的例子与央视报道的例子事实上是有差异的，在阿德勒所处的社会文化背景之下，多子女家庭是常态，因此父母不会将第二个孩子的出生作为老大行为改变的原因，而在今天的中国，由于长期的独生子女政策，当二胎突然出现时，作为长子或长女的行为变化会更容易被察觉。但是，这样的现象也同样适用于那些父母太忙于工作，而子女出现行为偏差的情况。

正如阿德勒所说："在心理'下落'过程中，严格意义上的因果关系并不起着决定性的作用，而真正起作用的就是那些看起来毫不起眼的大大小小的错误。这些错误将会影响个体的将来。"[2]

那么，这些微小的错误是如何影响儿童的行为的呢？阿德勒对此进行了总结，他认为，儿童从童年期就开始确立心理目标，确定了自己要追求的优越感，之后，他会用自己的方式去追求目标。在这一过程中，当一些微小的错误出现时，会影响儿童目标的确定，而错误的目标一旦确定就不容易改变，进而会导致儿童产生错误的行为。

就如同前面讲到的两个孩子，当家庭地位受到挑战时，儿童很容

---

[1]《女孩以自杀逼父母放弃二胎　生二胎怎样跟老大说》，中央电视台《第一时间》，视频网址：http://tv.cntv.cn/video/C10375/93e029d457c54127a7d96a1752b78806。
[2]《儿童人格教育》，第 19 页。

易形成一个错误的目标，就是吸引家长的注意，重新赢得自己的家庭地位，至于用何种方法获得，由于年龄的原因，他们无法对自己的行为进行判断，仅能依靠效果行事。如果我逃学让父母在我身上花了更多的时间，那么逃学就是一个有效的达到目标的手段，从而，逃学这种错误的行为就会在儿童身上巩固下来。

因此，要了解儿童的人格发展，了解自我的形成，就要对儿童的整体经历有一个全面的了解，这其中，很多微小的细节其实起到了极其重要的作用。

【介绍】第三章"追求优越对于教育的意义"

在阿德勒看来，追求优越是一个十分关键的心理事实，"人在其本性上与追求优越紧密相连"[1]。

不论是成人还是儿童，在任何情况下都具有追求优越的本能。但在儿童身上，则需要在教育的过程中引起重视。因为如果不加引导的话，过度追求优越对于孩子可能会产生负面的影响。

阿德勒根据儿童所表现出来的对自己的信心，对儿童追求优越的类型进行了分类：

第一类是心理健康的儿童，他们会将追求优越的目标与学习活动相结合，并转化为积极有用的能力，最终得到教师的认可，对于这样的孩子而言，学习的过程是获得知识的过程，他们从这一过程中实现了个人的成长，他们喜爱知识本身，并在获得知识的过程中体验到乐趣。但遗憾的是，这样的孩子仅占少数。

第二类孩子将拥有更多的优越感作为自己努力的首要目标，他们为此而执着。在社会价值观尊崇追求个人成功的情况下，我们往往不会意识到过度执着于优越感可能会产生一些问题。在孩子们身上，过

---

〔1〕《儿童人格教育》，第26页。

分的雄心壮志可能会带来过大的压力，影响孩子的正常发展。例如，一个孩子的目标是取得优秀的学习成绩，对于这类孩子而言，学习的目的仅仅是为了证明自己是优于其他同龄人的，是值得关注和夸奖的，他人的肯定和赞扬可能是他们坚持追求优越的最直接动力。如果他们过度执着于这个目标，那么他们可能将所有的精力放在如何考出好成绩上，而忽视了知识本身和获得知识的过程。对于父母而言，这是好孩子的典型，是他们希望看到的，因此，他们可能就会忽视这种情况下孩子其他方面的发展可能受到阻碍，这些影响可能表现在无法交到好朋友、缺乏自信、对挫折缺乏抵抗力、过度希望获得肯定等方面。

在阿德勒看来，由于人们过度重视表面成就，而不看重人的全面发展和彻底的教育，因此会导致第二类孩子的大量出现。但轻易获得的成功往往是容易失去的，因此，他认为相较于培养孩子的野心，对勇气、韧性和自信的培养更为重要。

例如，一个孩子在追求优越感的过程中可能会在某一领域，例如绘画上，表现出极大的野心，家长和老师往往会鼓励这种野心，认为这会促进儿童的成功。但当遇到困难和挫折，比如其他孩子在绘画的水平上远远超过他的时候，仅有野心是不够的。仅仅具有雄心壮志的孩子不一定在挫折面前可以继续努力，一旦失去他人的关注和赞扬，他会失去继续追求绘画艺术的动力，但有勇气、有信心，真正喜爱绘画本身的孩子则会迎难而上。

同时，教育的方法也非常重要，如果老师盲目地采用严厉的教育手段，用惩罚等方法督促孩子的学习，虽然在短时间内可能会奏效，但从长远看来并不是一个好的解决问题的办法，更为有效的应对方式应该是教育者的鼓励和关怀。

从人格的统一性的角度来看，那些在学校被认为是"坏孩子"的儿童，之所以表现不好，是因为他们没有将自己追求优越的心理与遵从学校的要求相联系，如果教育者意识到这一点，并对这样的孩子加以有效的引导和耐心的鼓励，而非单一的责备和惩罚，那么"坏孩子"的问题就可以得到有效的解决。

所以，阿德勒非常强调学校和老师在引导儿童追求优越的过程中所起的重要作用，在这一章中，他用了大量的篇幅反复论述教师作为家庭和社会之间的桥梁对于教育学生的重要意义，并认为学校教育可以在极大的程度上引导和矫正家庭教育中存在的问题。

这一点与中国传统的教育观念略有不同。中国传统教育观讲究严师高徒，认为"教不严"是"师之惰"。因此，很多中国老师和家长将教师的定位放在知识的传授者和严格的指导者之上，而对儿童人格教育和其他方面的关注则略有不足。

【介绍】第四章"追求优越感的指引"

那么，如何引导孩子们追求优越感呢？阿德勒在这一章中展开了论述。

对于在社会生活中遇到问题的儿童，家长和老师要帮助学生意识到自己的行为之间的关联性。生活不是由一系列不相干的事件片段构成的，我们所经历的每一个事件都自有其因果联系。对于儿童而言，他们往往是意识不到这一点的，甚至一些成人也一样。因此，帮助儿童认识到他所遇到的问题与整个生命背景的关系，是帮助孩子们解决问题的重要方法。

阿德勒分析了儿童懒惰心理的产生，并将之与社会对儿童的影响相联系。这个分析非常有意思，在阿德勒看来，由于社会对于聪明能干等品质的期许，使得孩子们将懒惰视为一种相对比较温和的批评。孩子们会产生这样的想法：我不是不聪明、不是不能干、不是学不会，我只是有点懒，如果我努力，我当然能学得很好！类似的例子在学校里经常可以看到，在阅读这一段时，笔者突然想到自己的小学阶段，那时候我有一个突出特点就是马虎，经常会在考试的时候漏掉一道题或者少写一个字。老师认为按照我的平时表现，我应该是会的，于是告诉家长我马虎，后来，马虎成了我的标签，我自己习惯用它来解释一切学习成绩上的不如意。现在看来，事实上跟阿德勒分析的懒惰的意义是一样的。

事实上，这是在追求优越感的过程中出现了偏差，当我不能达到我所追求的优越的时候，寻找理由来逃避责罚可能是一个很有用的方法。因此，在追求优越的过程中，加以正确的指引是至关重要的。引导的方向是什么呢？阿德勒认为，在追求优越的过程中，使儿童意识到要通过对社会有益的行为来使自己获得优越感是非常重要的。

【解读】第五章"自卑情结"

自卑感是阿德勒理论中非常重要的一个环节，阿德勒认为，在人的自我形成的过程中，自卑感起到了非常重要的作用。在本书中，我们选取这一章来做相对详细的解读，以便帮助读者更好地理解。

阿德勒对于优越和自卑的关系在本章的开篇进行了论述，他指出："自卑感和追求优越在我们每个人身上的表现都是密切相关的。我们追求优越的原因，是因为我们感到了自卑，因而试图通过富有成就的追求来摒弃这种自卑感。"[1]

而所谓的自卑情结，是一种过分、过度的自卑感，会导致人们的自我欺骗。为了论述自卑情结，阿德勒举了一个 13 岁的口吃男孩的例子，这个男孩从 8 岁起开始接受矫正口吃的治疗，一年后没有任何进展，因而治疗停了下来。男孩 10 岁左右，家人又带他开始治疗。治疗持续了一年，毫无进展，又停了。到了 13 岁，男孩在接受一位语言教育专家的治疗时，不仅没有进步，反而口吃更严重了。此后到专门机构矫正，有好转，但又复发，症状不断地反复。除了口吃之

---

[1]《儿童人格教育》，第 56 页。

外，这个孩子被认为是一个有教养而勤奋的孩子，但敏感而易怒。父母对待他口吃的态度是严厉的呵斥。[1]

阿德勒认为，小男孩口吃的问题根源不在于外在环境，而在于他感知和理解外在环境的方式。因为父母的责备，孩子对自己的口吃灰心丧气，因为灰心又强化了口吃。这就形成了一个由自卑情结导致的恶性循环。

阿德勒认为："他的口吃是他生活模式的一种表达和延续，这成为众人关注的中心，并且给周围的人留下了深刻的印象，而这也能缓解他内心的困顿。"[2]这个孩子是希望获得他人的关注的，阿德勒认为，口吃一方面让这个孩子自卑；但另一方面又使得他获得了更多的关注，虽然这些关注有些时候是带着异样的目光的，并且可能会给他带来一定的困扰，但孩子仍然因为这些关注而获得了内心的某种满足。

为什么会这样呢？

如果我们沿着阿德勒的思路仔细分析这个孩子的整个背景，就会发现这是一个追求优越的孩子，并且制订了过于远大的、在他当前的状态下难以达到的目标。虽然目标远大，但我们可以认为这个孩子对优越的追求是向着对自己和社会有益的方向发展的。但在他为了自己的目标不懈努力的同时，他认为自己还需要一个保护或者一种借口，就像前面提到的，有些孩子会用懒惰来躲避不聪明的批评一样，这个孩子认为口吃也可以成为他无法达到自己的目标的一个借口。而这个借口的出现，正是他丧失信心的一个表现，是自卑情结的表露。

阿德勒进一步指出，如果父母改变教养方式，给予男孩更多的鼓励，他的口吃是有可能被治愈的。他认为："在儿童教育方面，一个

---

〔1〕《儿童人格教育》，第48—53页。
〔2〕《儿童人格教育》，第56页。

最严重的错误就是，家长和老师对一个偏离正道的孩子做出恶劣评价。"[1]但需要注意的一点是，阿德勒在文中并没有说明如果按照他的观点对这个孩子进行正确的鼓励，他的口吃是否就会好转，因此，口吃可以被治愈的说法只是他的推测，并不是已经发生的事实。

所谓的偏离正道，是指儿童做出某些违背老师和父母教育理念或价值观念的行为。例如，一个孩子一次因为贪玩没有写作业怕被惩罚而向老师撒谎，这就是一种偏离正道的行为，但老师作为一个成年人迅速识破了他幼稚的谎言。老师的应对措施可以有很多种，如果老师很生气，并用一些涉及品质恶劣的语言，诸如"小小年纪就学会撒谎，长大了是不是什么坏事都能干"来指责，则无疑就是阿德勒在这里所提到的最严重的错误，因为阿德勒认为，这种评价无助于孩子的任何改变，只会使得他在以后的生活中更加胆怯。遗憾的是，现实生活中，我们经常遇到这样的父母和老师。阿德勒认为，正确的做法是给予鼓励而非批评。

在书中，阿德勒举了一个不会游泳的小男孩的例子，他因为不堪忍受朋友们对他不敢下水的嘲笑，而从跳板上跳到深水区。现实生活中，这样的例子比比皆是，当感觉到自己的尊严受到威胁时，人们会用各种方法来维护自己的尊严，甚至有些时候，人们所采用的方法会远远超出自己的能力范围，进而导致一系列问题。

在阿德勒看来，男孩的这种行为就是怯懦。每一个人都看重自己的尊严，而怯懦者尤甚。但怯懦者所采用的某些挽救尊严的方法，比如上面例子中那个小男孩，是无济于事的。例子中的男孩真正的怯懦在于他不愿意承认自己不会游泳的事实，但他所采取的方法没有改变这一事实，而是加强了他不愿意面对现实的内心。

怯懦给人带来的不良影响远不止于不敢面对自己的内心。阿德勒

---

[1]《儿童人格教育》，第 59 页。

认为："怯懦的性格会破坏所有人与人的关系。怯懦者不懂得为别人考虑；他们常常不惜以他人为代价来换取自身的被承认和认可。怯懦带给人们的是一种个人主义的、好斗的人生态度。……一个怯懦者总会担心自己被他人嘲笑、忽视或贬低。所以，他总是会被别人的意见所束缚。怯懦者就好像生活在一个充满敌意的国度里，并因此形成了多疑、嫉妒和自私的性格特征。有怯懦性格的儿童通常会成为挑剔的人。他们不愿表扬他人，当他人被表扬时，他们会充满憎恨。"[1]

怯懦是一个必须引起教育者重视的问题，帮助孩子指出这种性格特征，并且使儿童了解到，不经过个人努力就获得成功和他人尊重的想法是不切实际的。在引导的同时，也应该注意到，适度的鼓励是必要的，否则儿童可能会丧失对未来的信心，进而出现自卑情结。

使每一个孩子都保有对未来生活的勇气，能够勇敢面对，充满信心，是每一个教育工作者最神圣的职责！在这个过程中，始终让儿童对自己保有一个积极、正确的自我评价是非常重要的。自卑固然会对儿童的成长产生不良的影响，但过度关注自我，甚至是自负也同样不好。

阿德勒认为"一个完全过于关注自我的个体是社会生活中的畸形人"[2]，正如引言当中所提到的，阿德勒强调儿童的"社会感"，他认为如果一个儿童缺乏参与社会活动的兴趣，并且没有通过社会活动来实现自己的价值的话，那么这个儿童的人格是存在缺陷的。现实生活中类似的例子很多，2013 年 4 月震惊国内的"复旦投毒案"，其中林森浩的行为就非常符合阿德勒的这些陈述。2013 年 11 月 27 日，一审接近尾声时，林的一段表述可以帮助我们理解他行为的形成原因："我认为犯罪根源可能是这样的，首先在接受高等教育的这几年时间

---

〔1〕《儿童人格教育》，第 59—60 页。
〔2〕《儿童人格教育》，第 62 页。

里，可能是因为性格内向，再加上我对为人处世这方面重视不够……可能自己已经有点形成了讲话或者做事不计后果的这种习惯……而且我遇上事情之后也会有逃避的习惯。"从各种媒体报道中朋友对他的描述可以看到，他平时胆小，略带羞怯，在网络空间中会使用带有攻击性甚至侮辱性的语句。在他的QQ日记里，他曾写对出身的自卑和回避："像《恰同学少年》里面那个在进大学时对着学校领导说他自己父亲是他雇用的挑夫一样，我在本科以前一直也有这么一种自卑的身份心理，每次听说谁谁谁的父母是什么医生、大官的，我就会内心小羡慕一番。"同时，我们也可以从他的履历中和他在学校中的表现看到他是一位非常有雄心的青年。遗憾的是，在他追求卓越的过程中，由于过度地关注自我，以及社会交往过程中体验到的失败，导致了他的自卑和无法控制的报复行为，最终发生了令所有人都感到惋惜的惨剧。[1]

但事实上，每个孩子都有对社会的渴望和对人群的归属感，即使是那些特别内向和自卑的孩子。有些孩子总是与人保持距离，甚至用怀疑的眼光看人，"他们将自己的片面认识普遍化，并且以偏概全了，他们开始滥用自己的片面认识"[2]，当儿童被某些成人的言行伤害后，由于年龄小，还没有全面看待问题的能力，他们无法分辨这些伤害的施加者和其他人是不同的，而是会将所有的人都归入伤害者的范畴，因此，他们会逃避与周围一切人的接触，不论他们是否曾经对他产生过伤害。

儿童的行为是表达他们想法的最诚实的途径，语言可以造假，但人的行为，尤其是儿童的行为是其内心最真实的表述，是难以造假

---

〔1〕 朱柳笛、翟星理、刘珍妮：《投毒者林森浩的这两年》，载《新京报》，转引自《复旦投毒案凶手狱中细节披露：听到这话他笑了》，网址：http://history.sohu.com/20151216/n431258203.shtml。

〔2〕 《儿童人格教育》，第63页。

的。因此，阿德勒强调要通过对儿童的眼神和行为的观察来了解儿童真实的内心感受。

认真观察儿童看待问题和解决问题的方式，引导儿童们，特别是那些特别内向的或者是在与人的交往过程中产生问题的孩子融入社会，是每一个家长和教育工作者最重要的职责。

关于自卑是源于先天还是后天的问题，阿德勒对先天决定论持坚决反对的态度。他认为，自卑源于后天的经历，家庭或者学校环境才是导致自卑的根源。他甚至提出一种观点："一个人能否与外界建立交往关系，并不是由他们的大脑或者器官的物质变化决定的。当然，这方面的变化虽然与产生这种性格没有必然关系，但也有助于对它的理解。"[1]他还举了一个自闭的孩子的例子来印证他的观点。

在阿德勒的时代，研究者对某些疾病，例如儿童自闭症，缺乏如我们今天一样的了解，因此他才会提出儿童的社会交往能力不会受器质性病变影响的观点。但今天，随着医学的进步，我们了解到，儿童的某些行为表现确实是受到疾病的影响的。

一个典型的例子就是儿童自闭症，也称孤独症，它是广泛性发育障碍的一种亚型，主要表现为患病儿童会表现出不同程度的言语发育障碍、人际交往障碍、兴趣狭窄和行为方式刻板。在人际交往上，主要的表现是自闭症儿童不能与他人建立正常的人际关系，缺少或回避与人正常的目光交流，表情贫乏，缺乏与父母和同龄人亲密接触的兴趣，也体验不到其中的乐趣，不能与父母建立正常的依恋关系，与同龄人之间也难以建立正常的伙伴关系。在幼儿园中，或者在其他场合，我们偶尔可以见到这样的儿童，他们往往离群独处，不与人进行任何交流，他们属于症状相对较轻的儿童，而很多重症的自闭症儿童甚至连去学校这样基本的社会行为都无法完成。

─────────────

[1]《儿童人格教育》，第64页。

虽然病因尚不清楚，但免疫系统异常、神经内分泌和神经递质的功能失调等生理性病变可能与之相关。[1]对这一疾病感兴趣的读者可以去看一下电影《海洋天堂》，这部电影上映于2010年，讲述了一个自闭症家庭的故事，其中对自闭症患者的社交障碍性问题的刻画非常真实生动。同时，在各类视频播放平台上也可以找到很多关于自闭症的宣传片，例如壹基金拍摄的《4分钟让你了解自闭症——壹基金蓝色行动》等。

将所有的儿童的社会交往问题都归结于自卑，可能存在一定的问题。但是在阿德勒所处的时代，由于对很多疾病的研究都很有限，因此，阿德勒的研究也具有局限性，这一点在本章后半部分关于自闭、儿童智力障碍等问题的论述上尤为明显。过度强调后天的作用，而忽视先天条件对人的影响，也是后来的研究者对阿德勒的研究有所批评的原因之一。

【介绍】第六章"儿童成长：预防自卑情结"

在这一章中，阿德勒对于影响儿童发展的因素做出了如下论述："天赋无法决定儿童的发展，客观环境也无法决定。儿童自身对外在现实的反应，以及他与外在现实的关系的看法，才可以决定儿童的发展。"[2]

也就是说，儿童的自我意识，他对自己所处的环境以及自己与环境的关系的看法，在儿童的发展中起到决定的作用。同样的家庭环境、同样的父母教养方式下长大的两个孩子，一个可能非常自信，另一个可能非常自卑，这可能是由于这两个孩子不同的主观判断所导致的。但值得读者们注意的一点是，阿德勒虽然提到了儿童自身的主观

---

[1]　段云峰、吴晓丽、金锋：《自闭症的病因和治疗方法研究进展》，载《中国科学：生命科学》2015年第9期，第820—844页。
[2]　《儿童人格教育》，第68页。

判断会影响其自卑情结的形成，但他也同时认为，父母对儿童的主观判断会产生极大的影响。因此，在阿德勒看来，即使是儿童在这个过程中有主动性，也只是相对的"主动"，是在父母影响下的"主动"。

对于成人而言，从儿童的角度出发，透过儿童的视角来看待他的处境，通过他自己看待问题的角度来理解他的想法，不论是否正确，是帮助孩子正确认识自己的重要前提。

导致儿童自卑情结的因素很多，比如在某一学科上的劣势表现，比如自己身体上的某些缺陷，比如他们在人际关系上遇到的困难。而导致这些因素的原因则涉及了我们生活的方方面面，阿德勒在这一章中列举了儿童智力发展、是否经常被人取笑、孩子的人际交往水平、对学校的态度、家庭成员的身体状况、儿童在家庭中的地位等问题。遗憾的是，他并没有在这一章中展开详细的分析，仅仅是列举了这些问题。

【介绍】第七章"社会情感与儿童成长的阻碍：家庭环境中孩子所处的地位"

在此章中，阿德勒对儿童的社会情感和对优越感的追求进行了比较。在他看来，两者都是基于人渴望获得肯定和认可的本性的，但两者的外在表现不同，这种不同源于这样的假设：在追求优越感的时候，个体不依赖于群体，而在渴望社会情感的过程中，个体依赖于社会和群体。

阿德勒举了大量的自然界和历史上的例子来论证这一点，他认为儿童的社会情感是从婴儿期就开始发展的，但仅靠儿童自身是无法很好地促进社会情感的提升的，因此应该在婴儿期和儿童阶段就着手去对他们的社会情感进行开发和引导。进而，他提出："教育的目的就是让孩子的行为更有社会性……教育的原则一定要囊括群体思想和社会适应的思想。"[1]但在现实中，教育的承担者，不论是家庭还是学校，都没有意识到这个问题。为了证明这一点，他着重论述了不同的家庭环境，比如父母都是聋哑人的家庭，或者是父母教养方式粗暴武断的家庭，对儿童社会情感的影响。

其中特别值得注意的一个例子就是对不同出生顺序的儿童的社会情感的研究。阿德勒认为"独生子女和兄弟姐妹众多的人，处境是不一样的"[2]，这段论述在阿德勒的研究中非常著名："长子之所以受到那么多优待，是因为他曾是家里唯一的一个孩子。这样的状态持续到第二个孩子出生后，而之后出生的孩子是无法体会家中独子的感觉的。当然，幼子的感觉也与其他人不一样，因为他是家里最小最弱的那一个。长子和幼子的处境各不相同。纵使两个兄弟或姐妹在一起长大，那些大的孩子所经历过的困苦，小的孩子仍需再去经历一番。年龄较小的孩子的处境要困难一些，且他本身也能感受到。为了能摆脱这种感觉，年龄小的孩子通常会加倍努力，以期超越他的兄长。"[3]

这是阿德勒关于家庭中儿童的地位与其发展关系的一段论述，他很重视出生顺序的影响问题，在后文和他的其他著作中都可以看到对相关问题的讨论。

在阿德勒看来，家庭环境对儿童的影响不仅存在于不同的家庭之间，即使是生在同一个家庭中的儿童，出生顺序不同也会影响他的家庭地位，进而影响他的诸多方面，包括他的"生活风格"和"社会情感"的形成。例如，长子由于曾经享受过独子的生活，因此他更容易怀旧，他身上可以看到许多标签，诸如负责任、领导者、专横、挑剔、循规蹈矩、不愿承担风险、保守、怀旧等；次子则喜欢竞争，具有强烈的反抗性，因为他从一出生就必须在与长子的争夺中获得父母

---

〔1〕《儿童人格教育》，第84—85页。
〔2〕《儿童人格教育》，第89页。
〔3〕《儿童人格教育》，第89—90页。

更多的爱和关注，以及更多的资源；最后出生的儿童作为家里最小的孩子往往受到更多的娇惯，他们长大后可能会出现在兄姐们身上没有的问题，有可能发展成异乎寻常的性格，也有可能获得意料之外的、超出哥哥姐姐的成功。[1]

在"二孩"全面放开的今天，阅读这一部分的内容对于中国家庭的父母而言具有很重要的意义。可能很多读者如同笔者一样，作为一个独生子女长大，对于兄弟姐妹并没有清晰的概念，但却有可能需要面对并解决两个孩子的教养过程中遇到的各种问题。如何对家庭中不同位置的儿童进行更好的引导，使得他们的社会情感和自我意识能够更好地发展，是一个非常有意思也有实际意义的话题。阿德勒关于出生顺序对儿童人格发展的影响的观点不一定很准确，甚至受到一定程度的批评，但从出生顺序这个角度展开分析对现实问题有一定的启发。

【介绍】第八章"儿童在家庭中的地位：儿童的心理处境及矫正"

正如阿德勒所认为的，儿童有自己的敏感和聪明，"一个孩子对自己在某个环境中所处的位置有自己无意识的理解"[2]。因此，对于不同家庭的儿童，不能用同样的方法去教育和干预他们，即使是同一个家庭的儿童也是一样。

在本章中，阿德勒用了大量的例子来证明正确的教养方式对于儿童的重要意义，这一点不论在其他研究者的研究中还是在现实生活中都可以证明其重大影响。

这里举一个中国家庭最常见的问题——隔代抚养和教育。这个是当前中国最热门的教育问题之一，也是无法避免的现实问题，无论是在北上广深还是广大农村，为了给家人带来更好的生活，夫妻共同外

---

〔1〕 申荷永：《出生顺序有什么影响|同样家庭长大，为什么差异会这么大？》，《心理空间》2016年第3期。
〔2〕 《儿童人格教育》，第96页。

出打拼而将更多的照顾子女的职责留给其祖父母或外祖父母日益成为一种常态的抚养模式。

有人在知乎网上发起了"'隔代教养'对孩子的成长影响有多大？"的讨论，这个讨论引发了近万条的讨论和30多万次的关注，讨论者的焦点集中在一个问题，即隔代教养结果的事实上取决于祖父母们采用的抚养方法，而不是隔代抚养本身。[1]这一点出乎笔者最初点开这个帖子的预料，这一结果比起广泛地号召父母更多地关注儿童教育，不要将教养的职责丢给祖父母而言更加理智，也更有助于面对现实并解决问题。

当然与父母在一起对于儿童的人格发展来说是更好的方式，但在实际情况不允许的时候，祖父母们采用溺爱、放任、严苛还是民主的教养方式则直接导致了儿童不同的行为结果。因此，讨论的结果一方面落在隔代抚养是否对儿童发展有益，另一方面就落在什么样的教养方式对儿童最为有益这一点上。

这一问题的探讨事实上切合了心理学研究中关于儿童研究的一个热点，也就是教养方式对儿童的影响。不论是隔代抚养还是由父母亲照顾，影响儿童发展的最直接也是最重要的因素就是抚养者所采取的教养方式。

美国加利福尼亚大学的心理学家戴安娜·鲍姆令特（Diana Baumrind）依据父母教养方式的两个重要维度：要求性（命令／控制，指父母对子女的管束、监控程度）和反应性（接纳／反应，指父母所表现出的关爱程度），将父母的教养方式分为四个类型——专制型、权威型（也称民主型）、放任型（也称溺爱型）、冷漠型（也称忽视型）。[2]我们可以用图表来更加清晰地了解他的观点，见下页表。

---

〔1〕《"隔代教养"对孩子的成长影响有多大？》，见知乎网，https://www.zhihu.com/question/21671035。
〔2〕叶慎花：《父母教养方式与幼儿行为问题关系的研究》，南京师范大学硕士论文，2011年。

（鲍姆令特）父母教养方式类型表

		接纳/反应型	
		高	低
要求/控制型	高	权威型 要求合理适当，执行始终如一，对孩子敏感、接纳	专制型 规则、要求繁多，很少给出解释，对孩子的需求、观点不敏感
	低	放任型 规则、要求很少，对孩子过于纵容，给他们过多的自主	冷漠型 规则、要求很少，对孩子的需求漠不关心，感觉迟钝

事实上，这里的父母可以泛化为一切的抚养者，而不同的教养方式也会导致不同的结果，见下表。

父母教养方式对儿童发展的影响

教养方式	儿童期	青少年期
权威型	认知与社会能力高，较为正确的自我认识	高自尊、社会技能出色，强烈的道德和亲社会取向，学习成绩优异
专制型	认知与社会能力一般，较为正确的自我认识	学习与社会技能一般，更为顺从，自我意识发展正常，但缺乏主动性、积极性
放任型	认知与社会能力低下，可能会出现自我认识的偏差	自控和学习能力相对较差，自我意识容易出现偏差，在自尊心等方面容易表现出问题
冷漠型	高攻击性和较强、较多的外显行为问题	延续儿童期，仍表现出较强的攻击性和行为问题

我们可以对这四种教养方式及其给孩子造成的影响略加解读。

第一种，权威型教养方式：这里的权威并不是指汉语中的权威，如果用民主型可能更符合中文的词语使用习惯。这种父母更倾向于对孩子高要求、高反应，对孩子有较强的控制但并不死板。父母会对孩子提出明确的、合理的要求，并会向孩子解释限制的原因，而不是粗暴地要求孩子必须遵守这些要求。他们会为孩子设立合理的行为目标，并在孩子达到目标的过程中给予帮助。同时，他们对孩子充满爱心和耐心，会认真聆听孩子的想法，也积极接纳孩子的观点，遇到问题的时候征求孩子的意见，与孩子合适地讨论解决问题的方法。在这种教养方式下长大的孩子，会形成更好的自信心，具有更强的合作意识，并且具有独立、乐观、善于交流等良好的人格品质。

第二种，专制型教养方式：这种方式指对孩子高要求、低反应。父母会为孩子设立各种规则并要求孩子严格遵守，但很少向孩子解释为什么要遵从这些规则。当孩子违反由父母所制定的规则时，他们依靠惩罚和强制性策略来进行教育。他们的专制还体现在不接受孩子的反馈上，当孩子有不同观点时，不是给以引导和与他们共同讨论，而是粗暴地要求孩子必须听话。在这种教养方式下长大的儿童依赖性强，性格懦弱，缺乏独立思考的能力，更容易产生焦虑、自卑、退缩等不良的人格品质。在中国的家庭中，这种教养方式极为普遍，很多儿童和青少年心理问题都与这类教养方式密切相关。[1]

第三种，放任型教养方式：也可以称为溺爱型，父母对孩子低要求、高反应。这类父母对孩子有求必应，盲目溺爱，但缺少对儿童行为的有效引导和限制。在中国，早期的独生子女家庭和隔代抚养家庭中这种现象较为常见。在这种教养方式下长大的孩子会形成任性、冲动、依赖性强、缺少恒心和毅力、不能体谅别人、过度自我中心、人际交往能力差等不良的人格品质。

这种教养方式以及由此而引发的关于"熊孩子"的讨论，一度成为独生子女一代的中国孩子的标签。2017年《辽沈晚报》报道了这样一则新闻，一对中国夫妻带着自己6岁的儿子前往美国洛杉矶度假，

---

[1] 董会芹：《影响小学生问题行为的家庭因素研究》，《教育研究》2016年第3期，第99—109页；李焰、王倩倩、刘丹、于建平：《父母教养方式、自尊和大学生网络成瘾的关系》，《中国健康心理学杂志》2014年第11期。

在飞机上，孩子一直骚扰坐在邻座的人，但父母没有对孩子的行为进行任何干预。邻座在要求父母制止这个孩子的行为无果后，与这对父母产生了纠纷，这对父母向邻座大打出手。结果，飞机落地后，美国海关以故意伤害罪拒绝"熊孩子"一家人境，并于次日凌晨遣返一家三口。[1]

笔者并不赞同给人贴标签的所谓独生子女或者是"熊孩子"的说法，并不是所有的独生子女或者是由祖父母照顾的孩子就一定是"熊孩子"，他们中的绝大多数都不具备这样的特征，但非常认同父母过度溺爱的教养方式会给儿童的成长造成不良影响的观点。

第四种，冷漠型教养方式：对孩子低要求、低反应。这类父母往往由于自己工作繁忙而疏于对孩子的管教和陪伴，对孩子的需要不予理睬或者不敏感，他们对孩子投入极少的时间和精力，或者直接将孩子教养的工作丢给各种早教班、辅导班、特长班。由于缺少与孩子的共处和互动，与孩子的情感同前三种比起来也相对较为淡漠。

这种教养方式可能导致的问题是最严重的，在这种模式下长大的儿童缺乏社会情感，自控能力差，对生活会采取消极的态度。不论在儿童期还是在成年期都会表现出更多的攻击性行为。更为严重的是，这些孩子有可能成为充满敌意、自私、叛逆的青少年，他们缺少远大的目标，易出现如酗酒、逃学等反社会行为，甚至多种犯罪行为，这一点可以在大量研究中找到例证。[2]

因此，正如该书第十四章的标题"教育父母"那样，要想很好地了解一个儿童行为原因，并且引导他更好地发展自己的社会情感和自我意识，最重要的一条就是抚养者能够采取一个正确而恰当的方式去应对儿童的问题。

---

〔1〕 荀建国：《熊孩子飞机上闹事家长无视，全家被美国驱逐出境》，《辽沈晚报》，网易新闻2017年9月4日转，网址：http://news.163.com/17/0904/16/CTGJQ1P20001875P.html。
〔2〕 贾守梅：《学龄前儿童攻击性行为的家庭系统研究》，复旦大学博士论文，2013年。

【介绍】第九章"作为准备性测试的新环境"

在这一章的开篇，阿德勒强调了个体心理发展的整体性问题，他指出"个体的心理生活是一个统一的整体，……在时间的进程中，人格是连续的，而不是跳跃发展的。……人格发展的连续性不但让教育和改善个体人格成为可能，也使得我们能够测量出儿童在某一时间段性格的发展状况"[1]。

在强调儿童的发展是可以测试的同时，他特意提到了新环境对于了解儿童的发展状况的重要意义，并认为新环境可以使儿童更容易表现出其隐藏的性格，因为孩子们在面临所不熟悉的环境时，由于对自己的处境缺乏经验和应有的准备，儿童隐藏的问题会表现出来，进而可以观察到在熟悉的环境中不会表现出的一些人格特征。而了解这些，对于预测孩子是否做好了迎接未来的准备有非常重要的意义。

如果儿童准备得充分，就会在新环境中表现出更强的信心和活力，如果准备不充分，则会感到紧张。在阿德勒看来，儿童无法适应新环境，比如很多第一年送孩子上幼儿园的家长都会头疼的每天早上为了去幼儿园跟孩子斗智斗勇的过程，或者说小孩子刚开始上小学无法适应的现象，其问题不在于新环境本身，而在于此前的准备不足。

举个邻居小朋友的例子，这个孩子跟所有邻居的孩子一样叫小明。小明在家里是个小霸王，祖父母和父母四个大人宠着他一个，使得他养成了什么都有人照顾，完全不用自己动手的行为模式。要去幼儿园之前的半年，他妈妈很担心他不能适应幼儿园，于是想训练他自己吃饭和上厕所，以及不乱丢东西等行为。但是祖母认为孩子去了幼儿园自然就什么都会了，老师会教的，在家就不用学了。于是就耽搁下去，结果导致孩子对幼儿园极其不适应，每天早上上学都哭得惊天

---

[1]《儿童人格教育》，第104页。

动地，每次谈到幼儿园，唯一的表述就是"我不喜欢幼儿园"；到了幼儿园之后，对于学习的态度也非常抗拒，入园半年之后，还是要靠老师喂饭才肯吃，如果老师不喂饭，就一直饿到晚上放学回家，自己不肯学习独自完成任务。

这种情况在很多家庭中每天都在上演，导致儿童不适应的问题在于儿童没有为新环境做好准备，而没有做好准备的根源则与父母或抚养者的教育方式有直接的关系。

这种由于准备不足导致的问题，不仅仅局限在儿童入学，阿德勒还探讨了不同性别，尤其是女性在面对新环境时遇到的问题，由于篇幅的问题，不在这里展开，感兴趣的读者请自行阅读原文。

【介绍】第十章"在学校"

在这一章中，阿德勒从多个角度探讨了学校对学生产生的各种影响。

他分析了学生与教师的关系、学生在入学前的准备情况、在学校所接受的智力和学科测试、在学校学习的科目、学生之间的竞争与合作、如何看待学生在学校获得的进步和产生的退步、遗传因素对学习的影响、如何看待留级生、如何看待男女同校、频繁更换教师对学生的影响、学校设置快慢班对学生的影响，以及学生的学习兴趣等诸多学校教育过程中会产生的实际问题。

这些问题中的某一些带有典型的时代特点，比如如何看待男女同校的问题。但其中的绝大多数分析在今天看来仍然可以引起读者和家长们的共鸣和思考。

比如学生和教师的关系，这是一个持久而经典的教育问题。阿德勒非常明确地指出："学生对教师的兴趣，在很大程度上决定了他是否专注于自己的学业。"[1]那些没有做好入学准备的学生，在刚入学阶

---

[1]《儿童人格教育》，第117页。

段往往面临很多问题。如果他遇到的老师比较温和，善于指导和帮助学生，那么这个老师会迅速获得学生的喜爱，这个学生也会在接下来的学习生活中进步神速；而相反，如果学生遇到了严厉的老师，喜欢用批评而非鼓励作为主要教育手段，那么孩子就容易对学校生活丧失信心，进而在学业上难以有良好的表现。

但是，大部分时候，老师和家长并不一定能够意识到教师和学生的关系对学生的影响，而是一味地将学生的学业成绩低下和在校表现不良归结到调皮、笨、不听话等问题上，认为原因出在学生自身而不是教师身上。当然学生自身的原因肯定是存在的，但不能由此而忽视教师和学生的关系给学生的学校生活带来的影响。

由于篇幅的关系，我们无法将阿德勒在这里列举的问题一一展开讨论，希望大家在阅读阿德勒这一部分内容的时候，可以更多结合自身的经历和周围孩子们的经历，来更有效地理解阿德勒的观点。

【介绍】第十一章"外部环境对孩子成长的影响"

阿德勒有一个很有趣的观点，他认为创建社会心理学是没有必要的。但这并不意味着他不重视社会对人的影响，相反，从前文中我们可以发现，阿德勒特别强调儿童社会兴趣和社会情感的建立。

那么，为什么阿德勒会提出没有必要建立社会心理学这样的观点呢？事实上，阿德勒认为，他所提出的个体心理学本身就"兼顾了个体心理和外在的影响因素。既不只专注于个体心理，而不考虑影响心理的外在环境因素；也不单单专注环境因素的影响，忽视个体独特心理的重要性"[1]。

阿德勒认为，"外界因素大多是通过影响父母进而影响儿童的心

---

[1]《儿童人格教育》，第132页。

理"[1]，基于这一认识，他列举并分析了大量的影响儿童心理的社会因素，但阿德勒所关注的社会问题更多的是从家庭的角度展开的，在此基础上，他对影响儿童发展的社会因素进行了分析，主要观点如下：

其一，他分析了家庭的经济因素对儿童的影响，认为长期穷困的家庭很难教育孩子保持健康与合作的人生态度，因为这样家庭中的父母自身就缺乏这种态度，同时家庭经济状况的突然巨大转变，比如暴富或骤贫也会给儿童的心理带来巨大负面影响；

其二，他探讨了父母在生理卫生方面的无知和所犯的错误可能会给儿童带来的不良影响，他认为所有的疾病都会成为孩子心理上的暗礁，容易造成性格缺陷、自卑等心理问题；

其三，他探讨了家庭环境对儿童的影响，在这个问题上，家长之间的关系、家庭氛围等因素都会影响孩子性格的形成，父母不和的家庭中长大的孩子，很难形成积极向上的人生态度；

其四，他探讨了亲戚对儿童的影响，这里既有我们在前文已经探讨过的祖父母对孩子的教育问题和由此产生的影响，也谈到了表兄妹的影响（如果你的表兄妹很优秀，那么他们会成为传说中的别人家的孩子），因为这其中掺杂了父母辈之间的相互比较和竞争，因此会给孩子带来更大的压力；

其五，他探讨了不正常的精神环境对孩子心理的影响，某些父母的不良行为，例如偷盗、占小便宜、与人争吵等，会使得孩子感觉丢脸并害怕被发现自己与父母的关系，进而造成孩子自卑和羞怯；

其六，他探讨了源于国家、种族和宗教的偏见对儿童的影响，他认为这种影响不仅会对儿童心理造成伤害，还会使伤害的施行者变得自大和自负；

其七，他还探讨了阅读材料对孩子心理的影响，并提出即使是童

---

[1]《儿童人格教育》，第 132 页。

话也应该经过处理再给孩子阅读的观点，这是因为孩子和成人对事物的理解的能力和方向都是不同的，有些成人意识不到的东西可能会使孩子害怕或者恐惧，因此，引导孩子阅读那些正能量的、积极向上的作品对儿童而言非常重要。

【介绍】第十二章"青春期和性教育"

阿德勒可能并不是第一个关注青春期和性教育的心理学家，但他对这一问题的重视是毋庸置疑的。在弗洛伊德的眼中，青春期的问题更多的是本能和冲动的产物，教育者在这里面无法产生作用。而阿德勒在本书中谈到了青春期的重要性，并认为家庭、学校和家长、教师都应该在帮助孩子更好度过这一阶段上起作用。

在阿德勒看来，青春期最能显示出一个人的生活风格，在这一阶段，评估青少年的社会兴趣，并对之加以正确的引导，不仅对于青少年的心理健康有益，同时也能帮助家长和老师更好地了解他们的职业态度，甚至是对待婚姻的态度。

阿德勒也探讨了青少年的叛逆问题，他认为很多处于青春期的青少年都有离开家庭的欲望，这是常见的叛逆表现，其根源往往是对父母束缚的反抗，对于出现这一问题的孩子，首先要做的不是责备和打压，而是要分析是父母教养方式中的哪些问题导致了孩子的行为，并在此基础上寻找改正问题的方法；他探讨了青春期开始出现的性别差异，以及不同性别的青少年在行为表现上的区别，并将其中的很多问题与青少年对性的认识相联系，进而指出青春期性教育的重要性。

【介绍】第十三章"教育的差错"

在这一章中，阿德勒举了一个男孩的例子来论述在教育的过程中父母可能的差错以及由此引发的问题。

男孩小时候得了佝偻病，3岁才学会走路，语言发育也特别缓慢，在学业上，经过额外的家庭辅导，才勉强可以跟上学校的进度，但在学校表现得懒惰和难以相处，各种不尽如人意。在治疗的过程中，阿德勒发现，男孩有一个优秀的哥哥，父母在言语中时刻骄傲地提及这个哥哥，这事实上就是一种教育上的错误。父母的这种行为给孩子造成了心理上重大的阴影，他自己感觉不如哥哥，没有哥哥有价值，没有哥哥得父母的喜爱，因而会生出自卑和逆反的心理。

事实上，这对父母在教育上所表现出的问题就跟男孩在生活和学习中表现出的问题一样多，熟悉阿德勒或者已经阅读了前面关于其生平介绍的读者可能会很容易将这个男孩的故事与阿德勒的自身经历相联系。事实上，这是一个杂糅了各个背景的故事，但这其中反映出的父母在子女教育上的问题值得每一位读者展开深入思考。

笔者个人一直相信这样一句话，每一个儿童行为问题的背后，都能找到父母的影子。孩子们就像一张白纸一样，父母的言行举止，父母对孩子行为的应对方式等等因素，都将直接影响孩子们的行为方式和人格发展。因此，在教育自己的孩子的过程中，笔者时刻提醒自己和家人在批评他之前先找找原因。虽然由于各种原因的限制，并不是每一次都能找到问题的根源，但这种尝试是有效果的。如今在笔者的家庭中，在教育孩子的时候如果遇到问题，大家的第一反应是：为什么他会这样？是什么原因导致的？而不是像书中的例子和现实中有些家长一样直接指责孩子。

【介绍】第十四章"教育父母"

阿德勒在本章的开篇写道："这本书写作的目的是为了家长和教师，是为了让他们从本书获得一些关于儿童心理生活的新的洞见。"[1]

在这一章中，阿德勒给了教师们一些建议，关于如何与父母交

---

[1]《儿童人格教育》，第132页。

流，进而纠正家长在教育中的失败或错误的教育方式，并认为这是教师工作中非常重要的一个环节。

即使在今天读来，这个观点也是非常有意义的。在今天的社会中，大部分老师没有把对家长的教育方法的纠正和引导纳入自己的工作范围，因为教师传道授业解惑的对象是学生而非家长。这种观点本身无可厚非，因为家长本身对教育过程和儿童心理的了解远远没有职业教育者深厚，但正因为如此，他们才非常需要来自职业教育者的引导孩子的建议。

基于这一观点，阿德勒给教师提了一些如何与家长更好沟通的建议，例如：教师必须意识到，家长不必为学生所表现出来的所有问题负责，毕竟他们不是职业教育者；即使教师的理由再充分，也绝对不应该责备家长，与家长谈话的目的是改变他们的态度，使儿童的问题得到更好的解决，而非激怒他们；不论何种情况，教师都不必急着证明自己是对的，从而获得优越感，而是将注意力指向与家长共同寻找能够帮助孩子的有效方法上。这是一个非常有意思的观点，近年来网络上经常看到一些关于家长和教师关系的讨论，在教育孩子的过程中，家长和教师各自应该扮演什么样的角色？家长是否应该完全采纳教师的建议和要求？哪些教师的建议是可行的？哪些行为是不合理的？都值得大家深思。

在中国和全世界的范围，有一个非常重要的教育模式一直没有受到应有的重视，那就是家长学校。在教育子女的方式上，所有的家长都是新手，他们没有任何引导，有些家长由于教育或其他方面的原因，可能会在这一点上有更多的思考，他们会通过阅读相关书籍或者是向他们认为有经验的前辈请教来帮助自己；而有的家长则将自己小时候父母的教养方式照搬到子女身上，并认为"我就是这样长大的，能有什么问题"；甚至有些家长根本不对教养方式加以思考，采用放任、娇惯或冷漠的模式来对儿童进行教育。

社会发展到今天，我们对教育的研究和理解都有了极大的进步。但阿德勒关于教育家长的思考即使是在今天也是具有现实意义的。如果家长们能够在正确的指导下对自己的教育模式进行更有效的反思，那么对于减少儿童行为问题无疑具有极大的意义。

三、后记

相较于此前我们所读到的其他著述，《儿童人格教育》这本书口语化的程度更高，阿德勒擅长用通俗易懂的语言对自己的观点进行表达，因而，对于这本书中我们选出的重点解析章节"自卑情结"，注释相对较少。

但是需要注意的是，在理解阿德勒观点的同时，我们不仅应该对作者的理论进行分析，更应该结合家庭和学校的教育现状，结合自身的实际经验对自身和社会教育中存在的问题进行反思。不断出现的"马加爵""药家鑫"们，既显示了作为这些悲剧的制造者不健全的人格，也透露了当前教育的不完善和不合理之处。

按照阿德勒的观点，不合理的教育正是导致个体人格不健全的重要原因。对儿童人格的教育不仅应该是父母的责任，也是学校和老师乃至社会的共同责任。通过了解阿德勒，我们可以反思我们做到了哪些，还有哪些需要改进的地方，才能为从儿童到大学生的整个教育体系提供更好的思路。同时，对阿德勒的解读也有助于我们反思自身的行为和内心的想法，了解自己是否存在自卑心理和自卑情结，并改进自己的行为，促进人格的发展和完善。

通过解读阿德勒关于儿童心理的观点，希望可以帮助每一位读者开启重新思考自我的大门，这对于我们每一个人都具有非同一般的意义。

附：阿德勒部分著作推荐

《论神经症性格》(*Über den nervösen Charakter*，1914)

《器官缺陷及其心理补偿的研究》(*Study of Organ Inferiority and Its Psychical Compensation: A Contribution to Clinical Medicine*，1917)

《理解人性》(*Understanding Human Nature*，1918)，郭本禹、李欢欢译，中国人民大学出版社 2017 年版

《个体心理学的实践与理论》(*The Practice and Theory of Individual Psychology*，1919)

《生活的科学》(*The Science of Living*，1927)，张晓晨译，译林出版社 2016 年版

《儿童人格教育》(*The Education of Children*，1930)，戴光年译，上海人民出版社 2010 年版

《自卑与超越》(*What Life Could Mean to You*，1932)，曹晚红译，中国友谊出版公司 2017 年版

《神经症问题》(*The Problems of Neurosis*，1932)

对卓越的追求永无止境

——阿德勒《这样和世界相处》解读

一、前言

在本书的前文，我们已经对阿德勒的生平和主要观点进行了详细的介绍，这里不再赘述。在这一部分中，我们要介绍阿德勒的另一本书《这样和世界相处》。这本书将阿德勒关于"自卑感"和"社会感"的研究相结合，帮助读者从童年经验中体察造成人们经常遇到的问题的心理根源，更好地理解阿德勒关于影响人的自我和人格发展因素相关的观点。

很多读者可能通过读上一本书的介绍会形成一个误解，即阿德勒的关注点仅仅在于儿童。事实远非如此，阿德勒的关注点涉及人类社会生活的方方面面。《这样和世界相处》一书是在他去世后出版的，作为阿德勒人生的最后一本著作，它对各方面的问题都进行了探讨。书中通过大量的案例分析解读了在完成人生任务的过程中，形成良好的生活风格并建立正确的人生态度和社会兴趣，对于达到理想生活的重要性。

阿德勒认为，一个人在困境中的表现，可以反映出他的心理健康的水平。没有任何一个人的人生是一帆风顺的，困境和问题往往接踵而至，让人们难以应对。家庭教育的因素、社会环境的影响、人与人的合作和交流等一系列问题都会影响人对问题的解决。而人作为社会的成员，解决自身困境的能力也是其存在价值的一个重要表现形式。

现实生活中，人们面临困难的应对方式是多种多样的，这其中存在很多问题，不仅是孩子，成年人也会产生错误的行为策略。而教育的意义，不论是家庭教育还是学校教育，就是通过鼓励教育带给人们正面影响的同时，关注儿童在其影响下所创造出来的新的生活法则、习惯和动作，引导他们正确地将之与社会相联系，并在此后的人生道路上发挥作用。

在本书中，阿德勒提到了个人"生活风格"对人面对困境时解决问题的方式的影响。阿德勒将生活风格定义为人的一种基本生活方式，包括人的个性、生活计划等。从一出生起，每一个人就在与父母、亲人、朋友和陌生人等不同人群的互动中形成了自己的生活风格，并渐渐形成了对自己和他人稳定的解释方式，形成了自己稳定的行为习惯和生活模式，而生活风格又反过来影响人们的日常生活，影响人际交往、问题解决和社会生活中的方方面面。

阿德勒认为，在生活风格形成的问题上，人并不是完全被动的，每个人都拥有诠释、影响和创造自己生活风格的能力。比如说，儿童的生活方式并不是被动地受父母的影响，而是会在自己已有经验的基础上对父母的言行加以理解，进而创造性地产生自己的应对方式，区别只在于有些儿童受到父母的影响更大，他们的应对方式中更多地接受父母的观点，而有些则相对较少，这就帮助我们理解了为什么在同一个家庭中，同样的父母教养出的几个孩子，可能会表现出不同的言行和人格特征。

接下来本书节选了《这样和世界相处》一书的前三章"自己和世界的关系""你的生活风格，决定你的困境""人生的任务"进行解读，而对其余章节仅做简单导读。通过对该书的分析，希望读者能够在阅读的基础上对自身的生活风格的形成和影响生活风格的因素产生更多的思考。

二、作品导读

因为在本书的前文对《儿童人格教育》一书介绍中已经对阿德勒关于生活风格和自卑的理论进行过较为详细的介绍，如果遇到问题，可以与前文参照阅读。

【解读】第一章"自己和世界的关系"

在第一章中，阿德勒开篇就点明了自己的观点："人的行为，始终来自于自身对自己和对世界的看法。"他接下来又解释道："我们的感官所感受到的，只是我们主观的错觉，本来就不是实际的真相。而我们所认知的世界，也只是外在世界投影在我们心里的主观映像而已。"[1]

这句话我们可以借助现代基础心理学中关于感觉、知觉和错觉的概念进行简单的理解。所谓感觉，心理学一般把它定义为：大脑对直接作用于感觉器官（包括眼睛、耳朵、皮肤等）的客观事物个别属性（颜色、形状、声音、温度等）的反应。[2]举个例子来帮助大家理解这个概念，当一个苹果摆在人们面前的时候，我们的眼睛看到了颜色和形状，鼻子闻到了味道，手部皮肤感受到了物体的硬度，这些都是我们的感觉。但当我们通过对这些信息的加工形成了"这是一个苹果"的想法的时候，就是知觉加工了。所以，知觉的概念是：大脑对直接作用于感觉器官的客观事物的整体的反映。[3]错觉是人们认知加工过程中的常见现象，例如我们经常觉得穿黑色的衣服会显得人很

---

[1] 阿尔弗雷德·阿德勒著，文韶华译：《这样和世界相处》，江苏凤凰文艺出版社 2016 年版，第 2 页。
[2] 彭聃龄主编：《普通心理学》，北京师范大学出版社 2012 年版，第 149—150 页。
[3]《普通心理学》，第 124 页。

瘦，我们会觉得一个放在很多小球中的大球比起其他放在一起的大球显得更大，就是典型的视错觉现象。

但是，阿德勒在这里并没有清晰地区分感觉和知觉的概念，而是将它们混合为一体使用。他认为我们所认知的世界是外部投影的主观映象这一点，正是在说我们的知觉加工，而他认为感觉器官的感受都是错觉这一点又过于夸大，错觉确实存在，但并不是所有的感觉器官感受到的都是错觉。

事实上，阿德勒在这里想要强调的是人的主体性，也就是说，我们对客观世界的看法，是因为人而存在的，因为有了人的理解，客观世界对我们而言才有了意义。同一个苹果摆在一千个人面前，大家的感受会不同，这是因为我们是一千个不同的人。他引用了古罗马著名哲学家塞内加（Seneca）的话"如何解释现实世界的意义，要看我们内在的诠释风格和方式"来支持他的观点。

阿德勒引用这句话是想表达，每一个人都是独特的，人在现实生活中由于自身的教育和经历会形成独特的思维和行为风格，当我们在解释现实生活中遇到的实际问题的时候，已经形成的思维模式会影响我们的理解。也就是说，真正影响我们的不是"事实"，而是我们在已有知识经验的基础上对"事实"的理解和加工。我们只有在已有的知识经验不能满足对现实的解释的时候，才会吸收新的信息，形成新的思维模式。

例如，一个人多年来一直认为严厉的管教是最好的儿童培养模式，当他有了孩子之后他也采用这样的教育方式。但如果在教育过程中遇到了实际问题，他已有的模式没有办法顺利开展，甚至完全失效的时候，他就不得不接受现实，改变自己已有的教育方法，去寻求新的途径。如果这个人一直固守自己的观点，不肯根据现实进行调整，就会出现各种问题。这类问题不仅局限在对孩子的教育上，也会影响其他方面。

为了更好地论述他的观点，阿德勒举了很多例子。由于篇幅的原因，我们仅选择其中一个具有俄狄浦斯情结的律师的例子来加以解读。

这是一位 36 岁的律师，在童年期和学生时代，他成绩优异，是父母的骄傲。但工作后，由于不擅长人际交往，尤其是不擅长跟女性打交道，因此事业上一直停滞不前。他的婚姻同样不顺利，他好不容易结了婚，但仅维持了一年就离婚了，之后他与父母同住，过着离群索居的宅男生活，靠"啃老"来维持生计。事实上，在成年以后，他一直保持着对母亲超乎寻常的依恋。

在介绍弗洛伊德理论的时候，本书已经介绍过俄狄浦斯情结了。但阿德勒不同意弗洛伊德认为恋母情结是所有人所共有的这一观点，而认为恋母情结的出现是由于母亲在教养过程中的过度宠爱造成的一种不正常的依恋关系。

同样遇到人际交往问题的不会只有这个律师一个人，过度宠爱的母亲也并不只是律师的母亲一个，但为什么这个问题仅仅在这名律师身上表现出来呢？阿德勒将导致问题的根源归结到每一个人对问题的看法上。

通过对咨询过程中律师所表现出的观点的分析，阿德勒用了这样的语言来推断例子中的律师对于这个问题的理解："既然上帝不可能把胜利赐给我，我只好用撤退来躲避，并把这件事当成自己最后的人生目标。"[1]

从这句话里，我们可以分析出这位律师存在如下一些看法：首先，成功是靠上帝给予的，而不是仅仅靠自己的努力就能达到的，那么既然我努力了上帝不给，那我就不能获得成功；其次，既然我得不到我想要的成功，那就只能逃避现实，这是我面对自己的失败唯一能

---

〔1〕《这样和世界相处》，第 5 页。

做到的，没有其他更好的方法了。

阿德勒进一步分析："在他自定义的人生意义和生存规则里，没有所谓的'理性'，也没有'常识'和'逻辑'，存在的只是他所认同的'私人智慧'（private intelligence）。"[1]

这里所谓的"私人智慧"，就是指我们前面提到的由个人的经验和教育所形成的对问题进行分析和解决的思维模式。律师由于过于固守已有的思维模式不肯加以改变，因而导致了一系列问题，这在现实生活中并不是孤立的个案。我们每个人都应该思考，自己是否也存在同类的问题。

显而易见，在这里，这个律师实际的问题并不是由于他的恋母情结或者是其他因素导致的，而是由于他的"私人智慧"。由于从小被母亲过度保护，使得他的依赖性过强，在生活中各种问题都由母亲帮他解决，导致他丧失了自己面对问题的能力。在童年期，这样的问题还可以依赖母亲，但进入成人社会之后，母亲已经不能帮他解决全部问题。而他已经养成了依赖母亲"私人智慧"的习惯，这种固化的思维模式使他没有主动应对问题，而是选择逃避。

律师的问题可能很多人都会遇到，但不同的人面对同样的问题最后会产生不一样的结果。阿德勒举了很多例子来进一步论证，既有基于"条件反射"的动物行为观察，也有对神经官能症患者的描述。

所谓神经官能症，又称神经症或精神神经症。阿德勒认为，一些神经官能症的患者身上表现出来的症状是他们用以逃避自己的自卑感的借口，虽然他们自己并不一定能意识到这一点。例如，假如一个神经官能症的患者总是表现出失眠的症状，并因为睡眠的匮乏导致工作上的不顺利，阿德勒会认为这种症状的不断发展有可能是因为他想要逃避自己在工作上由于与他人比较所造成的自卑感而来，患者的内心

---

[1]《这样和世界相处》，第5页。

深处可能存在这样的想法："你看，我不如他人并不是我不行，而是由于我失眠。"但是，这种想法一般不能被本人意识到。

因此，阿德勒得到一个结论："由此可知，真正影响我们的心理和行为的，不是'事实'，而是我们对事实的解释。"[1]

我们对事物的理解，在阿德勒看来不基于事物本身，而是基于我们赋予事物的价值。同样的一个事物，因为被赋予的意义不同，对每个人的价值是不同的。比如一辆奔驰轿车，对于一位千万富翁而言可能只是一个代步工具，但对于一个贫穷的打工者来说可能就是一件奢侈品，是身份的象征，是未来人生奋斗的目标。

我们对人生的理解和追求，以及我们对事物价值的理解，是从孩童时期我们学着理解世界的时候就开始的。但是仅凭经验来判断自己的理解，肯定是不够的，"要看这个解释得到的结论，是否对我们自己有建设性"[2]。也就是说，要看这个结论是否可以帮助我们提升现有的水平，更好地应对所遇到的问题。

遗憾的是，现实中人们往往意识不到自己存在问题理解的错误。就如同阿德勒所总结的："每个人对自己或对人生的解释，都有一个'观念'，也就是一个生活模式或一个惯性律，会将他牢牢套住，虽然他并不了解这个观念，也不能去分析这个观念是好是坏，然而这样的观念却会影响他的一生。"[3]

这里的观念就是在这一章中作者反复论述的人在现实生活中由于自身的教育和经历会形成独特的思维模式，也就是说，是我们在已有的知识经验的基础上对"事实"的理解和加工的方式。作者在这一章中用了多个词汇，例如"私人智慧"或"观念"等来表达。

在分析"观念"对人的影响的过程中，阿德勒用了"有的心理

---

〔1〕《这样和世界相处》，第10页。
〔2〕《这样和世界相处》，第11页。
〔3〕《这样和世界相处》，第11页。

学"（Besitz）和"用的心理学"（Gebrauch）两个单词，这是阿德勒个人使用的名词，如果单独拿出来学术化地翻译则很难被理解，因此我们将原文中用到这两个词的一句话拿出来帮助大家进行整体的理解："它不能从'有的心理学'的角度去了解，必须从'用的心理学'的角度去了解。"[1]

结合上下文，我们可以将这句话理解为：当我们思考个人已有的思维模式如何在一生之中不断地，按照惯性不加改变地对人发生影响时，应该重点思考这种惯性的影响是如何工作的，以及如何表现的，弄明白针对每一个具体的人的表现途径和形式，才有可能使我们针对其存在的问题而开展的对应的教育和帮助真正起到作用。也就是说，同样是由于外貌的缺陷而产生的自卑，在不同孩子身上的表现是不一样的，只有确定这些行为表现和自卑之间的关系，弄清楚某个孩子的哪些习惯性的思维方式导致了他自卑的产生，才能有针对性地由家长、老师或心理学家对他进行帮助。

阿德勒举了大量的例子来说明已有的思维模式对人产生的惯性的影响，并指出如果任由这种影响延续下去而不加以纠正，会造成不良的后果。

他在文章中写道："这些对事实的解释，多少会和现实世界的事实发生冲突。个人对自己与人生的错误想法，迟早会使得他和冷酷的现实决裂，甚至陷入反社会或反体制的困境中。个人和社会冲突的现象，我们可以用'电击'来做比喻。失败者总认为他的生活风格是不被社会所认同的，而且受到不公平的严格考验，这时'电击'就来了，但这种对自己生活风格的执着，并不会因为'电击'就消失或改变。因此，某人对个人优越感的追求，仍旧会持续下去。'电击'的结果，通常是什么也没有改变，唯一有改变的是：当事人的生活领域

---

〔1〕《这样和世界相处》，第 12 页。

变得更狭窄。再者，当事人会删除或消灭所有让他感到失败或威胁的东西；最后，他会陷入自己的惯性律，不敢面对问题，然后撤退到自己的城堡里。"[1]

这是阿德勒在这一章中所谈论的核心问题，当已有的思维模式与现实不相匹配的时候，如果我们不能很好地调整已有的思维模式，就会遭到心灵上的"电击"。但对于某些人而言，电击的结果并不能帮助他们转换已有的思维模式，反而会使得他们在面对现实的时候，采用逃避等手段来解决问题。但在实际的问题解决过程中，这样的方法无法有效解决问题，那么这个人就会陷入在同类问题上的恶性循环，越挫折就越逃避，越逃避就越无法解决问题，进而可能导致一系列心理甚至是生理上的问题。

在本章的最后，阿德勒再次总结并强调了个人的主观判断对人的重要性，"对世界的解释"，在个人的世界观里是最基本的要素，不同的解释决定了他的思想、感觉、意志及行动。[2]

【解读】第二章 "你的生活风格，决定你的困境"

在第二章的开篇，阿德勒就强调了人生意义对于个人的重要性，"真正的人生意义这张底片，是在个人犯错或遇到障碍时，才会显影的"[3]，在阿德勒看来，他的研究有助于使人们缩小自己遇到的困境和问题与人生意义之间的差距。

在古老的文学艺术中，作者们凭借他们的社会兴趣来观察人类，并通过对人们在社会生活中所体现出来的惯性规律来描述人性，这种直觉的描述虽然充满了天赋，但并不是真正意义上从心理学的角度展开的人性探讨。

---

[1]《这样和世界相处》，第15页。
[2]《这样和世界相处》，第16页。
[3]《这样和世界相处》，第18页。

在哲学的层面，也有很多研究者对这一问题感兴趣。康德、尼采等研究者通过对道德律、意志和下意识等问题的研究，采用内省的方法来探讨人性。

这里的内省指的是内省法（introspection），又被称为自我观察法，是哲学和心理学领域都被应用的一种研究方法，该方法要求被试者报告出自己的心理活动，然后通过对报告资料的分析得出某种心理学结论。[1] 比如说，如果我们想要考察人在某些情况下为什么会帮助他人，其背后的心理活动是什么，那么研究者可以创设出一个情境，例如一个小朋友在马路边犹豫，由于车太多不敢过去，研究者观察在这一情境下提供帮助的人，并在帮助行为发生后询问其想法，进而对这些想法进行分析，在大量个案报告的基础上总结出人们提供帮助行为的心理活动规律，这就是内省法。但是这个方法，并不被所有的研究者普遍接受，例如以华生为代表的行为主义就反对内省法，认为这样的方法太过主观，其结果不可信。

随着研究的推进，自然科学的量化研究的范式开始被引入心理学研究中，研究者更多采用定量的研究方法，采用行为研究和心理测量等手段和工具对人的感官、智力、人格等方面进行研究。但在阿德勒看来，这样的研究丧失了对人格的连续性和统一性的观察。阿德勒所处的年代，他所了解的实验法跟今天的心理学实验还有很大的不同。虽然从1879年科学心理学创立开始，越来越多的研究者都在提倡用量化的、标准的研究方法来探讨人的心理活动的规律，但在当时，由于技术手段的局限，这种方法在研究内容和研究范围上仍存在局限性。阿德勒认为，实验法太过局限于对某一种人格表现的观察，只能了解现状，而不利于分析其背后的发展规律和形成根源，因此是不完

---

[1] 戴维·霍瑟萨尔、郭本禹著，郭本禹等译：《心理学史》，人民邮电出版社2011年版，第125—128页。

整的。值得注意的是，这仅仅是阿德勒的个人观点，不代表当时整个心理学界的观点。

遗传学理论在人性研究中的引入，则更不被阿德勒所接受，他认为仅凭先天遗传基因而不考虑后天环境的影响就来探讨人性的研究思路是不可取的，甚至是对人性的放弃。

精神分析学派虽然跳出了定量研究和遗传观点的限制，但弗洛伊德过度关注性本能等问题的影响，其人性观更倾向于对人性中负面信息的描述，而缺少对心理和人格中积极的正向信息的描述，弗洛伊德认为，人在本能面前无能为力，外在的控制只能起到压抑的作用，而阿德勒则认为，面对本能，人不仅靠压制，也能够通过自己思维模式的不断更新来调整自己的想法和行为。这些都是阿德勒和弗洛伊德的分歧所在。

综上，我们不难分析出阿德勒的个体心理学在研究内容和方法上的偏重所在。个体心理学也观察人的行为，但它坚持的是人的行为问题受他所处的环境的影响，并且个体对这一影响的看法又会反过来影响人的行为，而非行为主义一样地单纯分析行为本身；个体心理学坚持进化的立场，但进化的终极目标不是物竞天择，而是个体自身对于完美的追求；个体心理学倡导人的价值，提出发展社会兴趣的重要性，并将成为一个对社会和他人有益的人作为价值追求的目标。

正是基于对社会与人的关系的强调，阿德勒提出：一个人"对生活区的态度，会最先在他的人生风格上表现出来"[1]。

阿德勒将人的生活风格定义为人的一种基本生活方式，包括人的个性、生活计划等。在生活风格的形成上，人并不是完全被动的，而是每个人都拥有诠释、影响和创造的能力，而个人与社会的关系和互动，对个人风格的影响至关重要。人所遇到的一切问题，都是基于他

---

[1]《这样和世界相处》，第25页。

的生活方式的，同样的问题，对生活风格不同的人会产生不一样的影响。而心理学要研究人的生活风格，就要先形成这样的两个假设：个体对人生问题的认识没有问题；人生问题对个人意义重大。

在这一章中，阿德勒指出了生活风格的重要性，而在第三章中，他对人的生活风格的问题展开了详细的论述。

【解读】第三章"人生的任务"

要解决一个人所面临的心理问题，首先要了解他对自己所面对的问题的看法，以及这些看法给他带来的任务和压力。这是阿德勒贯穿本书的一个核心观点。进而，他在本章中将人的主要生活问题进行了划分：生活、工作和爱情，并认为人们对这三个主要问题的反应可以清楚地表现出他的生活风格。

在现实中，人们的这三个问题之间是彼此联系的，人们对问题的态度能反映他们的生活风格，而生活风格又反过来影响他们对待问题的态度。

在应对三个主要生活问题的过程中，人们一直在不停努力，由不足不断朝向成功，正是因为我们一直在通向成功的路上，因此阿德勒认为"不论在个人或者群体方面都有一种永远的自卑感"[1]，这种自卑感的来源是因为人存在各种问题和缺陷，所以我们进化的方向就是在改进自身问题的基础上不断追求进步和发展。也正是因为缺陷的存在，所以，不论是个体还是集体，都与生俱来地具有自卑感，这种自卑感正是人类进步的根源。

关于生活、工作和爱情的问题，其实质是人和人之间的问题，一个不存在精神类疾病的普通人不会跟空想中的一个形象进行长期的、实质性的社会活动，因此，只有具有足够的社会活动、人际交往能力

---

〔1〕《这样和世界相处》，第32页。

和社会兴趣的人，才能解决生活、工作和爱情问题。一个极度内向，不喜欢人际交往的人当然可以有爱情的需要和感受，但他无法完成一次顺利的恋爱关系，因为他没有具备与恋爱对象交往的能力。

从一个小婴儿呱呱坠地那一刻开始，我们就在和母亲的互动中开始了应对三个主要生活问题的活动，从母亲、父亲到其他主要抚养者，例如祖父母和亲戚们，随着儿童年龄的增加，他的生活区逐渐扩大，要应对的人际关系会越来越复杂。阿德勒认为，母亲对待孩子的方式，对于他以后应对生活的风格会产生极大的影响。关于父母，尤其是母亲对于儿童影响的重要性这一点，阿德勒从始至终都持一种极为重视的态度，这一点在他的诸多著作中都有明显的表述，例如本书之前导读的《儿童人格教育》中就有大量的分析。

在《这样和世界相处》一书中，阿德勒进行了如下论述："孩子的判断力和创造力交叉运作所产生的结果，也是不可以低估的。通常孩子都会利用外在的影响力，来改变不如己意的事，让这些事的结果符合自己的心意，如果这时母亲又放任孩子，孩子就不肯让他的社会兴趣扩展到其他人身上去。因此，他会设法躲避父亲、兄弟姐妹，以及所有其他不能以同样溺爱程度来对待他的人（也就是说他会以母亲的溺爱为标准，认为只有达到这个标准的人，才能进入他的世界）。孩子在心里形成生活模式的过程中，一旦接受了这样的想法（任何事都是很容易解决的，而且从一开始就如此），日后他必然会变得不想去面对或解决人生的各种难题。"[1]

社会兴趣起源于婴儿初期的母子关系，如果母亲采取积极合作的态度，婴儿就会形成积极的社会兴趣，如果母亲采取束缚的方法来处理与孩子的关系，那孩子就会将他人排斥在生活之外。

在这里，阿德勒进一步指出，儿童不仅被动地受母亲的影响，还

---

[1]《这样和世界相处》，第34页。

能自觉地形成处理和社会其他成员的关系的能力。或者我们可以用创造性自我的概念来解释。前文曾经指出，个体心理学认为，人不是由经历所决定，而是由对经历的解释所决定。例如，一个孩子的家庭中，如果母亲对他溺爱，而父亲严厉，那么他会不喜欢父亲的管教，进而不喜欢与父亲打交道。如果母亲没有纠正他逃避与父亲接触的行为，他就会把这种解决问题的方法固定下来，当他开始与朋友、老师等其他人产生人际交往之后，如果老师对他很严厉，不像母亲一样放纵他，他也会用同样的逃避方式来解决那些不能满足他需要的人，他会讨厌这个严厉的老师，不喜欢跟他互动，甚至不爱学习老师所讲授的知识，这会进一步导致他的社会兴趣丧失。而社会兴趣的丧失，不仅在童年期会对儿童产生影响，在成年以后也将延续，例如后面谈到的对犯罪心理的论述。所以，母亲对孩子的教养方式，会影响孩子对父亲的态度，这种影响会在孩子形成解决问题的思路时不断起作用，进而固定下来，形成他的"人生智慧"，这种"人生智慧"会影响他的社会兴趣，慢慢地将影响扩大到他的日常生活的方方面面，进而在他的生活风格中体现出来，表现在他处理生活、工作和爱情的各种问题上。

是不是所有溺爱和放纵的母亲都会导致同样的儿童问题呢？不是！在这个过程中，儿童自己对问题的解释非常重要。但需要注意的是，大部分情况下，由于年龄太小，儿童缺乏正确地解释自己面对的状况的原因，因此，成人的正确引导就非常重要。因此，阿德勒认为："这些被宠坏的孩子身上的特色，绝对是后天造成的，而不是天生的。"[1]

在书中，阿德勒提到了"童年的三个心理障碍"[2]，书中没有给出

---

〔1〕《这样和世界相处》，第36页。
〔2〕《这样和世界相处》，第37页。

明确的说明，那么，这三个心理障碍是什么呢？阿德勒根据社会兴趣的特点将人分为四个类型：统治 - 支配型，这种孩子喜欢支配和统治别人；索取 - 依赖型，这种孩子喜欢依赖或无偿占有别人的劳动；回避型，喜欢回避生活中的问题，遇到问题不是积极解决而是通过逃避来回避失败；社会利益型，能够正视问题，以积极的人际互动和有益于社会的方式来解决问题。前三种基本对应于这里所说的三个心理障碍：过度的依赖、控制或回避。

如果说与母亲的关系以及母亲对待儿童的方式是影响儿童生活风格的主要因素，那么次要因素又有哪些呢？为了分析这个问题，阿德勒探讨了孩子对父亲的态度、孩子在家庭中的排位、疾病的影响、学校和幼儿园的意义，以及关于性、婚姻和爱情等问题。

阿德勒是第一个提出儿童的出生顺序会影响其生活风格的心理学家，在前文我们已经简单介绍过相关观点。阿德勒认为，出生顺序对儿童的影响不仅体现在童年，在人的一生中都会不断地通过生活风格表现出来。这一观点事实上是有争议性的，有些研究者不认同这一观点，认为这仅仅是阿德勒个人的想法，没有任何实证研究的支撑；也有一些研究者赞同他的观点，并认为对于出生顺序对生活风格的形成，很多因素会产生影响，例如彼得·克里斯滕森（Petter Kristensen）等研究者的研究表明家庭规模的大小、孩子出生时间的间隔、孩子的性别、父母性格以及社会因素等都会影响出生顺序所起的作用，这些研究结果支持阿德勒的观点。[1]

但出生顺序并不是阿德勒最看重的次要因素。在阿德勒看来，除了与母亲的关系以及母亲对待儿童的方式之外，最为重要的因素应该是儿童对待父亲的态度。

---

[1] Petter Kristensen, "Explaining the Relation Between Birth Order and Intelligence", *Science*, 2007（6）: 22.

作为和母亲同样重要的家庭成员，孩子应该对双亲有一样的态度，但由于家庭分工等现实原因，在大部分家庭中，往往是母亲与孩子共处的时间更多，母亲成为更为重要的抚养者，同时，父亲更加严格的教育方式和相对比较内敛的相处方式往往也不得小孩子的欢心。因此，经常会看到的一个现象是，孩子更黏着妈妈，与母亲更亲密，而对父亲则显得不那么热情。

　　在阿德勒看来，这种情况会影响儿童社会兴趣的发展。但他不赞同弗洛伊德在解释类似现象时常有的"恋母情结"的观点，他认为对母亲的依恋和对父亲的疏远只是被母亲过度溺爱的儿童必然会出现的正常反应，与"性"是没有关系的。就如同在现实生活中，一个孩子如果是隔代抚养的，爷爷奶奶在照顾的过程中对孩子特别溺爱，那么他也会更亲近对他无条件妥协的祖父母而远离严格的父母。因此，孩子对父亲的态度所折射的，其实还是教育的问题。

　　另一个有趣的现象就是疾病。我们每一个人，或者是自己，或者是在周围的孩子身上，可能都曾有过装病的经历。为什么会产生类似的现象呢？在阿德勒看来，这是因为小孩子是非常敏感的，当他们意识到在自己生病时父母会格外关注和放纵他们的行为，他们就会迅速习得这一模式。于是就会出现很多家庭中经常出现的滑稽景象：

　　　　妈妈："你快点吃饭，去幼儿园要迟到了！"
　　　　孩子："妈妈我肚子疼（牙疼、头疼、耳朵疼，以及任何一个孩子能够想到的地方）！"

　　甚至有些孩子会复制生病的感觉，让大人真的觉得他的身体出现了问题。在阿德勒看来，这只不过是儿童摆脱严格的管束，为自己寻找父母的关注和溺爱的方法之一。因此，能够识别真正的疾病和伪装的疾病对于父母而言是必要的。真正的疾病所造成的损伤会导致儿童社会兴趣减弱，这一点大家非常容易理解。而伪装的疾病，则是儿童社会兴趣出现问题的标志，是儿童在社会活动中遇到挫折，进而产生逃避行为的反映，应该引起成人的重视。

而幼儿园和学校，是家庭之外另一个检验儿童社会兴趣发展的重要场所。儿童在学校中表现出来的一系列问题："不愿意去学校而表现出的激动程度与样子、不与人来往、缺乏兴趣、不能专心，以及不合群的行为，诸如迟到、捣蛋、逃学的倾向，经常地把书本及文具丢掉、拒绝做家庭作业等。"〔1〕背后隐藏着孩子的自卑情结，而自卑的出现，正是孩子社会兴趣没有很好地形成的一个表现。而这一阶段社会兴趣的缺乏，在他此后的人生中会产生重大的影响，在阿德勒看来，人类的几乎所有错误，"战争、种族间的仇恨以至于精神病、自杀、罪恶、酗酒等，对个人甚至对社会有害的行为"〔2〕，都跟社会兴趣的缺乏密不可分。

阿德勒谈到的最后一个因素就是性的影响，阿德勒认为，已经发展出良好社会兴趣的孩子不会被性问题困扰太久，这是由于他们可以很好地跟周围的人互动，因此他们的困惑是可以在父母和老师那里得到帮助的。而那些没有发展出良好社会兴趣的孩子，由于缺乏与人讨论的能力，因此会产生问题。这种问题在青春期表现得最为突出，由于缺乏社交的能力，他们一直躲在自己的恐惧背后。

因此，在阿德勒看来，在成为一名成年人的路上，发展出良好的社会兴趣，做好进入社会的准备是至关重要的。阿德勒在分析社会、工作和爱的问题的时候，都在不断地强调社会兴趣的重要性。人类通过工作创造自我价值，有了价值就有了自己的社会地位，这是克服自卑的重要途径。

---

〔1〕《这样和世界相处》，第42页。
〔2〕《这样和世界相处》，第44页。

在爱情问题上，也是这样，爱情是一个特殊的，必须由两个人共同完成的任务，一个人独立完成的，永远不是真正的爱情。因此，在爱的关系中，良好的社会兴趣的重要性更加凸显。阿德勒在谈到爱情和婚姻时，分析了什么样的爱情模式对于婚姻而言是恰当的，他认为好的婚姻要满足三重标准：首先，双方合作，而非单方面付出，也就是说双方必须同时对两者之间的人际关系感兴趣，并做出行动；其次，平等价值的意识，而不是某一方希望成为婚姻和两个人关系中的主宰；最后，奉献精神，但奉献并不是盲目地付出和服从。所以，好的婚姻关系不应是绝对的大男子主义的家长制，也不应是将所有责任都推给一个人的冷漠旁观，而是双方共同平等地承担责任和义务。

阿德勒特别重视婚姻的意义，他的观点可以用一句现在的网络流行语来概括，即"所有不以结婚为目的的恋爱都是耍流氓"。而在婚姻的过程中，具备一定的社会兴趣，形成良好的互动能力无疑是婚姻成功的最基本要素。

同时，他也探讨了酗酒和犯罪问题，在阿德勒看来两者都与童年期其父母不正确的教养方式有密切的关系。正如我们前文中反复解释的，母亲的放纵会导致儿童以逃避的形式来解决那些不能满足其需要的人际关系，比如不喜欢与严厉的父亲接触，而母亲对他逃避的放纵则会将这一解决问题的方法固定下来，到了成年后会以各种形式表现出来，例如酒精可以帮助人们沉溺在自己的世界里，不去考虑那些烦心事，以此来逃避社会活动和人际交往。

所以，人生的任务到底是什么呢？通过这一章的解读我们可以对阿德勒的观点做如下归纳：人生的任务就是在解决生活、爱情和工作的过程中，形成良好的社会兴趣和生活风格。

【介绍】第四章"身体与灵魂"

在本章中，阿德勒所说的灵魂，事实上就是指人们的自我意识的形成和发展。

阿德勒吸收了达尔文和拉马克等生物学家的观点，用进化论的观点来解释人类的发展。人类的每一点变化，都是在适应外在环境变化的过程中形成的，环境的变化不停止，人的改变就不会停止。

这种变化和发展不仅停留在生物学意义上，更体现在人的心理上。我们要建立一个强大的自我，更好地适应外部环境的变化的过程，在阿德勒看来在以下任务中可以体现出来：

一、适应外在世界的要求，做出利人利己的最佳安排；

二、克服死亡的恐惧；

三、在不忘克服死亡的情形下，努力奋斗，实现自我的最高理想；

四、为了进化，并让自己可以适应各种困境及挑战，开始懂得寻求他人或社会的力量和资源，共同解决各种难题，并借着与他人的相互影响和合作，达到优越、完美与安全的目的。[1]

进一步总结，我们可以把上述努力进一步归纳为两条，即：其一，无惧死亡，不断努力，直至实现个人的理想；其二，在奋斗的过程中，形成良好的社会兴趣，建立与社会和他人的良好关系，真正的成功是互利的成功，而不是损坏他人的利益来成就自己。

这个过程始于我们的童年，在成长的过程中，我们的生理自我和心理自我都在不断发展，慢慢形成自己的生活风格，如果一个人发展出了良好的社会兴趣，并在他的生活风格中表现出来，就能够战胜自卑，得到更好的发展，这是自我形成的最佳途径。

―――――――――――

[1]《这样和世界相处》，第60页。

【介绍】第五章"体形、运动、个性"

在介绍阿德勒的经历的过程中，我们曾经谈到过他由于疾病造成的外貌和形体上的困扰，这种困扰一直延续下来，并且贯穿了他的研究的始终。

在本章中，阿德勒探讨了人的体形、运动与个性等外在因素对人的价值。

阿德勒列举了大量以貌取人的例子，也举出了大量的反例，例如身材像孩童但少见的成熟的人、仪表堂堂却懦弱幼稚的巨人、勇敢的侏儒、丑陋的绅士、漂亮的恶汉等。在这些例子里，进化论的适应法则似乎无法解释人在追求优越的过程中产生的对自身的超越，因此，他得出一个结论："精神在为自己创造身体"[1]。

在很多文学作品中，我们都可以找到精神创造身体的例子，比如《简·爱》，瘦小、苍白、貌不惊人但内心丰盈的家庭教师和丑陋但成熟并睿智博学的绅士雇主之间的故事，正是精神创造身体的最好诠释。

沿袭着阿德勒的一贯观点，形体上的缺陷会引发强烈的自卑感，造成心理上的紧张，这种紧张如果没有得到很好的引导，就会使儿童在成长的过程中过分敏感，将别人无意识的眼光视为对自己缺陷的嘲笑，进而更加害怕与他人和社会接触。但如果对这种紧张的状态进行有效的引导的话，儿童一旦可以克服并战胜这种由于生理而引发的自卑，就会获得更多的自信，更好地建立社会兴趣，形成良好的生活风格，最终达到成功。

这就如同《简·爱》中的女主人公，小说中有她对自己外貌评价的大量描写，与亲戚家的孩子相比，她瘦小、丑陋、古怪，并为此而

---

[1]《这样和世界相处》，第 81 页。

自卑，习惯于将自己藏在窗帘后以避免麻烦，她在受教育的过程中通过与不同人的人际交往建立了社会兴趣，但这种自卑感一直影响着她，并对她的生活风格产生影响，甚至在她对男主人公产生倾慕之心之后，仍然跳出来使她退缩。但当简·爱逐渐克服了自卑之后，在与罗切斯特先生相处的过程中，她终于找到了属于自己的爱情。

【介绍】第六章"自卑情结"与第七章"追求优越"

关于自卑和追求优越，在前一部分对《儿童人格教育》一书的导读中，我们已经做了大量的论述，这里不再进行详细的解读。作为阿德勒理论最核心的观点之一，了解自卑和追求优越对于帮助读者理解阿德勒意义重大。因此我们在这里简单地将两本书中关于自卑和追求优越的观点进行总结，并用一个简单的结构图表示，来帮助大家更好地理解两者的关系：

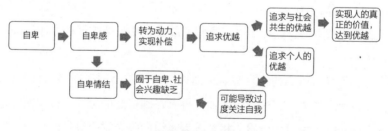

自卑与追求优越的关系

正如上图所示，自卑并不等于自卑情结，一个人由于某种原因而感觉自卑，他就会产生自卑感，如果对自卑感加以正确的引导，那么这种自卑感就会转化为动力，促使人更加努力，进而对导致自卑的问题产生补偿，并在接下来的生活中转化为追求卓越的动力；而如果不加以正确的引导，使自卑感在这个人身上固化下来，就会使其产生自卑情结，导致这个人囿于自己的自卑感不能自拔，羞于让人发现自己的弱项，进而导致社会兴趣的匮乏。

同时，追求优越的结果也不一定导向完满，如果一个人只追求个人的优越，在这个过程中忽视自己与社会的互益关系，那么这种追求优越的过程就可能导致过度关注自我，使人的社会兴趣受到影响；只有真正追求与社会共生的优越，将自己奋斗的目标与社会的发展和他人的利益相联系，才能实现人真正的价值，达到真正的优越。

【介绍】第八章"失败的形态"

在这里阿德勒所说的失败，可以理解为无法在生活中很好地适应社会，找到自己相应的社会地位和价值。

阿德勒认为，成人的失败可以在童年中找到根源，或者说，成人经历的失败只是童年同样经历的重复，人们在一生中总是会犯同样的错误，获得同样失败的结果，这些失败在本质上是相同的，只不过经历的事件和失败的程度有所不同而已。

失败的类型有主动的，也有被动的，涉及生活、社会和爱情等不同的领域，但其实质都是社会兴趣的缺乏。由于童年期没有形成良好的社会兴趣，进而对生活风格产生了不良的影响，在面对一些问题的时候，这些人就更容易遇到阻碍，而他们错误的应对问题的方式往往会使得他们比拥有良好社会兴趣的人更容易失败。

阿德勒举了很多例子来分析这一点，比如犯罪者的心理。他认为，一个人的犯罪动机和他的社会兴趣应该是呈负相关的，社会兴趣越强的人，越不容易产生犯罪动机。有些人认为犯罪行为的产生与外在环境密切相关，但阿德勒不这样看，他认为，环境不是犯罪的主因，在大城市的某些治安较差的区域长大的孩子并不一定都会犯罪，这里的犯罪率高是因为生活在贫民窟的孩子从小受生活所迫，难以发展社会兴趣，又由于看多了生活的不平等，使得他的心理更容易扭曲。但如果一个贫民窟的孩子在父母的引导下发展了良好的社会兴趣，那么，他还是会在自己条件允许的范围获得成功，而不一定会复演犯罪的失败命运。

因此，失败的形态可能是多种多样的，但导致失败的根源性问题，在阿德勒看来，必然指向了社会兴趣。

【介绍】第九章"娇生惯养者的非真实世界"

在这一章中，阿德勒探讨了父母的不良教养方式对人可能产生的影响。正如我们前面不断谈到的，阿德勒一直特别强调家庭教育对人的人格和心理的影响。在本章中，他把讨论的焦点集中到父母的溺爱可能会给孩子造成的不良影响上。由于在《儿童人格教育》中已经反复论述了这一问题，我们不再对这一章做更多的展开。

正如阿德勒所说，人格不是天生的，而是在后天教育的过程中，由于父母的误导，使得孩子自己选择了不利于以后发展的道路。对于读者而言，通过这一章的阅读必须意识到的是，父母的教养方式，对于形成儿童的社会兴趣和生活风格会起到至关重要的作用。

【介绍】第十章"神经官能症的性质"与第十一章"性变态"

所谓神经官能症，在现代医学中又被称为神经症或精神神经症，是多种精神障碍的总称，我们日常生活中经常听到的一些疾病名词，例如神经衰弱、强迫症、焦虑症、恐惧症等，都属于神经官能症的范畴，前文已经介绍过这一概念。神经官能症的一大特点就是没有任何器质性病变的基础（起码在目前的医学水平之下没有发现），但患者深感痛苦，并且这种痛苦极大地妨碍心理健康和社会功能，并且长期持续。[1]

在阿德勒所处的时代，人们对医学的认识跟今天有很大的差距，因此对神经官能症的理解也有所不同，有些人将神经官能症与躯体疾病相联系，认为神经官能症的表现是一些轻微的躯体疾病的扩大化。

---

〔1〕 王建平主编：《变态心理学》，高等教育出版社 2011 年版，第 66—67 页。

阿德勒关于神经官能症的了解没有跳出当时研究的限制，但他认为，神经官能症是一种可预防，并且极其需要预防的疾病，应该使更多的人了解到这一点。

他将神经官能症的症状归结为"儿童对外在的不适应做出的响应"[1]，而这种响应如果没有被意识到并且加以重视和引导，就会延续到成年期。例如，他举了一个律师的例子，这名律师抱怨工作压力太大，导致他头痛、腰痛、腹痛，而且会有精神涣散、易疲劳等问题。这些问题造成了这名律师的工作困扰，他害怕与陌生人接触，这使得他的工作难以展开。律师坚信是因为自己的身体原因，他的事业才没有得到成功。

阿德勒认为，这名律师在人生最重要的三大问题：生活、工作和爱情上是没有做好准备的，他所表现出来的生理上的不适，只能解释为由于不能适应而导致的不良结果，这些结果与其说是生理的，不如说是心理的。由于害怕最后的失败，他甚至可能会依恋这种生理上的不适，因为这种不适是他逃避失败的痛苦的一个有效借口："你看，我只是病了，不是做不好！"而导致这一切的根源，则是早期父母的娇惯，父母没有对儿童关于依赖父母和逃避问题的不良认识进行及时和有效的纠正。

关于性变态这一章，阿德勒自己也认为谈得笼统而简单，通过阅读可以发现，阿德勒虽然举了很多例子，但事实上对于这个问题并没有形成一个与他分析其他问题一样清晰的认识，因此，我们不在这里对这一章进行介绍，以免生硬的理解误导了大家。

【介绍】第十二章"童年的早期回忆"

作为弗洛伊德曾经的追随者之一，完全抛弃弗洛伊德的影响对于

---

[1]《这样和世界相处》，第153页。

阿德勒而言是不可能的，这一点在本章的论述中清晰地表现了出来。

但阿德勒与弗洛伊德的观点有很大的不同，比如在谈到自我的时候，弗洛伊德将自我与本能相联系，而阿德勒则是将自我与记忆放在一起进行分析，认为童年的早期记忆事实上是自我力量的部分表现，而什么样的记忆内容会被保存下来，则与我们的生活风格密切相关。"自我……有调整印象，把印象置入已经完成的生活风格，再按照生活风格来好好地实验它。"[1]

阿德勒做了一个很有趣的比喻，他用吃东西的过程来比喻记忆的留存。我们的生活经历中的事件会形成一系列印象，人们通过记忆来对这些印象进行吞食，而生活风格则负责消化这些印象，生活风格是个挑剔的家伙，就像挑食的孩子一样，它总是选择那些符合自己喜好的印象进行保存，而不合它胃口的印象则被抛弃和遗忘，即使被保留下来，也只是作为反面教材留存，是被施加了主观判断的印象，它是否可以如实反映我们的经历值得质疑。

因此，虽然我们经历了很多，但最终留存在我们记忆深处的，只是那些经过选择的、符合我们生活风格的经历，甚至只是我们在对这些经历进行加工的过程中所形成的感受。

因此，阿德勒认为，要了解早期回忆，就应该"期待找到烙印生活风格的记忆形式"[2]，也就是说，如果要了解人的早期回忆，就必须意识到生活风格在其中所起的修饰作用，这对理解记忆的内容有很大的帮助。

阿德勒举了一个被丈夫抱怨患有严重遗忘症的女士的例子。这个女士没有任何脑部的病变，她善良而安静，但由于对自己的经济状况比较自卑，因此她对于丈夫的很多指责采取默默忍受的方式来应对，

---

[1]《这样和世界相处》，第190—191页。
[2]《这样和世界相处》，第192页。

她的婚姻不是很幸福，曾经想过结束婚姻关系，但由于丈夫不肯，也没有离婚。

阿德勒认为，这位女士的遗忘症状，事实上是一种抗议。通过分析阿德勒发现，在成长的过程中，这位女士在父母的影响下形成了更喜欢独处的生活风格，她在独处中感觉快乐，因此，她并没有做好应对婚姻和爱情这一类需要社会兴趣的生活事件的准备。但婚姻一定是两个人的事情，不可能一个人独立完成，因此，她产生了各种不适应。由于她已有的生活风格中所惯用的解决问题的方式是消极而非积极应对的，因此她采用了遗忘这种温和的抗议形式来表达她对丈夫的强势和婚姻中自己所受到的对待的不满。

通过这个例子，我们可以发现，在阿德勒看来，不论是童年的回忆，还是记忆的问题，归根结底都是生活风格的问题，或者说，可以根据对童年回忆和记忆内容的分析去帮助我们更好地了解一个人的生活风格。

【介绍】第十三章"妨碍社会兴趣发展的境况"

在这一章中，阿德勒总结了导致影响儿童生活兴趣发展的原因，他将之归结为以下三个最主要方面："溺爱、与生俱来的器官低劣以及疏忽"[1]。

在阿德勒看来，这三个方面的问题所产生的影响是广泛而深远的，但孩子们在面对这三个问题时也不是出于完全的被动状态，孩子们尝试的勇气、面对错误的应对方式、成长的能力和创造力都会对这三个因素所起的作用产生影响。

阿德勒在这里举了他反复强调的母亲的例子来展开分析，这里把阿德勒所描述的无数母亲的问题浓缩成一个小故事来帮助大家理解。

---

[1]《这样和世界相处》，第204页。

传说中有个小明，他一生下来就得到妈妈全心全意的爱，母亲事无巨细的帮助和照顾，开始影响到小明的社会兴趣。

故事在这里出现了分叉，一种是快乐结局的，小明的妈妈跟孩子的关系非常好，她聪明而有学识，能够意识到让孩子参与社会生活的重要性，那么小明会形成非常好的社会兴趣，良好的社会兴趣又会帮助小明形成良好的生活风格，在成长的过程中，小明变成了一个优秀的孩子，成年后也会在生活、工作和爱情中取得成功。

另一种是不幸结局的，小明的妈妈过度保护和溺爱这个孩子，由于对如何引导孩子的社会兴趣没有正确的知识，她把孩子囿于自己的小天地中，那么，小明的社会兴趣的形成就会受到很大的影响，进而他的生活风格也变得更加封闭而退缩，这些影响会在成长的过程中和成年后体现出来，导致可以预期的失败。

问题是，难道小明就完全没有自己的主动性吗？当然不是，阿德勒也同意儿童是有主动性的，他们会利用自己能接触到的人和事物帮助自己获得更好的发展。但是，阿德勒始终认为，对于儿童的社会兴趣的形成和发展而言，母亲的作用是最重要而无法取代的。如果母亲不能很好地引导甚至阻碍儿童的社会兴趣的发展，那么即使从父亲、祖父母、老师或者是其他会对儿童产生影响的人那里能够得到很多，也无法弥补母亲所造成的影响。

不仅母亲的溺爱会给故事带来不好的结局，母亲的疏忽也是一样的。

在这一章中，除了上面提到的三个方面之外，阿德勒还花了很多笔墨探讨儿童在家庭中的出生顺序对于其社会兴趣发展的影响，对于这个问题的分析，其实争议颇大，一方面阿德勒在这一领域的研究具有一定的开创性，另一方面没有其他的实证研究可以辅助证明阿德勒的关于出生顺序对儿童人格影响的观察和假设是正确的。前文已经介绍过相关观点，请感兴趣的读者仔细阅读书中原文帮助理解。

【介绍】第十四章"白日梦、夜梦"

梦的研究是精神分析学派非常重要的研究领域，阿德勒虽然反对弗洛伊德的很多观点，但弗洛伊德对他的影响仍然在他研究的诸多领域体现出来，例如对梦的分析。

阿德勒反对弗洛伊德将梦视为不能实现的本我的愿望和需要的反映这一观点，他认为弗洛伊德所论述的"在幻想或者梦境中看到希望的实现，是没有意义的"[1]。

阿德勒认为，人在解决问题的过程中，不论是白日做梦的幻想还是睡眠中的梦境，事实上都要受到生活风格的影响。生活风格影响人的创造力，进而体现在我们的白日梦和夜梦中。因此，对梦的分析可以帮助我们了解自我和人格的全部。

创造力最终指向的目标是追求优越，这一点在孩子们的游戏中可以很好地表现出来，尤其是在集体游戏中。孩子们在与其他小朋友互动的过程中，一方面发展自己的社会兴趣，一方面追求优越。梦，不论是白日梦还是夜梦，正如前文所述，因为受到创造力的影响，事实上都是在朝着追求优越的目标前进的，而且其形式和结果更富有想象力。

有人会觉得白日做梦不是一个很好的现象，但对于孩子们而言，这是他们对未来自身可以实现的优越的一个美好憧憬，这个过程可以使他认为自己是一个有价值的人，有助于提升孩子的自信心。白日梦也有可能是对儿童的一种补偿，当孩子们在日常生活中受到了挫折，感觉自己软弱无助的时候，幻想中的世界可以给他们一些心理上的补偿，虽然这种补偿无益于真正解决他们所面临的问题。

关于梦的解释，事实上阿德勒自己也没有定下一个如弗洛伊德一

---

〔1〕《这样和世界相处》，第226页。

样清晰的方法和思路，虽然他自称其梦的研究的第一个论点就建立在对弗洛伊德所犯错误的分析之上，但这个支撑论点到底是什么，他并没有给出清晰的解释。

其梦的研究的第二个论点是人格的统一性，梦是人的真实生活的折射和变种，不论是清醒还是梦境，人们都在不断追求优越，实现自我价值的最大化，只不过在现实中我们受到多重阻碍和困扰，而在梦境中，我们受到的阻碍要小很多，因此，对自己的期许和自身优越的定位要高很多。

【介绍】第十五章"人生的意义"

在这一章开篇，阿德勒将人生的意义与宇宙相联系。阿德勒认为，宇宙中所有的生命，都有一个朝向种族和个体的生存、繁殖、发展和延续而努力的运动，在这个过程中，在任何一种生命的内部，都有创造力的存在，或者说，生物进化的过程事实上就是一个创造的过程，任何一种生物体发展的终极目的都是朝向完美和卓越，以便更好地适应宇宙的需要。

因此，生物体的发展总是建立在不断积极适应外部环境的基础上，这种适应是生物体自发而主动的行为，不是被动的适应。适应是否一定正确呢？不是！如果一个人或者一种生物体的适应过程是错误的，就会带来毁灭性的灾难。以人类为例，如果一个人在主动适应上犯了错误，可能导致他个人的困境甚至是死亡，可能危及周围的人甚至是家庭、部落和民族，导致更大的灾难。

而人类所犯的错误，往往会与社会兴趣的偏差相联系。阿德勒认为："最适合于称为完美目标的，必须在整个人类里都能看成理想社会，必须是进化的终极目标。"[1]也就是说，人生意义真正的价值所

---

[1]《这样和世界相处》，第255—256页。

在，有益于社会，能够促进社会和人类的利益和发展。

这也正是阿德勒的观点的价值和意义之所在，相对于弗洛伊德所关注的人的负向本能，阿德勒的观点无疑更具有积极意义。

三、后记

阿德勒著作的一个典型特点就是通俗易懂，与弗洛伊德不同，他没有使用大量自创的专业术语，因此，这里的导读也相对简单。

再一次回溯阿德勒的人格观，我们可以意识到其独特价值。一方面它是广泛而开放的，突出了社会性，强调了个体与社会其他部分相互作用的重要性，认为一个人为完美或卓越而做努力，是人的社会属性的表现形式。这种观点无疑具有伟大的现实意义，使人类产生乐观自信的念头，并保有对未来的希望。另一方面是其积极性，阿德勒的理论是一种积极的心理学理论，与弗洛伊德的理论不同的是，阿德勒没有将研究的重点集中在传统精神分析对于本能等问题的描述，而是强调人的主观选择和创造性，指出人对目标、理想的追求是个体克服自卑和社会不断进步的重要力量。

当然，阿德勒的个体心理学也有其局限之处，比如：他在分析自卑的过程中过度强调生理缺陷的作用，很多人质疑这一点是受到他自身身体因素的影响，具有较大的主观性；他过度重视父母的影响，将儿童的问题过度归结到父母，尤其是母亲的教养方式上；他的观点的非理性因素过强，很多研究，例如对于出生顺序的研究，仅仅是一些观察结果的分析，缺少可重复的验证的支持；他强调社会，但偏重的是儿童要形成社会兴趣，但并没有仔细分析社会对儿童的人格形成到底会造成什么样的影响；等等。

因此，在阅读阿德勒的理论的过程中，每一个人都应该积极思考。不仅思考如何通过阿德勒的观点更好地分析自己和周围的人在发展过程中遇到的问题，同时也要注意不应盲目地用他的观点去解释这些问题。这一点，对于本书中介绍的任何一位作者的观点都同样适用。我们虽然在介绍大家阅读经典，但经典不等于真理，对于经典的阅读需要建立在理性的分析和判断的基础上。

驱动人类前行的力量

——马斯洛《动机与人格》解读

一、简单了解马斯洛

亚伯拉罕·哈罗德·马斯洛（Abraham Harold Maslow，1908—1970），犹太人，美国著名心理学家，人本主义心理学最主要的代表人之一。

马斯洛生于 1908 年 4 月 1 日，这一天是愚人节，他的童年生活跟他的出生日期一样不靠谱。马斯洛的父母是俄国犹太移民，父亲在年轻的时候就从俄国移居到美国，他以制作木桶为生，后来娶了自己远在俄罗斯的表妹为妻，并将妻子接到美国。

每个去美国的人可能都有一个美好的美国梦，但在美国生活并不代表一定能实现美国梦。

1908 年，马斯洛作为这个家庭的长子出生在纽约市的布鲁克林区，在那个时候，该区是少数族裔聚居区，一度是美国犯罪率最高的地区，被视为混乱、肮脏、罪恶的居住地，出生在这个区，意味着他的家庭境况并不优越。

造成马斯洛童年生活种种挫折的根源在于他的父母，贫寒的家境使得他在物质上较为匮乏，但贫穷的家境只是挫折的一个方面，父母的关系以及他们对待子女的态度才是最根本的原因。马斯洛的父亲花心、酗酒，经常很久不回家，对子女也漠不关心，种种行为导致父子关系一度非常恶劣。相对父亲而言，马斯洛跟母亲的关系更加糟糕，

马斯洛

他的母亲没有受过教育，她为人粗暴、迷信，对待孩子的态度冷漠暴力，在抚养孩子的过程中并没有给予他们母亲的关爱，因此跟长子马斯洛的关系一直不好。在父母离婚后，马斯洛原谅了父亲，但直到母亲去世，他们的关系都没有缓和。

虽然家庭环境不是很好，但幸运的是，马斯洛并没有变成一个愤世嫉俗的人，这也许跟他的教育经历有很大的关系。

1922 年，马斯洛考入了纽约市布鲁克林区最好的一所男子高中。该校的学生以第一代犹太移民的孩子为主，犹太人对教育的重视是世人皆知的，这一点也体现在这所学校中。这些孩子普遍在家庭中受到良好的熏陶，在学校中表现出好学上进、理想远大等优秀品质。学校里良好的学习氛围给了马斯洛很好的影响，他童年起就有阅读的爱好，在这所学校里，同学们之间的互相促进更激发了他学习的热情，学业上获得了较大的进步。由于热爱阅读，他博览群书，并对古典音乐和戏剧产生了浓厚的兴趣，为了能够去卡内基大厅（Carnegie Hall）听音乐会，他寻找各种途径，甚至靠卖花生来赚门票钱。在他后期寻找自我实现范例的过程中，这一阶段读到的很多名人传记无疑提供了

爱德华·铁钦纳

很大的帮助。[1]

　　1926年，以优异的成绩中学毕业后，马斯洛进入纽约城市学院读书。他的大学生活跟一般的学霸相比很不寻常，马斯洛是一个任性的学霸，他在大学期间频繁地更换就读的学校，而且转学的理由也五花八门。

　　在纽约城市学院经过第一年的学习后，为了更好地确定自己感兴趣的学习方向，他转入了康奈尔大学。在康奈尔学习期间，他一直在努力寻找使自己感兴趣的课程，但并没有找到。甚至在听了构造主义学派的创始人、著名实验心理学家爱德华·铁钦纳（Edward B. Titchener）的课程后，由于对铁钦纳构造主义心理学观点的极度不满，进而对心理学也失去了兴趣。虽然求学之路不平顺，但到这里马斯洛走的都还是标准学霸的道路。

_____

〔1〕　戴维·霍瑟萨尔、郭本禹著，郭本禹等译：《心理学史》，人民邮电出版社2011年版，第504页；亚伯拉罕·马斯洛著，许金声等译：《动机与人格》，中国人民大学出版社2013年版，第V页。

然而神奇的转折出现了，爱神可能觉得年轻就需要折腾，因此让丘比特将短箭射向了他。年轻的马斯洛坠入了爱河，在康奈尔大学期间他一直在对表妹贝莎的思慕和逃离之间纠结。最终，马斯洛还是选择了爱情，在康奈尔学习了一段时间后，他再次回到纽约城市学院，以便在继续学业的同时可以离表妹更近，以慰相思之苦。19岁那年，年轻的马斯洛鼓足勇气向表妹求婚，20岁，他们结婚了！

　　1928年，马斯洛开始接触行为主义的心理学观点。行为主义是现代心理学的主要流派之一。该学派把行为与意识完全对立起来，认为人的意识是无法量化的，因此不能成为研究的对象，而唯一能够量化的指标是人的行为，所以应该以对行为的研究来取代对意识的研究，通过研究人的行为来分析其心理活动。行为主义反对传统的内省法等研究方法，而主张采用客观的实验方法。[1]

　　在阅读了几篇行为主义心理学创始人约翰·布罗德斯·华生（John Broadus Watson，1878—1958）[2]的论文后，他对心理学重新充满了兴趣。"真正使我感到兴奋的是华生的文章……在令人激动的时刻里，我突然看到了在我面前展现的心理学作为一种科学的前景……我们所要做的只是勤奋工作和全身心的投入。"[3]

　　虽然行为主义并没有最终成为马斯洛一生真正的奋斗方向，但行为主义对理性的强调无疑对马斯洛影响重大。童年时期，其母亲的迷信给生活带来的负面影响坚定了他崇尚理性、追求社会进步的思想，他期待着通过追求理性的努力可以改变和消除人们的非理性行为和迷信的观念。为了更好地学习心理学，马斯洛再次转学，于1928年就读威斯康星州立大学开始了他的系统的心理学学习之路。

　　在威斯康星，马斯洛接受了严格的行为主义训练。但随着学习的

----

〔1〕华生著，李维译：《行为主义》，北京大学出版社2012年版。
〔2〕《心理学史》，第406页。
〔3〕《心理学史》，第505页。

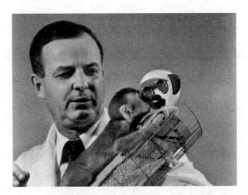

哈里·哈洛和他所研究的对象

深入，马斯洛又开始质疑行为主义的意义。他的硕士论文选题被导师推翻，而导师指定的题目又被他质疑，他开始怀疑自己选择的道路是否正确。1931年，他终于拿到了自己的硕士学位，但随即中止了自己在行为主义心理学领域的前进之路。

事实上，从1930年起，他就开始跟随哈里·哈洛（Harry Harlow）博士进行灵长类动物行为的研究。哈洛是著名动物心理学家，以研究灵长类动物而闻名。他最著名的实验是发表于1959年的对幼猴依恋行为的研究，哈洛将刚出生的小猴子从母亲身边抱走，放到笼子里，由两个"代理母亲"抚养165天，这两个"代理母亲"中的一个是模拟母猴由温暖的布料包裹的"布妈妈"，而另一个是"铁丝妈妈"，"铁丝妈妈"提供食物，而"布妈妈"则不提供。研究要考察小猴子更依恋"铁丝妈妈"的喂养，还是会更依恋"布妈妈"。结果发现，小猴子们更喜欢布妈妈，除了吃奶之外，它们几乎所有的时间都待在"布妈妈"身边。哈洛认为，对于小猴子的依恋形成而言，舒适的接触比食物更重要。[1]作为哈洛教授的第一个博士生，凭借对猿猴骑跨行为

────────────

[1]　戴维·谢弗著，陈会昌等译：《社会性与人格发展》，人民邮电出版社2012年版，第146页。

爱德华·李·桑代克

和其在族群中权力地位的研究，马斯洛获得了他的博士学位。

马斯洛非常幸运，在他的求学之路上，他的引导者都是非常有名的大师，除了哈洛，还有桑代克、阿德勒、米德等一大批各个领域的杰出人士。

博士毕业后，他学习了一段时间的医学，但发现医学仍不是自己真正感兴趣的方向。1935 年，他开始跟随爱德华·李·桑代克（Edward Lee Thorndike）进行博士后工作。桑代克是美国著名心理学家、动物心理学的开创者、心理学联结主义的建立者和教育心理学体系的创始人。桑代克最著名的研究是"猫的迷笼实验"，他将饥饿的猫关在迷笼之中，笼中设置了抓绳或按钮等逃脱迷笼获得食物的方式。猫最初被关进迷笼时，会盲目地乱撞、抓咬，通过偶然行为逃脱。但几次之后，它们就会习得快速准确的逃脱方式，通过控制抓绳或按钮来离开笼子。桑代克认为，这种"试错"的学习模式，不仅适用于动物，也适用于人类。[1]

在马斯洛求学和早期研究期间，由于"二战"的爆发，大批心理学家从欧洲来到纽约，马斯洛因此结识了阿尔弗雷德·阿德勒、艾瑞克·弗洛姆、卡伦·霍尼等著名精神分析学派的心理学家，以及玛格丽特·米德（Margaret Mead）和鲁思·本尼迪克特（Ruth Benedict，代表作《菊与刀》）等著名社会学家。这一阶段各学派的思想激烈的碰撞对于马斯洛形成自己的理论而言具有非同一般的价值。

在鲁思·本尼迪克特和马克思·怀特海默等人的影响下，他开始慢慢形成自己对心理学的理解，并在1937年转入布鲁克林学院担任心理学教授，正式开启了他对人本主义心理学的研究[2]。马斯洛不仅受到这些大师的影响，他还发自内心地尊敬并崇拜他们。他开始观察和记录他们的特质，并尝试对这些特质进行分析，他想了解这些大师们为什么具有如此出众的人格魅力，并期望探讨他们之所以才华横溢并在各自领域表现突出的原因。这个行为几乎可以视为他真正的人本主义心理学研究的开端，其结果在他的需要层次理论和自我实现的人的人格特征中可以得到清晰的体现。

1951年，马斯洛离开布鲁克林学院转至布兰戴斯大学担任该校心理学系的第一任主任一职，并在此一直工作至1969年他去世的前一年。在这里，他逐渐建立了人本主义心理学的学术体系并将这一学派发扬光大，他在布兰戴斯的同事包括罗洛·梅和卡尔·罗杰斯等人本主义心理学重要的代表人，1962年，他们共同在布兰戴斯成立了人本主义心理学会，而布兰戴斯也成为美国人本主义心理学的大本营。

然而马斯洛的研究兴趣并不仅仅局限于心理学，他对商业领域也有兴趣。一个偶然的机会他担任了一家公司的商业顾问，在这一过程

---

[1]《心理学史》，第328—346页。
[2]《心理学史》，第506页。

中，他发现自己的需要层次和自我实现等理论与管理学也有密切的联系，并且很多企业界的成功人士的身上也具备自我实现的人的特质。

马斯洛的研究逐渐深化，其影响力也在不断扩大，不仅局限于心理学，还广泛地存在于管理学、社会学等诸多学术研究和实践领域。

1967 年，他当选为美国心理协会主席，这是对他的学术地位极高的认同和褒奖。[1]

出版于 1954 年的《动机与人格》被认为是马斯洛的开山之作，标志着人本主义心理学的形成。该书介绍了马斯洛关于人性的本质、人的需要、需要的层次、人格发展的动力和规律、社会改革和促进健康人格发展的方法等问题相关的观点和理论。

在导读这本书之前，我们按照惯例先对人本主义心理学的基本观点以及马斯洛的基本理论进行简单的介绍，以便于帮助读者们更好地阅读全文。

正如我们在阅读马斯洛生平的过程中所了解到的，行为主义和精神分析两个学派的研究者及其学术观点都对马斯洛的心理学之路产生过重大的影响。在 20 世纪中期，行为主义和精神分析被称为美国心理学界的"第一势力"和"第二势力"[2]，对美国心理学乃至世界心理学的发展历史都产生了重要而深远的影响。但并不是所有的心理学家都赞同这两个学派的观点，马斯洛和一些与他志同道合的心理学家开始尝试探索自己的心理学之路。他们想了解人之所以为人的特性，"并开始对诸如潜能、尊严、价值、爱、自我等这样一些只有人才具有的方面进行深入的探讨"[3]。他们形成了与行为主义和精神分析并称的美国心理学的"第三势力"，也就是我们接下来要介绍的人本主义

---

〔1〕《动机与人格》，第 v—xi 页。
〔2〕《心理学史》，第 497 页。
〔3〕《心理学史》，第 497 页。

心理学。

有趣的是，关于人本主义心理学的概念是模糊的。时至今日，全世界还没有一个普遍认可的关于人本主义心理学的定义。我国著名心理学家车文博先生在他的《人本主义心理学》中对人本主义进行了如下描述："人本主义心理学与其说是一个严格的心理学流派，倒不如说它是多个观点相近的广泛联盟。它既是对后工业社会（或现代科技文化社会）反人性化走向的反省和人类潜能运动（或人性潜力运动）影响的产物，又是反对传统科学心理学理念的弊端和现代心理学整体主义思想影响的结果。"[1]

因此，我们只能从研究者们的讨论中尝试总结人本主义的观点，并从如下几个方面对人本主义心理学的核心内容进行简单介绍，因为篇幅的限制，这里的介绍并不一定能够涵盖人本主义心理学的全部主要观点，仅供读者作为了解该学派理论的参考[2]：

第一，人本主义心理学研究的是人的本性。人本主义心理学首先反对此前心理学中出现的贬低人性和非人化的倾向，提出了基于自然的人性论。人本主义心理学强调人的尊严和价值，认为人的需要由其潜能来决定，而人都具有主动发挥自己潜能的倾向；认为人的本性是善的，而人性中的恶都是由后天因素构成的。

第二，人本主义心理学突出人的动机系统与高级需要的重要作用。人本主义心理学强调动机对人行为的巨大作用，并提出了需要层次理论，突出了人的高级需要所具有的更大的价值。由于本书会对上述内容展开详细的分析，故而在此不加赘述。

---

〔1〕 车文博著：《人本主义心理学》，浙江教育出版社 2003 年版，第 2 页。
〔2〕 肖爱芝：《对人本主义心理学思想的诠释》，《教育研究与实验》2009 年第 2 期，第 71—74 页；车文博：《人本主义心理学评价新探》，《心理学探新》1999 年第 1 期，第 4—15 页；白玉萍：《积极心理学：对人本主义心理学的继承与发展》，《中小学心理健康教育》2010 年第 11 期，第 4—6 页；车文博著：《人本主义心理学》，浙江教育出版社 2003 年版；《心理学史》，第 497—535 页。

第三，人本主义心理学坚持人的整体性和完整性。人本主义认为对心理的研究不应该仅着眼于对人的某一特质如注意或者知觉的研究上，而应该将人视为一个整体来开展研究。在对人格研究的重视上，这一点的表现尤为突出，他们不仅认为人格研究对于心理学具有重要意义，还对人格的特质展开分析。

第四，人本主义心理学强调人的责任和成长。人自己最终要对所发生的事情负责，这就是人本主义人格理论的基础，人本主义心理学家不同意精神分析和行为主义认为人是无法自我控制的观点，他们把人视为自己生活的主动构建者，可以自由地改变自己。同时，他们也强调人是不断成长的，当人们眼前的全部需要得到满足后，他们不会因此就感到幸福，因为他们会不断产生新的需要，而要达到满意或幸福的状态则需要不断地、积极地寻求发展，这种成长就是人的"自我完善"。

第五，人本主义心理学强调现象学的观点。所谓现象学的观点，我们可以简单地理解为：没有人比你自己更了解自己。这一点尤其体现在人本主义的心理治疗观上，他们强调使治疗真正产生作用的是来访者本人，而咨询师在其中只起到辅助和引导的作用。

在简单地了解人本主义心理学的观点后，接下来，让我们一起了解马斯洛的主要观点。

马斯洛理论的核心之一是他的动机理论，但与传统的动机理论不同，马斯洛在解读人的动机的过程中更多地将社会对个体的影响结合到对动机的分析中，所以他的动机理论同时也可以被视为人性论和价值论。

马斯洛认为，人具有一些先天的，从低级到高级排列的需要，依次是生理需要、安全需要、归属与爱的需要、尊重的需要和自我实现的需要。这些需要按照优先顺序排列，当低级需要被满足的时候，人们就会产生高级的需要。

人的第一层次需要是生理需要，这是满足个体生存所必需的一切

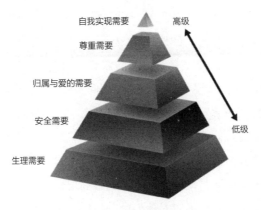

自我实现需要　高级

尊重需要

归属与爱的需要

安全需要

低级

生理需要

马斯洛需要层次理论

需要，如人的吃饭、喝水、呼吸、睡眠等。若不能满足，则人的基本生存就会有危险。生理需要对人而言是最本能的，也是最难以避免的需要，对于人的行为而言，生理需要是最强烈的动机。马斯洛认为，当一个人同时面临着多种需要上的匮乏时，例如一个人又饿，又冷，又没有事业，又缺乏爱情的情况下，"生理需要而不是其他需要最有可能成为他的主要动机"[1]。

人的第二层次需要是安全需要，指能使人免除对身体与心理受到危害的恐惧的一切需要，例如稳定的收入、强大的治安力量、良好的福利条件、健全的法制、强有力的执法者等。

人的第三层次需要是归属与爱的需要，是指能满足人际关系的一切需要，友谊、亲情、爱情、归属感等都包括在内。对爱的需要既包括感情的付出，也包括感情的接受。归属与爱的需要往往是在前两种需要被基本满足的基础上提出的。

人的第四层次需要是尊重需要，当一个人衣食无忧、有安全感和归属感后，他会开始寻求被认可，既有他人对自己的认可，也包括自

[1]《动机与人格》，第 20 页。

己对自己的认可，随之而产生的一切需要，如实力、成就、支配、名誉、地位、尊严、自信、自尊、自豪感等，都属于尊重需要。

人的第五层次需要是自我实现的需要，"它指的是人对于自我的发挥和自我完成的欲望"[1]，在这一层面的需要之下，个体的各种潜能都得到最大程度的激发，本书接下来会对此进行详细的论述。

这五种需要像阶梯一样，从低到高排列，当较低层次的需要得到满足后，个体就会进一步产生高一层次的需要。[2]

自我实现的需要是马斯洛所定义的最高层次的需要，他寻找了大量的各行各业的精英，通过对他们的分析得到了自我实现的人的人格特征，由于在后文中会有详细分析，这里不加以展开。

接下来的文章节选了马斯洛《动机与人格》一书的部分章节，对于人本主义心理学理论体系的形成而言，《动机与人格》无疑是一本开创性的著作。这本书以性善论作为理论前提，建构了以需要层次论、自我实现论为支柱的理论大厦，向我们展现了人本主义心理学虽然不尽完善，但却洋溢着理想精神的乐观主义倾向。[3]

二、作品导读

《动机与人格》一书初版于 1954 年。该书首先介绍了马斯洛所提出的动机理论，通过对动机的分析论述了关于人性、人的需要、人格发展的动力和规律等问题，并在此基础上探讨了人本主义心理学的研究目的和研究方法，并分析了促进人格健康发展的可行途径。

如同前文一样，本书仅节选"自我实现的人"一章来进行分析，同时，关于需要和动机的理论会介绍得较为详细，而关于心理病态和

---

[1]《动机与人格》，第 29 页。
[2]《动机与人格》，第 19—55 页。
[3] 李芬:《马斯洛〈动机与人格〉述评》，载《哈尔滨学院学报》2006 年第 7 期，第 11—14 页。

人类科学的方法论的章节，将介绍得较为简略。对于学术研究有更多需要或者是对于心理学的方法论有更多兴趣的读者，请详细阅读原文，相信会有更多的收获。

由于原文某些记叙较为散乱，为了便于大家理解，我们将数个章节进行合并，以更加整体的方式帮助读者理解马斯洛的观点。

第一部分"动机理论"

在这一部分中，马斯洛首先介绍了他认为在探讨动机的过程中更应该被涵盖进去的多个命题，然后介绍了他动机理论的核心——需要层次理论。在探讨这一部分的过程中，为了避免介绍过度繁冗，我们不按照具体的章节来一一介绍，而是把每章或几章的内容进行整合，以便帮助读者更好地理解。

【介绍】第一章"动机理论引言"

在第一章中，马斯洛论述了关于动机的 17 个命题。

首先，他强调了人本主义心理学特别强调的整体化取向，他反对以往的研究中将某种心理功能当作某一个特定器官的功能，而是认为"个人是一个一体化的、有组织的整体"[1]。马斯洛在此基础上探讨了整体化和动机理论的关系，他认为，动机所驱使的应该是一个人的整体，而不是某一个单独的部分，例如，一个人感觉饥饿，那么这个动机应该是促使整个人去获得食物上的满足而不是仅仅驱动他的胃；同理，当他吃饱了之后，获得满足的也是整个人，而不是胃这个器官。

关于动机的作用，马斯洛有这样的论述："如果我们仔细审察日常生活中的普通欲望，就会发现它们……通常是达到目的的手段而非

---

[1] 《动机与人格》，第 3 页。

目的本身。"[1]也就是说，在我们对人的心理进行分析的时候，对造成心理活动的事件背后的动机的分析往往更有助于解决问题，这也是他的动机理论的出发点，寻找人们心理活动的根源，而对动机的研究正是寻找根源的最佳途径。

在马斯洛看来，动机是复杂而多样的。动机可以是由先天性的生理需要所引发，例如饥饿和性欲；也可以是后天的，受文化和环境影响的，例如自尊心；它可以是无意识的，也可以是有意识的；有内驱力动机，也就是由来自身体内部的需要所驱动；也有外部驱动的动机，也就是由来自身体之外的需要所驱动。

当然并不是所有的行为都是有动机的，也不是人的所有反应都是为了满足需要而产生的，但是对动机的研究对于帮助人们了解自我具有重要的意义。在马斯洛之前，大量的动机研究都是以动物为研究对象的，但马斯洛认为，人与动物不同，人具有社会性，除了动物本能之外，还有大量本能之外的因素在影响着我们的动机和行为。

同时非常重要的一点是，马斯洛认为我们不仅要研究动机，更重要的是要研究健康的人的动机。他不赞同弗洛伊德等精神分析学派的研究者将关注的焦点都集中在基于心理疾病患者和存在较为严重心理问题的来访者之上的研究取向上，他认为这种研究结果只能说明一部分有心理问题的人的特点，而用这些基于问题人群的研究结果来解释普通人，无疑是不恰当的。因此，人本主义的心理学理论中非常重要的一点是："必须讨论健康、强健的人的最高能力。同时，还必须解释人类历史上最伟大、最杰出人物全部最重要的考虑。"[2]

【介绍】第二章"人类动机理论"与第六章"非动机行为"

马斯洛动机理论的基础就是他的需要层次理论，在引言中我们已

---

〔1〕《动机与人格》，第5页。
〔2〕《动机与人格》，第18页。

经简单地提及，现在让我们对这一理论详细地展开介绍和分析。马斯洛早期将人的需要分为五个逐渐递增的层次，当低级需要得到满足的情况下，其他更高级的需要就会马上出现。

（1）生理需要

人的第一层次需要是生理需要，这是满足个体生存所必需的一切需要，如人的饮食、睡眠、呼吸等。若不能满足，则人的基本生存就会有危险。这些生理需要之间彼此独立，同时，相对其他层次的需要而言，也具有较强的独立性。但这种独立不是绝对的，有时候生理需要同时起着疏导其他需要的作用，例如，如果一个人不断进食，那么他其实可能并不是由于饥饿的原因，吃东西只是他内心空虚、需要安慰的一个反应，当他无法从人群中获得这种安慰的时候，他就会把需要转换为以不断获得食物的形式表达出来。

生理需要对人而言是最本能的，也是最难以避免的需要，对于人的行为而言，生理需要是最强烈的动机。马斯洛认为，当一个人同时面临着多种需要上的匮乏时，例如当一个人又饿又冷、没有事业又缺乏爱情的情况下，"生理需要而不是其他需要最有可能成为他的主要动机"[1]，当生理需要成为控制一个人的最主要需要时，其他一切需要都会被推到较为滞后的地位，或者直接退居幕后。[2] 例如《悲惨世界》中的主人公冉阿让，他为了挨饿的孩子去偷面包，并不是因为他不知道犯罪有可能要坐牢，不是因为他没有安全、道德等需要，而是因为在最基本的生理需要面前，其余的需要都被推后了。用马斯洛的话来说就是："对一个饥饿已经达到危险程度的人，除了食物，其他任何兴趣都不存在了。"[3]

马斯洛在这里还谈到一个很有趣的观点，就是当人被某种需要主

---

〔1〕《动机与人格》，第20页。
〔2〕 蔡继红：《马斯洛需要层次学说述评》，载《理论界》2011年第5期，第86—88页。
〔3〕《动机与人格》，第21页。

宰的时候，人生观和对未来的期许也会发生变化，就好像网上流传的一个段子，对于一个长期饥饿的孩子，人生的理想可能是：等我有钱了，一次买两碗拉面，一碗吃，一碗看。

而现在我们谈的很多需要的匮乏，其实并不是马斯洛所说的匮乏，在马斯洛看来，生活在富足和平环境下的人们所理解的饥饿，只是我们有了吃东西的食欲，而不是长期的真正的食物匮乏，甚至影响生命的食物匮乏。但必须指出的是，马斯洛并没有清晰地定义到底怎样的程度才是需要得不到满足的程度？是否只有关乎生存的饥饿，才能定义为真正的不满足？他并没有给出明确的解释。

这个不清晰的界定直接导致了大量的争议，人们无法对不满足进行统一的衡量，因而导致很多分歧。不仅是在生理需要层面，在对他所有层次的需要的解读中，都涉及对满足和不满足的标准界定不清晰的问题。

（2）安全需要

人的第二层次需要是安全需要，指能使人免除对身体与心理受到危害的恐惧的一切需要，有些人简单地将安全的需要理解为人身安全，这其实是不全面的，在马斯洛看来，安全的需要包括"安全，稳定，依赖，保护，免受恐吓、焦躁和混乱的折磨，对体制的需要，对秩序的需要，对法律的需要，对界限的需要以及对保护者实力的要求等"[1]。

马斯洛所分析的安全需要主要是针对成人的，但他在书中举了大量儿童的例子来论述分析安全的需要，这是因为他觉得相较于成人，儿童对不安全的表达要更加简单直接，而不像成人一样习惯掩饰。也就是说，当一个成人感到安全受到威胁的时候，我们很难从表面看出，因为成人习惯隐藏自己的真实感受，但儿童不会，他们会对自己

---

[1]《动机与人格》，第22页。

的一切不安全感受，不论这个感受是否明显，都做出强烈的反应。

马斯洛通过对大量儿童例子的观察得到一个结论："我们社会中的普通儿童以及成年人（在后者身上不甚明显）一般更喜欢一个安全、可以预料、有组织、有秩序、有法律的世界。这个世界是可以依赖的。"[1]

在马斯洛看来，如果一个孩子的不安全感很强，说明他成长在一个缺少爱和关怀的环境下，而在充满爱和关怀的家庭中长大的孩子则不会这样。

对于我们大部分人而言，只有在真正的危机之下，安全需要才会成为主要的需要，那么什么才是马斯洛认为的危机状态呢？马斯洛认为："战争、疾病、自然灾害、犯罪浪潮、社会解体、神经症、脑损伤、权威的崩溃、长期恶劣的形式等"[2]都属于危机状态，只有在这些情况下，安全的需要才指向对生命安全的担忧。

在成人的世界中，大部分人是生活在良好治安环境下的身体健康的人，他们的安全感可能会更强一些，其安全需要的表现也更倾向于通过对自身的保障的需求来体现。类似的例子在管理学中运用得非常多，比如在管理学中经常探讨的如何提高工人的劳动积极性问题，就可以从需要层次的角度来考虑。

将需要层次理论运用到管理学上，基于前两层需要，研究者们尝试着做出如下分析：如果一个人生理的需要都没有得到满足，那么激励他努力工作的动力应该是更高的薪酬，使他获得更多的金钱以改善生活，因此可以采用计件工资等方法提高他的劳动积极性；但对那些已经满足了温饱的员工而言，他已经摆脱了最低级的生理需要，那么单纯地提高酬金不能解决问题，他们所需要更多的是对工作的稳定

---

〔1〕《动机与人格》，第 24 页。
〔2〕《动机与人格》，第 25 页。

性、保障性等方面的考量，这时候可以考虑提高员工对报酬的满意度，包括提供医疗保险、退休保障、住房及补贴、带薪休假、员工发展计划（以使他获得工作的稳定感）等。[1]

只有满足了对安全的需要，人们才会产生更高等级的需要。

（3）归属与爱的需要

人的第三层次需要是归属与爱的需要，是指能满足人际关系的一切需要，友谊、亲情、爱情、归属感等都包括在内，它往往是在前两种需要被基本满足的基础上提出的。对爱的需要既包括感情的付出，也包括感情的接受。在文学作品中，几乎所有的爱情故事都描述了人们对爱的渴望与追寻，如果对爱的需要不能满足，人们会对朋友、爱人或家人产生格外的渴求。

关于归属感的研究相对较少，马斯洛更多地从一些文学作品入手展开分析，他认为很多文学作品中都探讨了这一问题。贺知章的《回乡偶书》一诗描述了如下画面："少小离家老大回，乡音无改鬓毛衰。儿童相见不相识，笑问客从何处来。"大唐天宝三年，86 岁的贺知章辞官回乡。少小离家，一生漂泊，五十多年没回过家乡，故乡还是那个故乡，但是否是我的故乡了呢？我到底是一个回来看看的过客，还是一个回到故乡的人呢？这种归乡而无乡的酸楚感，正是归属需要的一个非常好的例子。

在当前的中国，有一个非常典型的群体可以帮助我们更好地了解马斯洛所谈到的归属需要。这就是第二代农民工，很多关于这一群体的研究报告向我们展示了归属的需要对人们的重要意义。

所谓第二代农民工是指在改革开放年代，尤其是 20 世纪 80 年代后出生和成长，并于世纪之交进入劳动力市场的那一部分打工者，主

---

[1] 连慧：《基于马斯洛需要层次理论看人力资源管理中的激励机制》，载《人力资源》2009 年第 32 期，第 165—166 页。

要包括第一代打工者的后代，他们中很多人是跟随父母在城市长大的。[1]

与第一代农民工相比，第二代农民工的工作和生活条件有所改善，他们在城市中长大，熟悉城市的一切，但经历着更加明显的城乡分裂、更大的收入不平等，以及更深刻的社会排斥。[2]对他们而言，他们不再认同自己的农民身份，虽然他们的户籍上仍然是这样标明的，但城市的大门对他们依然没有彻底敞开，市民对他们缺乏一种身份上的认同，将他们仅仅视为过客。他们已经既不是一个农民，也不是一个市民，他们所具有的是一种夹在农民和市民之间始终处于未完成、未被认可状态的社会身份。这种归属感的缺失会导致一系列问题，尽管他们中的绝大多数努力地通过工作、交往和消费去克服那种不完整的身份体验，却很难在现实生活中获得一个完整的身份认同[3]，这使得获得身份上的认同对他们而言成为较为主要的动机。

在现实生活中，爱和归属感得不到满足会导致很多的心理问题，一个社会想要得到更好的、更健全的发展，就需要重视这一问题，并想方设法满足人们的爱与归属的需要。

（4）尊重需要

人的第四层次需要是尊重，这是指当一个人衣食无忧、有安全感和归属感后，他会开始寻求被认可，既有他人对自己的认可，也包括自己对自己的认可，进而产生的一切需要。马斯洛将尊重的需要分为两类："第一，对实力、成就、权能、优势、胜任以及面对世界时的自信、独立和自由的欲望。第二，对名誉或威信（来自他人对自己的尊敬或尊重）的欲望，对地位、声望、荣誉、支配、公认、注意、重

〔1〕 卢晖临、潘毅：《当代中国第二代农民工的身份认同、情感与集体行动》，载《社会》2014年第7期，第1—24页。
〔2〕 卢晖临：《农民工问题的制度根源及应对》，载《人民论坛》2011年第4期，第40—41页。
〔3〕 余晓敏、潘毅：《消费社会与"新生代打工妹"主体性再造》，载《社会学研究》2008年第3期，第143—171页。

要性、高贵或赞赏等的欲望。"[1]

尊重需要的满足会使人产生自信，而如果不能满足或遭到挫折，就会使人感觉渺小、自卑，在命运面前无能为力，进而丧失信心。

司汤达的小说《红与黑》中于连的故事既包含了于连在寻求对于某一社会阶层的归属感的需要，更通过各个不同的角度折射了小说中不同人物对于得到尊重（寻求社会地位）的寻求和反应。于连个人奋斗的悲剧是波旁王朝复辟时期很多青年的缩影，当原有的社会阶层被打破之时，他们渴望去巴黎进行个人奋斗，来获得属于自己的一切。但巴黎森严的社会阶层不是那么容易被打破的，他们都追求地位和名誉，希望得到人们的认可和尊重，但只有少数人成功了，大多数人都失败了。

事实上，马斯洛并不是第一个研究权力和欲望对人的影响的心理学家，在他之前，阿德勒和弗洛姆等研究者都对相关问题展开过讨论，我们前文中已经介绍过阿德勒关于战胜自卑和追求优越对于人的重要意义，这里不再展开。但马斯洛无疑是第一个把自尊和其他的需要层次之间的关系进行整体论述的学者。

（5）自我实现的需要

在马斯洛看来，即使前面四个层面的需要都得到了满足，只要这个人所从事的工作不是他真正喜欢的，就仍然会有新的需要不断地产生。

因此，他借用了戈尔兹坦的一个术语"自我实现"来定义人的第五个层次的需要。所谓自我实现的需要指的是："人对于自我的发挥和自我完成的欲望，也就是一种使人的潜力得以实现的倾向。"[2]

在这一层面的需要之下，个体的各种潜能都得到最大程度的激

---

[1]《动机与人格》，第 28 页。
[2]《动机与人格》，第 29 页。

发，这是使一个人成为与众不同的人的根源。

到底什么是自我实现呢？在最通俗的层面上，我们可以这样理解：假如一个人想成为一个好母亲，那么做到好母亲的一切对这个人而言就是一种自我实现；如果一个人想考上好大学，那么拿到心仪的大学录取通知书的过程就是一种自我实现。简单地说，当前四种需要都得到了满足，开始追寻自己人生理想的时候，不论结果如何，就是在完成自我实现的过程，而达成自己人生理想的一刻，就是自我实现！但自我实现是否仅与日常生活和个人奋斗相关呢？当然不是，个人的自我实现仅是最低水平的自我实现，马斯洛理论中的自我实现通常指向更高的层级，与社会的发展和人类的进步相联系。

那么是否所有的人都有自我实现的人生体验呢？在马斯洛看来，自我实现只是一小部分极其优秀的人才能够具有的需要。他把具有这种需要的人称为自我实现的人。什么样的人才具有自我实现的需要呢？在后文中我们会对自我实现的人的特征进行详细的论述，这里不展开分析。

（6）两个其他的需要层次

在五个基本需要层次之余，马斯洛又提出了认知和理解的需要，以及审美的需要。关于这两重需要在其需要层次理论中的位置，马斯洛并没有明确指出，一般倾向于将之放在第四层尊重的需要与第五层自我实现的需要之间。

其中，认知和理解的需要主要是为了满足人们的好奇心，更好地认识和了解世界。而审美的需要则体现了人类天性中对美的追逐。但马斯洛同时也指出，对上述两种需要现有的了解和研究都非常地有限。

（7）一些要注意的问题

在介绍了五种需要层次之后，马斯洛还探讨了一些他认为应该引起注意的问题，例如在需要层次中是否存在特例、需要的层次是否可

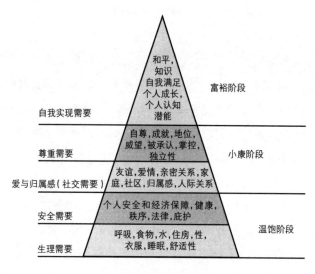

马斯洛需要层次理论

以交换顺序、对满足的理解，以及需要的文化特性等。

在这里特别需要引起读者们思考的问题有三个：

第一，在马斯洛看来，需要层次理论中各种需要的顺序是固定的，面对他人对次序的质疑，他回应道："当一种需要长期得到满足后，这种需要的价值就可能被低估。从未体验过长期饥饿的人很容易低估饥饿的影响，将食物看成无足轻重的东西。"[1]也就是说，在马斯洛看来，很多人质疑他过度重视生理需要的地位，过度强调需要的次序，只不过是因为他们并没有真正地体验过实际的长期的物质匮乏。他认为需要层次理论是在充分考虑到了各种需要对人的重要性之后进行排序的，因此现有的次序能够很好地表现人类需要的等级结构，不能随便对这一次序进行调整。

第二，到底怎样才算满足？相信这是很多读者读完了马斯洛的理

---

〔1〕《动机与人格》，第35页。

论后都会感到困扰的一个问题。是否只有在一个低级需要完全满足的基础上，另一个高级需要才会出现？在课堂上，很多学生会在讨论中直接提出这样的问题："如果是这样的话，难道利比亚人就不能有爱情吗？""难道孔子的弟子颜回'一箪食，一瓢饮，在陋巷，人不堪其忧，回也不改其乐'的故事，都是古人杜撰的？""不吃饱了肚子，人就不会想读书吗？"。

这些讨论的实质其实就是关于满足的界定问题。

马斯洛在书中也谈到了这一点，他说："理论上的讨论可能会造成一种印象，即这五个层次的需要似乎是按下面的关系排列的：如果一个需要得到满足，则另一个需要相继产生。这个说法可能会造成这样的虚假印象：一个需要必须百分之百地得到满足，下面的需要才会出现。"[1]但这并不是马斯洛的本意。在马斯洛看来，"对我们社会中的大多数正常人来说，其全部基本需要都部分地得到了满足，同时又都在某种程度上未得到满足"[2]，就是说，并不是只有较低需要被百分之百地满足，才会产生高一级的需要，这在现实中几乎是不可实现的。

事实上，当较低需要的满足达到一定程度的时候，高级需要就会缓慢地出现。他举了这样的例子来解释其观点："例如，如果优势需要 A 仅满足了 10%，那么需要 B 可能还杳无踪影。然而，当需要 A 得到 25% 的满足时，需要 B 可能显露出 5%，当需要 A 满足了 75% 时，需要 B 也许显露出 50%，等等。"[3]

但是，有一个问题马斯洛一直没有清楚地说明，或者他自己也没有弄清楚，就是需要相对满足的标准是否可以量化，或者有一个清晰的标准。这就导致读者们在使用需要层次理论的时候遇到很多困难，比如说，如何判断颜回是否已经基本解决了生理需要？在一个人看

〔1〕《动机与人格》，第36页。
〔2〕《动机与人格》，第36页。
〔3〕《动机与人格》，第37页。

来，颜回每天饿着肚子，肯定是连 10% 的需要满足都没有达到；而在另一个人看来，颜回至少还是不会饿死的，那么他的生理需要已经满足了至少 30%，足以产生较高层次的需要。

第三，在上一段中，马斯洛提到了一个要引起大家重视的词汇"优势需要"，很多读者在阅读马斯洛的理论时都忽视了对优势需要的理解。

那么如何理解这里所说的优势需要呢？我们可以这样认为，五个不同层次的需要的顺序在马斯洛看来虽然是完全固定不变的，但当人的处境不同的情况下，由于需要表现的迫切程度不同，如果前几层的需要都得到基本满足，那么哪一层的需要最迫切得到解决，哪一层的需要就会成为优势需要而凸显，这里的优势体现的是某一时期重要性的变化，而不是顺序的变化。

低级需要的满足是高层次需要产生的基础，这一点是毋庸置疑的。但正如我们前面所提到的，满足的标准并不清晰，按照马斯洛的观点，当需要的迫切程度在一定意义上缓解的时候，例如一个人从马上就要饿死的状态中解脱出来，变成虽然不能每天都吃饱，但肯定不会饿死的状态时，其实生理需要的迫切程度就没有那么高了，这时它在整个需要体系中的重要性就会下降，较高层次的需要相应变得更为重要。也就是说，五种需要的重要性是相对的，不是固定不变的，满足需要的动机的产生是交叠的，而不是完全独立的。[1]

但是需要可能交叠出现的这种说法更多是包括本书作者在内的后来研究者的解读，马斯洛本人并没有明确地表明这一观点，甚至在书中，曾经出现过与之相悖的表述："一个基本需要得到满足的人就不再有对自尊、爱、安全等的需要。如果说他还有这类需要，就好比是打禅语似的说一个人吃饱了仍然饥饿，或者一个瓶子装满了仍然空

---

〔1〕 蔡继红：《马斯洛需要层次学说述评》，《理论界》2011 年第 5 期，第 86—88 页。

着。如果我们讨论的问题是当下存在的动机，而不是过去的、未来的或可能的动机，那么已经满足了的需要就不必计算在内。出于实际考虑，必须把它看成不存在，或者已经消失了。"[1]

也就是说，当一个需要彻底满足的时候，它就不会出现了。但是什么才是满足呢？现实生活中是否有需要得到彻底满足的状态呢？比如说饥饿，如果说饿不死就是满足，那么全世界有八成以上的人就不存在关于饥饿的生理需要；如果说每顿饭都要山珍海味才是满足，那么全世界有九成以上的人都存在这个需要。所以，这又回到了我们上一个问题，到底怎样才是需要的满足。

因此，为了避免读者在这里产生困扰，在分析了大量研究者对这一问题的讨论之后，本书倾向于这样理解马斯洛所说的优势需要：当一个人的基本需要在一定程度上满足，而不是绝对意义上的完全满足的情况下（例如，当生理需要满足了50%，而不是100%之后），就会产生安全的需要，而安全需要基本满足的基础上就会产生更高一层的需要，依此类推，一个人可以有几个层次的需要同时存在，但这时会有一个优势需要显现，决定哪个需要成为优势需要应看这个人所处的实际情境。

获得第55届艾美奖三项提名的电影《风雨哈佛路》可以帮助我们很好地理解什么是优势需要。剧中的女主角利兹出生在美国的贫民窟里，她的母亲患有精神分裂症，并且酗酒和吸毒，在她15岁那年，母亲因患艾滋病过世。而她的父亲则是一个异类，他很聪明，知识丰富，但对于家庭和子女，没有任何责任感，在需要照顾女儿的时候，他却一个人躲在收容所。贫穷的利兹捡垃圾桶的食物残渣吃，很久都不洗澡，被学校的同学因为身上有味道而嘲笑和疏远。她进过收容所，后来被外祖父短暂地收养过，也曾经跟朋友流浪在城市的角落，

---

[1]《动机与人格》，第40页。

靠偷窃和乞讨为生。

生活最残忍的一面似乎一直在利兹生活中展现。按照马斯洛的理论，利兹的最基本的生理需要和稍高的安全需要都没有完全满足，应该不会产生较高级的需要。而如果按照阿德勒和弗洛伊德的观点，利兹应该充满了各种心理问题，这些问题既有父母的抚养方式不当引发的，也有各种本能的需要和现实的不协调所导致的。

但随着成长和不断受到挫折，利兹意识到，读书可能是改变自身命运的唯一机会。她开始奋发努力，用两年时间学完了高中四年的课程，同时还要打工维持生计。她努力申请各类奖学金，最终获得《纽约时报》的全额奖学金并进入了哈佛大学。

这部电影并不是凭空杜撰的，而是根据莉丝·默里（Liz Murray）的自传改编而成。生于贫困的莉丝凭借自身的努力获得《纽约时报》奖学金，并以全优的成绩考入哈佛大学。她获得了"白宫计划榜样奖"、奥普拉·温弗莉（Oprah Winfrey）特别颁发的"无所畏惧奖"等奖项，美国前总统克林顿曾接见过她。她出版了一本《风雨哈佛路》，书中就介绍了自己不平凡的人生经历。[1]

按照马斯洛的理论，如果我们不考虑什么是满足和优势需要的话，假设基本需要完全满足才能产生高级需要，那么莉丝是无论如何也不会在饥寒交迫、无家可归的情况之下产生认知的需要并最后完成自我实现的。但如果我们将对满足的程度的分析和优势需要的概念纳入其中，则能够很好地分析莉丝的情况。

正如此前我们曾分析的，低级需要只要在一定程度上得到满足，高级需要就会缓慢出现，而莉丝意识到读书的重要性时，她虽然仍然贫穷，但可以保证自己最基本的生存需要，在安全、归属和爱、自尊等需要都不能得到完全满足，但又不至于百分百匮乏的情况下，她所

---

〔1〕 莉丝·默里著，曹植译：《风雨哈佛路》，中信出版社 2011 年版。

能找到的最能解决她现在处境的方法就是她的优势需要，她选择了读书作为解决问题的方法，于是莉丝开始了她的求学之路。

（8）非动机行为

马斯洛将人的行为分为表达性行为和应对性行为，前者被他认为是非动机行为。

怎样区分表达性行为和应对性行为呢？马斯洛认为：应对性行为是有目的、有动机的，主要取决于人的状态，通常是后天学习的结果，更容易受到控制，更倾向于改变环境，是一种以满足需要或消除威胁为目的的手段性行为，是一种有意识的行为；而表达性行为则完全相反。

例如，人的存在本身是一种表达性行为，但当我们思考存在的意义和价值的时候，就成为一种应对性行为；当我们面对自然的美景不自觉地做出歌唱、舞蹈或绘画等艺术表达的时候，艺术展现的过程就是一种表达性行为，但如果我们是有意识地为了交流、为了表达自己或影响他人而进行艺术表现时，艺术就是应对性行为；小孩子自发的游戏是表达性行为，但通过游戏而进行的学习就是应对性行为。

【介绍】第三章"基本需要的满足"

在这一章中，马斯洛论述了基本需要得到满足后可能产生的后果，以及需要的满足与学习、性格、健康等问题的关系。

在马斯洛看来，在基本需要这个层面，"任何需要的满足所产生的最根本后果是这个需要被平息，一个更高级的需要出现"[1]，在这个基础上，会产生一些后果：

第一，旧的满足物被一定程度地孤立和轻视，以前一度被忽视的新的满足物出现。例如，当一个人吃不饱饭的时候，他不会在意能找

---

〔1〕《动机与人格》，第43页。

到的工作是否稳定有保障，他只在乎是否能赚到足够的钱吃饭，而当他的温饱基本解决之后，他就会在意这个工作好不好，是否有合同保障、是否有保险之类。

第二，基本需要的满足会激发新的兴趣，并形成新的价值观，人的认识能力因此会发生变化。沿袭刚才的例子，当我的生理需要被满足之后，我关注的就不再是哪家馒头店的馒头货真价实量又足，而是哪份工作在加班的时候会给加班补贴。我搜集信息的方向、分析问题的角度，以及整个人的价值观都会发生变化，我不再会去吃一个发霉的馒头，甚至会鄙视这样的行为，即使我以前在面临饥饿的时候也这样做过。

第三，新的需要是比已经满足的旧的需要更高级的。已经满足的需要往往是指向一个人内部的，而爱、归属感、尊重和自我实现等较高层级的需要具有更多的社会属性，在马斯洛看来也更加高级。

第四，任何需要的满足，都对性格的形成有益。他举了很多研究者的研究来论证这一点，并认为健康的成年人的许多优秀品质，例如独立性、对爱的正确态度、安全的依恋关系等，都是童年时期对爱的需要得到满足的结果。[1]

在这一章中，马斯洛还从认知、性格特质和其他各种不同的角度[2]详细地描述了基本需要得到满足的影响，由于篇幅的限制，不一一摘录。

【介绍】第四章 "重新考察本能理论"

在这一章中，马斯洛对行为主义和传统的本能理论进行了分析，在此基础上指出了一系列不足，进而提出了 "类本能"（也有研究者

---

〔1〕《动机与人格》，第43—49页。
〔2〕《动机与人格》，第55—59页。

称之为"似本能")这一重要概念。他认为人类需要与传统的本能的需要是不同的,是一种"类本能",具有一定可塑性和可变易性。

在马斯洛看来,行为主义者由于不能用"刺激-反应"的模式来描述本能而否定本能的存在;传统的本能理论将人和动物相混淆,认为人和动物一样是完全受本能控制的,自己没有任何主观能动性;而弗洛伊德关于本能的观点源自对精神病人的研究,不能普遍地推广到健康正常的人群中。

因此他提出了类本能的概念:"类本能需要在某种程度上是由人种的遗传决定的,但它们的表现和发展是后天的。与它们有关的行为、能力等则是通过学习获得的。"[1]

类本能的基本需要是人的一种内在潜能或固有趋势。这些基本需要只在人类身上具有而动物没有,这些需要如果遭受挫折就会导致心理疾病,如果得到满足则会形成良好的心理状态和健康的人格。我们可以在健康人身上观察到这些类本能,因为它们会自发地作为偏好表现出来。这些类本能需要是每个人所必需的,但同时也很弱小,很容易受到压抑和更改,甚至消失,只有在适宜的社会条件下,类本能的需要才能顺利地表现出来。需要的层次越高,与本能的区别越明显,其表现和满足也越依赖于社会条件。

在该书中,马斯洛只是对类本能进行了简要的描述,而没有提出如何区别本能和类本能的标准,甚至没有下一个清晰的定义。对这一理论感兴趣的读者可以去阅读他的《人性之所能及》,在那部书中,马斯洛更是具体地提出了判断类本能需要的18条标准。

【介绍】第五章"需要的层次"
在论述高级需要与低级需要的差异之前,马斯洛着重强调了这样

---

[1] 许金声:《马斯洛需要理论的一个关键概念》,《心理学报》1985年第1期。

一个问题："高级需要与低级需要有着不同的特性，但有一点是相同的：两者都必须属于基本、天定的人的本性，它们不会异于或违背人性，它们是人性的一部分。"[1]

也就是说，不论是高级需要还是低级需要，其本质是相同的，所谓的高低的划分，并不能作为评价处于某一需要层次的人的高低或优劣的依据。

马斯洛划分高级需要与低级需要，更多的是为了分析不同层次的需要对人的心理所产生的不同影响，这些影响主要体现如下：

在种系的层面看，低级需要在种系的进化过程中出现较早，所有的物种都有，而高级需要出现较晚，为人类所独有，例如吃饭的需要是所有动物都有的，而自我实现的需要是人类所独有的；从个人发展的层面看，低级需要出现得早，人一出生就有生理需要，而高级需要出现较晚，自我实现的需要往往要在至少成年以后出现；从个体生存的角度看，低级需要是维持个体生存所必需的，而高级需要则不是，例如，虽然所有的人都会有审美的体验经历，并不是所有的人都必须要有审美的需要，因此，高级需要更加不容易被察觉，因为它们不是迫切需要满足的；相对于低级需要，高级需要的满足对生命健康更有利，例如，有钱人往往不会困于低级需要，因此他们会更长寿（这一点受到较多的质疑，难道有钱人就不会焦虑和抑郁吗？）；相对于低级需要，高级需要的满足更容易使人获得良好的心理体验，例如人们在爱情中享受到的满足感可能比一碗面带来的满足感更强；对高级需要的追求和满足是人们对心理健康的本能追求的体现，但动物身上无法体现这一点；相较于低级需要，高级需要的满足更依赖良好的外部环境；同时满足了低级和高级需要的人更看重高级需要，他们会认为高级需要更有价值，甚至愿意为了高级需要而放弃一定的低级需要的

---

[1]《动机与人格》，第73页。

满足；相较于低级需要，高级需要更有广泛的社会性，会导致人格更好地发展，会有更广博的爱的表现和体验，也更接近自我实现。[1]

上述表述都是描述性的，马斯洛在他大量的案例分析的基础上得到了这些结论，但同时也需要读者们意识到的是，这些观点自提出起就同时受到赞美和质疑。

第二部分 "心理病态与正常状态"

在这一部分中，马斯洛探讨了心理病态和人类的破坏性的起源问题，并分析了心理正常状态的特点，以及人本主义心理治疗的目的和途径。由于心理治疗并不是这本书的主旨，因此，我们仅在本部分对人本主义心理治疗及相关问题做简要介绍，对人本主义心理治疗感兴趣的读者可以阅读马斯洛的《人性能达到的境界》[2]，以及一位人本主义心理学代表人卡尔·罗杰斯（Carl Rogers）的一系列关注心理治疗的著作，如《个人形成论：我的心理治疗观》[3]《当事人中心治疗：实践、运用和理论》[4]等，同时，后来研究者总结人本主义心理治疗方法的作品，如《存在-人本主义治疗》[5]等也值得一读。

马斯洛认为，心理疾病的起源与人类经历的挫折和冲突相关。

在探讨挫折对人的影响时，马斯洛坚持要将人作为一个整体来考虑，在此基础上，他分析了不同的类型的剥夺和冲突对人的不同影响。

剥夺具有两重含义："一种对于机体并不重要（很容易替换，极

---

〔1〕《动机与人格》，第73—77页。

〔2〕亚伯拉罕·马斯洛著，曹晓慧等译：《人性能达到的境界》，世界图书出版公司2014年版。

〔3〕卡尔·罗杰斯著，杨广学等译：《个人形成论：我的心理治疗观》，中国人民大学出版社2004年版。

〔4〕卡尔·罗杰斯等著，李孟潮等译：《当事人中心治疗：实践、运用和理论》，中国人民大学出版社2013年版。

〔5〕科克·施奈德、奥拉·克鲁格著，郭本禹、余言译：《存在-人本主义治疗》，安徽人民出版社2012年版。

少导致严重的后果），另一种则同时也是对人格，也就是说，是对这个个体生活目标、防御系统、自尊心、自我实现以及基本需要的一种威胁。我们的论点是：只有威胁性的剥夺才具有通常归因于一般性挫折的许多后果。"[1]

举个例子，假如一个孩子想要一辆玩具汽车，他的妈妈没有给他买，那么这个玩具汽车可能产生的剥夺感有两种：一种是，妈妈虽然没有给他买这辆汽车，但平时他有很多玩具，妈妈以后也会给他买其他玩具，他没有因为这辆汽车而感受到伤害，那么这种剥夺并不严重；另一种是，妈妈没有给他买汽车，可能平时也对他很冷淡或很严厉，很少回应他的要求，或者买给他的兄弟姐妹而没有买给这个孩子，不论哪一种，对于这个孩子的心理都会造成伤害，这种伤害可能会对他以后的人格发展产生影响，这就是一种挫折性威胁。

冲突可以分为三种情况："第一种涉及在通向同一个目标的两条道路中进行选择，这一目标相对来说对机体并不重要。……另一种选择是这样一种情况：目标本身是重要的，但有两种到达这一目标的途径可供选择，目标本身没有受到威胁。"[2]第三种情况是威胁性冲突，"它依然是一个选择的情形，但现在确实在两个不同的目标之间进行选择，两个目标都是至关重要的"[3]。

举个例子来看，有个女生要跟普通朋友出去玩，她现在要在两件衣服之间做出选择，任何一件衣服都可以，她感受到的冲突不大，因为跟朋友出去玩这件事对她而言意义并不重大，这是第一种冲突；但如果现在她是要去参加一个面试，那么目标的意义就会发生变化，面试对于这个女生越重要，她感受到的冲突就越强，但一次面试并不是仅凭一件衣服就能决定结果的，因此，当衣服选定之后，她的心理冲

---

〔1〕《动机与人格》，第 95 页。
〔2〕《动机与人格》，第 97—98 页。
〔3〕《动机与人格》，第 98 页。

突感就会消失，这是第二种冲突；而第三种冲突的情况则是在两个目标中做出选择，比如这个女生现在面临的是要去参加面试还是要去参加男朋友的生日聚会，事业和爱情对她都非常重要，但因为时间限制她只能选择一个，这就形成了威胁性冲突，不论她选择哪一个，决定做出之后她依然会体验到内心的冲突，目标的意义越大，这种心理压力持续的时间就越长，很多心理疾病的根源都与此类问题有关。

但不论是剥夺还是冲突都是因人而异的，并不是所有的剥夺和冲突在所有人身上都会导致同样的问题，人的经历不同、所处的环境不同、人格特征不同、社会支持不同，太多诸如此类的因素会对人造成影响，最终导致不同的结果。同时，一些不属于冲突和挫折的问题也会对人造成威胁，比如面对死亡的经历、比如长期的病痛等，这些问题也会对人的心理健康造成影响。

马斯洛认为威胁是有关于人的基本目标、价值和需要的，因此，他将下列问题都归入威胁中："对基本需要和超越性需要（包括自我实现）以及它们的前提条件的可能或现实的阻碍，对生命本身的威胁，对机体总体完整性的威胁，对机体整合性的威胁，机体对世界的基本把握所受到的威胁，以及对终极价值的威胁"[1]。

马斯洛在这一部分还探讨了关于人类所具有的破坏性和破坏行为的问题，他将问题导向了对破坏性是本能还是习得的探讨上。通过对动物研究和儿童研究的大量案例的分析，马斯洛得到了如下的结论："决定破坏性的因素显然是多元的，在这些决定因素中我们必须把文化、学习和环境都包括进去，这即使是在今天也是再明显不过的了。另外，下面这一点虽然不是那么明显，但也是非常有可能的：生物学方面的因素也起着基本作用，虽然我们还没有把握确定它们到底是什

---

[1]《动机与人格》，第102页。

么作用。"[1]

接下来，马斯洛开始探讨关于人本主义心理治疗的一系列问题。他列举了心理治疗的七种主要方式："（1）通过表达（动作的完成、释放、宣泄）；（2）通过基本需要的满足（给予支持、担保、保护、爱、尊重）；（3）通过去除威胁（保护、良好的社会、政治、经济状况）；（4）通过洞察力、知识和理解的改善；（5）通过建议或权威；（6）通过直接攻其病症，像在不同的行为治疗中那样；（7）通过积极的自我实现、个性化或成长。"[2]

但是，在总结了他以往参与心理治疗的经验之后，马斯洛得到了这样的结论：不论采用哪一种方式，最重要也是最有效的心理治疗是顿悟而非满足。也就是说，心理治疗真正起作用的关键不是满足他的各种心理需要，因为旧的需要被满足，新的需要又会产生，循环往复，永无止境，并不能真正解决心理问题。只有帮助来访者，使他自己意识到导致心理问题的根源（"顿悟"），他的心理问题才会得到真正解决。

他强调良好的人际关系在心理治疗的过程中的重要作用，并描述了达成心理"正常"的途径和方法。由于本书的重点不在人本主义心理咨询和治疗，而是侧重对自我部分的介绍，因此，在这里仅对上面提到的三方面问题做最简单的归纳。

关于良好人际关系在心理治疗中的作用，可以说是人本主义心理治疗的核心。马斯洛认为，人际关系的需要是人的基本需要之一，在他的需要层次理论中，我们可以将归属和爱的需要，以及尊重的需要都纳入人际关系的需要中。同时，人际关系的和谐也被马斯洛视为自我实现者的重要人格特征之一。

---

[1]《动机与人格》，第115页。
[2]《动机与人格》，第117—118页。

基于对人际关系的重视，马斯洛在心理治疗的过程中将不和谐的人际关系视为心理疾病的根源，进而指出心理疾病治疗的关键在于良好人际关系的建立。马斯洛的心理健康理论与他的需要层次观密切相连，他认为心理健康就是人的基本需要得到充分满足，而心理疾病就是基本需要在满足的过程中所遭受到的挫折与失败，是一种缺乏的表现。但在现实中的心理治疗时，往往不会将需要是否满足与心理问题建立直接的联系。

人是社会动物，人的所有基本需要都是在社会中产生和满足的。马斯洛认为，绝大多数精神疾病是由于病人得不到安全感、得不到别人的尊敬与认可、缺少爱和归属感而造成的。[3]他认为："一种关系，例如友谊、婚姻、亲子关系，只要它扶持或增进了归属、安全、自尊乃至自我实现需要的满足，就按照十分有限的方式被界定为心理学意义上的良好关系。如果这些关系不能够扶持或增进归属、安全、自尊乃至自我实现需要的满足，则将被界定为不良关系。"[4]

因此，他将人际关系的不和谐归结为心理疾病的根源，人际关系既是心理治疗的前提，也是治疗所针对的对象。

在这一部分的最后环节，马斯洛试图分析什么是"正常的"，以及达到心理"正常"与健康的方法。他从统计学、社会习俗、社会规范、适应的主动性和被动性以及疾病的缺失等角度对正常的概念进行分析，在此基础上得到了关于心理正常的概念的实质："第一，最重要的是这样一个强烈的信念：人类有自己的基本天性，即某种心理结构的框架，可以像对待人体结构那样来研究和讨论，人类有由遗传决定的需要、能力和倾向性，其中一些跨越了文化的界限，另一些为具体的个人所独有。……第二，我们的新概念设计这样一个概念：全面

---

〔3〕 郭文斌：《马斯洛人际关系心理学思想初探》，载《渭南师范学院学报》2006年第1期，第82—86页。
〔4〕 《动机与人格》，第123页。

的健康状况以及正常和有益的发展在于实现人类的这种基本天性，在于充分发挥这些潜力，在于沿着这个模糊不清的基本天性所控制的轨道，逐渐发展成熟，这是内在的发展，而不是被外界所塑造的过程。第三，现在可以清楚地看到，一般的心理病理学现象是人类的基本天性遭到否定、挫折或者扭曲的结果。"[1]

对马斯洛的概念进行进一步总结，我们可以这样分析马斯洛所提出的正常的概念：马斯洛反对像弗洛伊德一样从病态出发来研究人的心理，而是将目光对准正常的健康的人，认为人类都有先天的心理结构和框架，这些需要、能力和倾向性是跨越种族的全人类共有的特征，而心理健康的实质就是每个人自发地全面发展人类所共有的这些特征。

第三部分"自我实现"

在这一部分中，马斯洛探讨了他的人格理论中另一个重要概念——自我实现。由于其重要性，我们选取这一部分中的第十一章"自我实现的人"进行解读。

【解读】第十一章"自我实现的人"

马斯洛反对弗洛伊德等精神分析学派的学者将精神疾病患者作为研究的对象，而是倾向于选择那些被认为取得了（或者可能会取得）一定成就的各行各业的杰出人士作为研究对象，认为对这些人的研究才会对人类社会具有积极的意义。

在研究自我实现的人的过程中，马斯洛最先从大学生中招募被试来进行筛选，结果 3000 名被试中只有一名符合马斯洛自我实现的标准。因此，他将目光转向年龄较大的研究对象，转向了对公众人物、

---

[1]《动机与人格》，第 143—144 页。

历史人物以及他周围朋友和同事的探讨，马斯洛在书中举了一些年龄较大的研究对象的实例：

实例：

7 名非常理想和 2 名很有希望的当代人（会谈形式）；

2 名非常理想的历史人物（晚年的林肯和托马斯·杰斐逊）；

7 名很有希望的公众人物和历史人物（爱因斯坦、埃莉诺·罗斯福[1]、简·亚当斯[2]、威廉·詹姆斯[3]、史怀泽[4]、阿道司·赫胥黎[5]和斯宾诺莎）；

部分性的实例：

5 名相当肯定地有某些不足，但仍然可用于研究的当代人。[6]

但对这些被试的研究只能是间接的，从例子中我们可以发现这些公众人士有些已经过世了，当时在世的人也没有几个有时间和精力来接受马斯洛的研究。因此，马斯洛自己也承认，对于这一部分人的研究无法满足现代科学对于研究的可重复性和作为资料来源的公开性的要求，所以，他也选取了一部分年轻人和儿童被试作为补充，这一部分的结果是可以重复验证和公开的。同时，他也注意在挑选具备自我

---

[1] Anna Eleanor Roosevelt, 1884—1962, 美国总统富兰克林·德拉诺·罗斯福的妻子, 她做了 12 年的第一夫人, 创了美国历史之最, 她提倡女权并保护穷人, 曾出任美国首任驻联合国大使, 埃莉诺从本质上改变了白宫女主人的传统形象, 并为后来的第一夫人们所效仿。

[2] Laura Jane Addams, 1860—1935, 美国芝加哥赫尔宫协会的创始人。她因争取妇女、黑人移居的权利而获 1931 年诺贝尔和平奖。

[3] William James, 1842—1910, 美国心理学之父。美国本土第一位哲学家和心理学家, 也是教育学家, 实用主义的倡导者。

[4] Albert Schweitzer, 1875—1965, 是当代具有广泛影响的思想家, 他创立的以 "敬畏生命" 为核心的生命伦理学是当今世界和平运动、环保运动的重要思想资源。

[5] Aldous Leonard Huxley, 1894—1963, 英格兰作家, 属于著名的赫胥黎家族, 1932 年创作的《美丽新世界》让他名留青史。

[6] 《动机与人格》, 第 160 页。

实现特征的人的时候，剔除那些具有精神类疾病或疾病倾向的人。

马斯洛在书中提到了一个词，"迭代法和重复的技术"[1]，这个词可能大家不太熟悉，这里略加解释。这是一种源于数学的方法，是从已有的数据出发来递推新的数据，通过这个方法可以不断获得更精确的近似解。在马斯洛的研究中，他不断通过临床观察来修正已有的自我实现者的定义，在此基础上对现有的研究对象进行不断筛选和补充。他将自我实现者的被试群体分为高质量组和低质量组。根据修正后的新定义，高质量组中的一些被试因不符合新的要求被淘汰，而低质量组中的一些符合要求的研究对象又被补充进入高质量组。此后，新的临床观察开始，新的定义形成，不合适的被试被筛选掉而新的被试被补充进来。这个过程反复进行，进而形成精确的自我实现的定义。[2]

在简单了解其研究方法和被试选取的基础上，让我们来详细介绍马斯洛所认为的自我实现的人应该具备的特征。

（1）对现实的感知

自我实现者所具备的第一个基本特点是准确地感知现实的能力。

在认识自我、了解他人和周围世界的过程中，他们能够不受周围人和社会普遍观点的影响，不带任何主观偏见，这有助于他们发现事实的真相。马斯洛将能够辨别人格中的虚伪、欺骗，以及大体正常地判断他人的能力作为感知现实的一种表现形式。研究之初，他编制了"安全感－不安全感"问卷，马斯洛认为"安全感是一种从恐惧和焦虑中脱离出来的信心、安全和自由的感觉"，对于个体现在和将来各种需要的满足关系密切，他所编制的问卷共75道题目，最后得分越高安全感越差。[3]

---

[1]《动机与人格》，第159页。
[2]《动机与人格》，第267—299页。
[3] 曹中平、黄月胜、杨元花：《马斯洛安全感－不安全感问卷在初中生中的修订》，载《中国临床心理学杂志》2010年第4期，第171—174页。

后来，马斯洛将感知力从判断他人的能力扩大到，在人际交往的过程中快速而准确地对人进行判断的能力，并进一步将之扩大到艺术、智力、科学、政治和公共事务等诸多方面，并认为对于感知力，"最好把它看成是对某个确实存在的事物（是现实，而非一套观点）的洞察力（不是鉴赏力）"[1]。

在马斯洛看来，感知力高的人"似乎能比其他人更迅速、更正确地看到被隐藏和混淆的现实……对于未来的预测的准确率似乎总是比常人要更高"[2]。这一点，在很多作家和科学家身上可以找到例子。例如，著名的科幻小说作家儒勒·凡尔纳（Jules Verne），在他的作品（如《海底两万里》等）中所描述的未来科技在当时的读者看来犹如天方夜谭，而在今天大多应验；而达尔文之所以能够写出对生物学具有重要意义的《物种起源》，也正是凭借自己对所处的外部环境的细致入微的感知能力。

马斯洛借用英国的心理分析学家莫尼·克尔（Money Kyrle）的观点，从神经症患者的角度来分析感知力和病态心理之间的关系。"单凭神经症患者对现实世界的理解不如健康人那样准确或有效这一情况，就可以断定神经症患者不仅相对地而且绝对地无能。神经症患者不仅在感情上是病态的，他们在认知上就是错误的！"[3]

所谓神经症，是一组精神障碍的总称，我们日常生活中所熟悉的一些名词，如神经衰弱、强迫症、焦虑症、恐惧症等都属于神经症的范畴。神经症的典型体验是：患者经常出现一些心理活动，例如焦虑、持续的紧张心情、无缘无故的恐惧、抑郁、自认毫无意义的胡思乱想、强迫观念等，他们明知这些想法或行为毫无必要，但完全无法控制。患者会产生很多生理上不舒服的症状，但没有对应的躯体病

---

[1]《动机与人格》，第161页。
[2]《动机与人格》，第161页。
[3]《动机与人格》，第162页。

变。例如我们经常说的洁癖，就是神经症中强迫症的一种表现，有该症状的人明知道自己没有必要不断洗手，但无法控制自己想要洗手的行为，虽然为此而苦恼，却无能为力。神经症是最常见的精神类疾病之一。[1]

马斯洛认为，对现实是否具有清晰的感知能力，是区别神经症患者和正常人的一个非常重要的标准，例如我们上面举到的洁癖的例子，对于这类患者，他对于手的清洁程度的现实感知存在问题，进而造成了一系列心理上和行为上的障碍。

（2）接受性

自我实现的人的第二个特征是能够承认和接受他人，也能够承认和接受自己。

他们知道任何事物都具有积极与消极两个方面，因此能够很好地面对自己的各种特点，既包括他们的优势，也包括自身的消极方面。自我实现的人知道自己的长处，也承认自己的不足，因而能够很好地接纳自己，有研究者将这一点称为自我悦纳。

马斯洛用“斯多葛的方式”[2]来形容自我实现者接受自我的特性。“斯多葛”是希腊哲学中的一个派别。马斯洛在这里主要是借用了斯多葛学派强调人应该顺从天命，恬淡寡欲，对自己的社会地位不抱怨，对周围的人不过度要求，这样才能得到幸福的观点，以此来指代自我实现者具有能够很好地接受自己、他人和周围世界的能力。[3]

有趣的是，马斯洛同时比较了斯多葛的方式和东方的出世观念的不同。导读中曾经提到，马斯洛在“二战”期间结识了阿德勒和弗洛姆等新精神分析学派的大师们，而对于东方文化的观点的研究在很多新精神分析学派的观点中都可以见到，尤其是道家的一些观点，曾对

---

〔1〕 王建平主编：《变态心理学》，高等教育出版社 2011 年版，第 66—106 页。
〔2〕《动机与人格》，第 164 页。
〔3〕 张超著：《追寻古希腊哲学》，厦门大学出版社 2009 年版，第 155—167 页。

荣格等新精神分析学派的研究者产生影响[1]。因此，马斯洛这里提到的出世观，应该是指佛家或道家文化中的出世和入世的观点。

以道教为例，所谓"出世"通常是指"在某种程度上脱离现实的世俗社会或对世俗社会流行的价值观念、行为方式等持否定态度"[2]，例如道家对长生成仙的追求，即使到了今天，在终南山等地仍然可以见到隐士，他们脱离现实社会，离群索居，追求自我的修行。而"入世"则与"出世"相对，指"在某种程度上承认世俗社会流行的价值观念和行为方式等，甚至颇为积极地参与世俗社会的某些活动"[3]，比如道教传说中的一些神仙同时也有自己在人世中掌管的职责，在我们所熟悉的很多中国民间传说中都可以看到类似的例子，我们所熟悉的灶王爷、财神爷等都是"入世"的表现。

因此，马斯洛认为接受自己并不等于脱离现实社会的价值观，而是指我们能够在现实世界中正确地评价自己，并且理性地面对自己的优点和缺点，不会因为自己存在不足而产生过度的羞耻心或罪恶感。

（3）自发性

自我实现的人的第三个特征是自发、坦率、自然。

他们不矫揉造作，不受行为准则的束缚，完全按照自己的本性行事。他们想做什么，就做什么，并且会真实地表达自己的思想和感情。他们的普遍准则是，真实地表达自己的想法和情感。但对于别人遵从惯例和习俗的行为，也不会苛求，而是表现出理解和容忍。

在大多数时候，如果习俗或惯例不会影响他们真正想要做的事情，那么自我实现者是遵守习俗的。只有在遵守习俗和他们真正的想法之间产生矛盾的时候，他们才会无视习俗，而是坚持自己认为重要

---

〔1〕 郭文仪：《荣格与他的"东方"——分析心理学视角下的道家与佛家》，载《理论月刊》2014年第7期，第46—51页。
〔2〕 郭武：《"出世"与"入世"：道教的社会角色略论》，载《宗教学研究》2014年第4期，第15—24页。
〔3〕 《"出世"与"入世"：道教的社会角色略论》，第15—24页。

的或根本性的事情。

马斯洛认为自我实现者的道德标准相较普通人而言更高一层，普通人是以习俗为道德标准的，而自我实现的人遵循的是更高层次的真正的道德。这一观点一直存在争议：第一，谁能证明普通人仅以习俗作为道德标准的观点？第二，如何证明自我实现者的道德标准超出普通人，并且更加高明？马斯洛在这一点上只进行了描述，没有给出切实的证据支持。

马斯洛认为，有些时候，当自我实现者彻底沉浸在自己的兴趣爱好中的时候，他们的自发性也会表现出来，他们会抛弃往日的束缚，而使自己真正地进入自己的世界中，不受外部的干扰和束缚。

很多时候，我们觉得一些艺术家的衣着或者举止不合常规甚至古里古怪，在马斯洛看来，这正是他们自发性的一个表现，正是由于他们对所感兴趣的东西的发自内心的全情投入，才使得他们没有将注意力放在与周围的人保持一致上，因而显示出更强的独特性。

（4）以问题为中心

自我实现的人的第四个特征是以问题为中心，而不是以自我为中心。

他们一般不会过度地关注与他们自身相关的个人问题，例如，当需要去扑灭一场大火的时候，他们首先想到的不是火灾现场可能会不安全，我可能会因为灭火而受到伤害，而是将"他们必须做的工作"，也就是如何更快速有效地扑灭大火放在首位，这些工作承载了他们的责任和义务。一旦他们开始工作，必将全力以赴解决问题，实现自己的目标。对自我实现的人而言，工作的目的不是为了金钱、名誉和权力，工作本身就是自我实现的过程。

那么，是否必须从事自己喜欢的工作才会产生自我实现的动机呢？或者换个问法，自我实现者之所以能够真的达成自我实现的需要，是否因为他们所从事的工作都是自己真正喜欢的呢？相信这是很多人关心的一个问题。因为我们经常可以听到很多类似的抱怨，比如"我之所以干不好是因为我不喜欢"。学生用不喜欢这个原因来解释自己学业上的不足，工作者用不喜欢这个理由来分析自己为什么对所从事的工作缺乏热情。

但在马斯洛看来，自我实现者的"这些任务未必是他们喜欢或自己选择的，这些可能是他们所感到的职责、义务或者责任"[1]。但他们仍然能够全身心投入其中，这也正是自我实现的人的一个重要特点。同时，他们所关注的问题也有自身的特点。在马斯洛看来，自我实现的人更加关注群体性的、具有普遍价值的、对人类进步有益的问题，他们的人生观和价值观更加开放和广阔。

（5）超然独处

自我实现的人的第五个特征是具备超然于世的品质和独处的需要。

他们不会盲目地从众，而是自我决定，做自己的主人。同时，他们不依赖他人，也不害怕孤独和寂寞，甚至经常需要独自一人待着，而不需要时刻与他人相处来逃避孤独。

马斯洛针对这一点进行了如下的描述："内倾和外倾的两分法几乎完全不适合于这些人，我们在这里也不采用这种两分法；最有用的术语似乎就是'超然独处'。"[2] 这里的内倾和外倾的两分法指心理学对人格特征的分类，将人格分为内向型人格和外向型人格两类。马斯洛认为，这种分类方法无法满足对自我实现的人的超然独处这一特点的描述，自我实现的人虽然喜欢独处，但明显不是内向型的人。

对于超然独处，更加可行的解释角度应该是："坚守自己对情境的诠释，而不依赖于别人的感觉或看法。"[3] 马斯洛认为，具备这一特

---

〔1〕《动机与人格》，第168页。
〔2〕《动机与人格》，第168页。
〔3〕《动机与人格》，第168页。

点的人"比一般人更客观（在这个词的全部意义上）……更以问题为中心而不是以自我为中心的……有能力把注意力集中到常人不易达到的程度。他们强烈的专心致志又带来……轻视以及不在乎外在环境的能力"[1]。同时，他们也具备"自我决定、自我管理、积极、负责、自我约束、有主见，而不是人云亦云、为他人左右，是成为强者而不是弱者"[2]等特点。

马斯洛在这里举了阿希和麦克里兰德的实验例子来证明他对超然独处的特征的理解。为了帮助读者更好地理解，我们简单地介绍一下这两个实验。

美国心理学家所罗门·阿希（Solomon E. Asch）在 1956 年设计了一个经典的研究从众行为的实验，后人称为"阿希实验"。所谓从众，是指由于受到来自他人或群体的真实的或想象中的压力，使个人的行为或观点发生改变的现象。阿希实验就是要探讨人们在做判断的过程中是更多地受到他人的影响，还是坚持自己的观点。

在实验中，阿希告诉他所聘请的大学生，他们需要完成一项视觉研究。在实验室中有六个位置，但只有一个真实的被测试者，而其余五个人是阿希事先安排好的助手。阿希要大家做一个非常容易的判断——比较线段的长度。他拿出一张画有一条竖线 X 的卡片，要求所有的人判断这条线和另一张卡片上的三条线 A、B、C 中的哪一条线长度相等。同样的判断任务反复进行了 18 次。理论上，呈现给被试的线条的长短差异明显，不会出现判断错误的问题。但在两次正常判断之后，事先安排好的五个假测试者开始故意报告错误的答案。这个时候，如果不存在从众现象，被试应该坚持自己的判断，如实报告自己看到的结果。但事实上，从众现象开始出现了。虽然不是所有的被测

---

[1]《动机与人格》，第 169 页。
[2]《动机与人格》，第 169 页。

所罗门·阿希

试者都表现出一致的从众倾向，但从总体结果看，有75%的人至少做了一次从众的判断。[1]马斯洛引用这个实验的目的在于说明自我实现的人不会盲目从众。

马斯洛介绍的第二个实验是哈佛大学的教授戴维·麦克里兰德（David McClelland）在20世纪四五十年代起进行的针对人的需求和动机的研究。麦克里兰德认为人具有多种需要，这些需要会产生不同的动机，具体到工作情境中，主要有三种重要的动机或需要：成就动机，即个体为了争取成功而希望自己能够做得最好的需要；权利需要，即个体希望能够影响或控制他人，同时不受他人控制的需要；亲和需要，即个体希望能够与他人之间建立亲密友好的人际关系的需要。在上述研究中，麦克里兰德的很多分析跟马斯洛的理论不谋而合，例如，他认为，高成就动机的人和高权利动机的人都具备的一个

---

〔1〕 E.阿伦森著，邢占军等译：《社会性动物》，华东师范大学出版社2007年版，第14—26页。

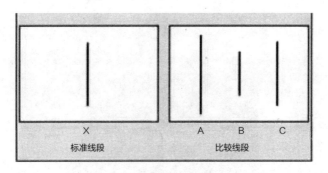

X   A B C

标准线段   比较线段

阿希实验材料范例

典型特征就是具有自主而不是受他人所控制的能力和权利，而这正是马斯洛认为自我实现的人所应该具备的特征之一。[1]

遗憾的是，具备超然独处的特性也会带来一些相应的麻烦，那就是他们中的一些人可能被认为"冷漠、势利、缺乏感情、不友好甚至怀有敌意"[2]，这些正是由于我们在前文中所论述的一系列特点导致的。

同时，马斯洛也指出，自我决定是少部分的人才具备的特点，根据阿希和麦克里兰德所做的大量实验，"我们推测自我决定者占人口的5%—30%，其比例的大小由不同的环境决定。在我自己的自我实现的研究对象中，100%的人是自我行动者"[3]。

关于从众与自我决定，美国电影《十二怒汉》中的情节很好地展示了自我实现者与普通人在这两者上的区别。电影刻画了一个陪审团的成员裁定一位在贫民窟长大的18岁少年是否有罪的过程，12个不同职业的人组成了这个陪审团，他们掌握着这个少年的生死。其中几

---

[1] David McClelland, "Business Drive and National Achievement", *Harvard Business Review*, 1962, 40（4）: 99–112.

[2] 《动机与人格》，第169页。

[3] 《动机与人格》，第169页。

戴维·麦克里兰德

位陪审员还没有开始讨论，就判定这个少年有罪，因为他们戴着世俗的有色眼镜，先入为主地用自己对穷人的偏见给这个少年定了罪；另一些陪审员则随波逐流，他们轻易受到他人观点左右，并认为这个少年是否有罪跟自己没什么关系；只有8号陪审员，一直保持着冷静和客观，他对事情的经过进行了理性的分析。在这个角色身上，体现了自我实现者的诸多品质，尤其是"对现实的感知"和"超然独处"。国内版的《十二公民》也表现了类似的情节，感兴趣的读者可以观赏。

（6）自主性

自我实现的人的第六个特征是有较强的自主性，并能够超越环境和文化的束缚。

他们更多地受成长动机驱动，个人潜能的激发和个人价值的实现对他们而言比其他四个较低层级需要的满足更为重要，因此外界环境和他人对他们不会产生过度的干扰，他们清楚自己的目标，并能坚持实现自己所选择的目标。"他们自己的发展和持续成长依赖于自己的潜力以及潜在的资源。"[1]

这样的特性使得自我实现者更少依赖于环境，当同样处于恶劣的情境之中时，自我实现者能够更好地面对打击和挫折，因为成长和满足美好生活的决定来源于自身内部的力量，而不是来源于他人和外部环境。

（7）清新的鉴赏力

自我实现者的第七个人格特征是具有永不衰退的鉴赏力。

他们懂得欣赏日常生活的朴素之美，他们像天真好奇的小孩子一样，可以不断地从简单的事物中发现新的乐趣。一沙一世界，一叶一菩提。他们所拥有的，是每时每刻都能发现美的一双眼睛。

自我实现的人的审美标准和喜好的对象可能有所不同，有些人可能更爱音乐，有些人更爱自然，而有些人则从与人的交往中体验到美，但马斯洛认为所有这些审美都来源于生活体验，而不是金钱或者夜生活之类。

接下来，他列举了几个研究来证明具备发现身边的美的能力的重要性。

第一个研究是对于保健因素的研究。1959 年，美国心理学家弗雷德里克·赫兹伯格（Frederick Herzberg）在匹兹堡地区针对员工的工作满意度和动机等因素，对 11 个工商业机构的 200 多位工程师、会计师展开调查征询，在此基础上得到了"激励、保健因素理论"，也被称为"双因素理论"。在研究中，赫兹伯格发现，员工们不满的项目，大都同工作环境有关，而满意的因素，则一般都与工作本身有关。进而，他将激发动机的因素归为两类：一类是保健因素，其作用是防止人们对工作产生不满，但不起激励作用，如工作环境、工资水平、工作中的人际关系、领导的能力和水平、公司的福利和安全等因

---

[1]《动机与人格》，第 170 页。

弗雷德里克·赫兹伯格

素。另一类是激励因素，其作用是激发人们表现出自己最佳的状态，达到最优的工作效率。这一理论与马斯洛的需要层次理论之间存在对应关系。需要层次中的低级需要，如生理、安全、尊重等相当于保健因素，而高层次的自我实现的需要相似于激励因素。[1] 在马斯洛看来，自我实现的人对低级需要的追求相对较低，更多地集中在高级需要上。

第二个研究是关于边际效应（marginal utility）的研究，即随着消费品的增加，对消费者产生的效用却反而呈递减趋势的现象。我们可以对这一问题做一通俗的理解：商店的橱窗里有一件衣服，你很想要，在你第一次看到这件衣服的时候，你越是喜欢，你的情感体验就越强烈。但是，你由于种种原因没有当场买下来。那么，在第二次接触时，你的情感体验会淡一些，此后会越来越淡……按照边际效应推论，我们接触这件衣服的次数越多，产生的情感体验就越淡，这在经

---

〔1〕 文涛、顾凡:《双因素理论与企业激励机制》，载《经济与管理》2003 年第 10 期，第 22—23 页。

济学中也被称为"边际效益递减率"。在社会学中也有同样的说法，但是被称为"剥夺与满足命题"[1]。马斯洛认为，相对于普通人，自我实现的人更加能够保持对事物的常新的感受性，而大部分的普通人对美的体验则更符合边际效应。可以这样理解，普通人看《蒙娜丽莎》，看第一次的审美体验最强，后面可能会逐渐减弱，但自我实现的人将永远保持对《蒙娜丽莎》的审美体验，不会因为观看的次数增加而减弱。

第三个研究是马斯洛自己关于"牢骚、高级牢骚和超级牢骚"的研究，在马斯洛的《人性能达到的境界》一书中，他谈到了这一问题。马斯洛认为，一个人牢骚的水平表现了一个人需要的水平，也体现了他生活动机的层次。对于生活在贫穷工业环境中的工人，他们牢骚的对象是饥饿、寒冷、疲劳、贫穷、住房不足等威胁，这是生理需要或生理欲望得不到基本满足而引发的低级牢骚。发牢骚的人处于需要层次理论的底层，他们基本的生存和安全需要没有得到满足。在低级牢骚之上是高级牢骚，它涉及尊严的丧失、社会不公的感受、环境（文化、经济、政治等方面）不良、对自尊自信的威胁等。发出高级牢骚的人往往期望的是平等、公正、价值感、归属感、成就感、自我尊重和来自他人的赞美、尊敬、信任和奖励等。最高层次的牢骚是超级牢骚，马斯洛认为这是在自我实现的生活里保持一种超越性的动机，是自我实现的人由于自身自我实现、自我完善不足而引发的。这种牢骚针对的是真善美和正义之类的超越性的需要。在工作中，这种牢骚可能指向那些不会影响牢骚者本人的实际利益，但是却导致工作效率不高的情况。马斯洛认为这是牢骚者对其所处的世界不完美的抱怨。[2]

----

[1] 薛志英：《35 岁以前要活学活用的 62 个经济学通识》，北京理工大学出版社 2011 年版。
[2] 《人性能达到的境界》，第 220—228 页；王方：《马斯洛谈牢骚》，载《道德与文明》1988 年第 6 期，第 40—41 页。

（8）高峰体验

自我实现者的第八个人格特征是能够经常产生神秘体验或高峰体验。

所谓神秘体验或高峰体验，是在对一个人而言非常重要的事件或者有价值的事件发生后所产生的极度狂喜、迷茫、惊奇、敬畏，甚至有如跳出时空的情绪体验。马斯洛指出，这种体验并不是自我实现者所独有的，任何人都具有获得高峰体验的潜能，但自我实现者高峰体验相较于所谓的"非高峰者"而言会更经常、更强大。

马斯洛访谈了他认为可以被称为自我实现的人，从这些人身上他得到了一些关于高峰体验的相似描述："无限宽广的地平线在眼前展开、同时出现未曾有过的更有力或更无助的感受、极度的狂喜、迷茫、敬畏感、失落于时间与空间之中的感受，最后，意识到发生了非常重要和有价值的事情的感受。"[1]整个描述看起来充满了神奇色彩，但马斯洛特别强调，要将这些体验与神学或超自然现象相区别，并认为即使是在自我实现的人中，也同时存在着高峰者和非高峰者两种人，相较于后者，前者更容易产生高峰体验。

在书中，马斯洛提到了《Z 理论》这本书，在提出了需要层次理论之后，马斯洛一直没有停止对该理论的进一步研究。在 1969 年，他将需要层次理论做了进一步的提升，将之归纳为三个次级理论，即"X 理论""Y 理论""Z 理论"，前两个理论重新划分了其需要层次理论的层级："X 理论"包括生理的需要和安全的需要；"Y 理论"包括爱与归属的需要、尊重的需要和自我实现的需要；而在"Z 理论"中，他提出了一种最高的需要，并认为这种需要是超越性的需要，是一种灵性的需要。在这一层级上，人们会体验到所谓的高峰体验或神秘体验。他用类似于超个人的、超越的、灵性的、神秘的、超人本的（以

---

[1]《动机与人格》，第 172 页。

宇宙而非人类为中心的）、天人合一的等词语来形容这一体验。[1] 这种体验在自我实现的高峰者身上会广泛地体现出来。

举几个非常浅显的例子，来帮助大家理解我们日常生活中哪些体验可以归入高峰体验中：比如一个中学生，他的目标是考上北京大学，他经过几年不断努力，终于如愿以偿，在拿到录取通知书的那一刻，他所体验到的狂喜就是高峰体验，其判断的标准在于诱发事件的性质，上北大对于这位学生而言是极为重要的事件，并且是经过他的不断努力最终获得的成果；而假如我某一天无意间在上班的路上买了一张彩票，中了十万元的大奖，这件事虽然让我欣喜若狂，但这种喜悦的感觉不是高峰体验，因为这件事对我而言不具备重大的意义，其结果也不是我经过个人努力而获得的成功。那么有读者可能会问，假如一个人的理想就是中大奖，他多年来风雨不误地买彩票，终于有一天如愿以偿，这种成功是他自己努力得来的，也对他具有重大的意义，那么是不是高峰体验呢？在马斯洛看来，这种情况也不能归为自我实现者的高峰体验。因为中彩票这件事，其存在的意义仅限于个人本身，与社会和人类无益，因此也不能归入自我实现者的高峰体验中。

（9）人类亲情

自我实现者的第九个人格特征是对人类的认同、同情与发自内心的爱。

这种爱是面对所有人的，包括了不同种族、不同文化、不同社会阶层的所有人，而非局限于自己的亲戚朋友。他们会为普通人的无足轻重的小缺点而沮丧和气愤，因为这一点，他们经常被人误解，觉得小题大做，甚至容易被其他人孤立。但也因为这种发自内心的爱，他

---

[1]《人性能达到的境界》，第253—268页；李德安：《超个人心理学：心理学的新典范》，台北：桂冠图书公司1992年版，第172—173页。

们更容易原谅他人。

（10）谦逊与尊重

自我实现者的第十个人格特征是具有强烈的民主精神。

他们在思想和行事风格上都是民主的，这种民主体现在对所有人的尊重上，不论其种族、地位、宗教、阶级和教育水平有何不同，都一视同仁。他们极少以偏见的眼光看待他人，随时耐心倾听别人的说话，尊重别人的意见，谦虚好学。

他们具有"民主的性格结构"，这一点在平等看待他人差异的能力上表现得特别明显[1]，这也是他们区别于所谓的"集权主义的性格结构"的一个典型表现。后者具有不接受"人与人的差异性、民族主义、要求权力的集中和掌控更大的权力"等特点。自我实现者发自内心地尊重每个人，不论这个人是优秀的还是相较于自我实现者本身存在诸多的不足，甚至是在面对恶棍的时候，他们也保有应有的尊重。

同时，他们具有发自内心的谦逊，他们深知自己仍在很多方面存在不足，因此更加愿意向周围的人学习。"三人行，必有我师焉。择其善者而从之，其不善者而改之。"从这个角度看，如果马斯洛熟悉孔子，绝对会把他纳入自我实现者的范畴。

（11）人际关系

自我实现者的第十一个人格特征是具有深厚的个人友谊。

他们"比一般人具有更多的交融、更崇高的爱、更完美的认同、更多消除自我界限的能力"[2]。但是这是否就意味着他们会比一般人有更广泛的人际关系圈，拥有更多的朋友呢？现实恰恰相反，他们的朋友圈相当小。但在马斯洛看来，自我实现者的朋友圈子虽然更小，但

---

〔1〕 李明景：《大学生心盛内涵与结构研究》，南昌大学硕士学位论文，2012 年。
〔2〕 《动机与人格》，第 175 页。

更融洽、更崇高，与朋友的情谊更深厚，其交往的对象更倾向于那些与自己具有共同的价值观和人格特征的自我实现者。

但这并不意味着他们对非自我实现者就很冷漠。事实上，他们倾向于对所有人都和蔼而又耐心，尤其是儿童。他们"在一种非常真实的、特殊的意义上，他们爱或者更确切地说同情整个人类"[1]。他们能够正确地对待敌意的攻击，也拥有自己的追随者，虽然这些追随往往是单方面的。

（12）道德

自我实现者的第十二个人格特征是强烈的道德感。

自我实现者有清晰明确的道德观念，他们遵循自己认可的内在道德标准，只做自己认为正确的事情。但有时他们的是非判断的标准与常人可能有所不同，不受普遍道德标准的束缚。

无论与常人的道德标准是否相同，有一点是毋庸置疑的，那就是自我实现者的道德标准中的一个重要前提就是不伤害他人、不损害他人利益。

（13）手段与目的

自我实现者的第十三个人格特征是能够区分手段与目的。

马斯洛认为自我实现的人"关注于目的，手段则相当明确地从属于目的"[2]，他们很清楚自己所要追求的目标，并且明白先要完成哪些过程才能达到最终的目标。他们既能在目标达成时感到欢乐，也能够在达成目标的过程中体验到愉悦。

在达成目标的过程中，他们懂得灵活变通，不会一条路走到黑，而是在不违反个人道德与不损害他人利益的前提下尝试多种途径，并在工作的过程中享受乐趣。

---

[1]《动机与人格》，第 175 页。
[2]《动机与人格》，第 177 页。

（14）幽默感

自我实现者的第十四个人格特征是富于哲理的幽默感。

马斯洛认为自我实现者的幽默感与平常的幽默感不同，生活中通常使人们感到滑稽好笑的事件往往并不能使他们产生同感，而恶意的幽默、对他人的嘲讽等以贬低他人或抬高自己为目的的幽默更不会受到他们的青睐，他们的幽默感通常与哲理相联系，是真正的幽默感。

他们常常会开玩笑，但这些玩笑不是庸俗和伤害他人的玩笑，而是有哲理的或是自嘲的。他们的幽默感有很强的感染力。

（15）创造性

自我实现者的第十五个人格特征是富于创造性。

这种创造性不是某些天才所独有的，而是所有人都共有的创造性，但是绝大多数人由于种种原因丧失了它，而自我实现的人则表现了出来。

马斯洛喜欢把自我实现者的生活态度与赤子之心相互比较，并认为两者有许多相同点，譬如对同一样事物，他们能够一再地欣赏出新鲜之处。

同时，自我实现者的创造力也并不一定要表现在一些高深的学术领域，例如科学发明、艺术创造或著书立说之类，而是更倾向于在日常生活的方方面面表现出来，我们可以这样理解，如果这个自我实现者从事的职业是一名教师，那么他可能会在授课的过程中表现出极高的创造性技巧，使他的讲授方法和内容都广受好评；如果这个自我实现者所从事的职业是一名厨师，他也会将他的创造力在烹饪的过程中表现得淋漓尽致。

自我实现者能够用更加开放、纯粹和直率的眼光来看待生活和世界。相较于普通人，他们更容易破除陈规，不受社会规范和自身所处的文化氛围等因素的限制，使自己在各个不同的方面都表现出杰出的创造性。

（16）对文化适应性的抵抗

自我实现者的第十六个人格特征是对于已有的文化具有抵制和批判的精神。

这并不是说他们在自身所处的文化环境或任何一种其他环境中会适应不良，而是说他们不被已有的文化和社会规则所束缚，不墨守成规，不随波逐流，自我实现者所具备的自主独立的精神使他们能够抵制和批判现存文化中不合理和不完善的方面，而遵循自己内心的价值与规则。

他们会自发地抵制文化适应，但不会刻意反抗文化或风气等因素的限制，也不会盲目受到上述因素的影响。马斯洛举了最常见的服装穿戴的例子来帮助大家理解，自我实现者不会为了标新立异，而穿戴奇装异服来博取他人的注意，甚至会在着装上与周围的人尽量保持一致，但当流行的服装不符合他的审美或者使他感到不舒服的时候，他也不会强迫自己去盲目地追求潮流。同样的行为方式还广泛体现在对礼貌、习俗等诸多方面的反应上。

这种对文化适应的抵制是长期的、理性的、发自内心的、超越了种族和国家界限的，而不是一时的、急切的、盲目的。或者我们可以这样理解，他们是超越国家范畴的人类，更少受到文化适应的限制，因此也能够避免文化本身的不足带来的影响。

（17）不完美性

自我实现者的第十七个人格特征是人格的不完美性。

在马斯洛的原著中，他写出了十九个人格特征。但从一般的教科书上，我们只能看到前十五个或者十六个人格特征的介绍，后来的研究者往往认为最后几个人格特征不具有代表性，或者将其与前面的人格特征合并。

马斯洛认为人无完人，自我实现者也是一样的，他们具备普通人都会具有的各种小毛病、小缺点，例如他们偶尔会表现得非常无情，在一些场合由于看不惯某些人的言行而做出让大家难堪的应对，他们也会犯各种错误，他们会粗心，会挥霍，会固执，会暴躁……总而言之，他们是有血有肉的普通人，而不是真正的圣者或完人。

（18）价值

自我实现者的第十八个人格特征是拥有自己的价值体系。

这一价值体系一方面是接受性，表现在对自我、他人、自然、现实和社会的接受上，这种接受性无疑会对他们形成自身的价值体系产生影响。

正是由于他对于外界的广泛的接受性，使得自我实现的人比普通人在生活中所能体验到的犹豫和矛盾都要少得多。这并不一定是说他们能更好地解决普通人所遇到的各种价值问题，而是说他们能够从更广泛更深层的角度去思考这些问题，"与其说解决了这些问题，不如说把它们看得更清楚了，它们首先就从来不是一些内在固有的问题，而只是一些'病态的人制造的'问题"[1]。

另一方面则是独特性，表现出每个自我实现者独特的性格结构，他们更倾向于享受差异，自我实现者有很多相同之处，但同时个体化的程度更高。马斯洛在这里用了如下表述："在已经自我实现了的人的价值系统中，其最高部分是绝对独一无二的，它是个人独特的性格结构的体现。这种情况非常清楚，不容置疑，因为自我实现就是实现一个自我，而没有两个自我是完全相同的。只有一个雷诺阿，一个勃拉姆斯，一个斯宾诺莎。"[2]

皮耶尔·奥古斯特·雷诺阿（Pierre-Auguste Renoir）是法国印象画派的著名画家、雕刻家；约翰内斯·勃拉姆斯（Johannes Brahms）是德国古典主义作曲家；巴鲁赫·德·斯宾诺莎（Baruch de Spinoza）

---

〔1〕《动机与人格》，第184页。
〔2〕《动机与人格》，第186页。

是犹太裔荷兰籍哲学家。马斯洛用上述三位各个不同领域的杰出人物来表现自我实现者的特殊性，即使是在各自不同的领域，相较于同领域的其他优秀人士，他们也表现出各自的特殊性。

（19）二分法的消解

自我实现者的第十九个人格特征是二分法的消解，或者我们可以将之理解为对于普通人而言是矛盾两面性的一些特性在他们身上能够得到统一。

马斯洛认为，许多过去被认为是内在对立的东西，例如心与灵、理性与本能、认知与意动等，在自我实现者的身上都表现出协作的关系。它们之间的冲突消失了，因为自我实现者认为它们表达的是同样的意思。在自我实现者身上，欲望与理性相互吻合，本我、自我和超我三者协调统一，既不存在冲突，也不存在利益的分歧。

【介绍】第十二章"自我实现者的爱情"

马斯洛的需要层次理论广为人知，但他关于爱情和创造性的论述则相对不太著名。在第十二章和第十三章中，马斯洛在详细地分析自我实现者的人格特征的基础上，论述了关于自我实现者的爱情和创造性的一些观点。我们首先来看一下他关于自我实现者的爱情的论述。

在马斯洛看来，心理健康是爱的前提。

他认为，爱情具有开放性，"健康的爱情关系所产生的最深刻的满足之一就是，它允许最大限度的自发性、最大限度的自由自在、最大限度的对威胁的防御和防护"[1]。也就是说，真正的良好的爱是自发的、开放的，在互相开放的过程中，恋爱双方会感到安全和自由。自我实现者的爱情是自发自然的，他们无须伪装，诚实地将自己的优点和缺点同时展露给对方。

---

[1] 《动机与人格》，第 189 页。

爱情还应该具有对等性。自我实现者有爱他人的力量，也有被爱的能力，在爱的过程中不仅付出爱情，也同时被他人所爱。自我实现者能够将爱情与亲情、友情分开，而不会将它们混为一谈，也不会将他们的爱情同时滥用在许多人身上。

关于性与爱情的关系，马斯洛认为在自我实现者身上，"健康人的性与爱能够，而且在绝大多数时候的确是，完美地交融在一起的"[1]。同时，他们对于恋爱关系中的男女双方的地位持真正的平等态度："不管是在性行为、在爱情中，或是其他任何事情中，他们都不认为女性是被动、男性是主动的。"

自我实现者的爱情是建立在对自我的超越、对他人的尊重和利他主义的基础之上的。良好的爱情是对双方的认同和融合，在这个融合的过程中，一个人会同时体验到自己和爱的另一方的需要；他们愿意将自己的优缺点都展示给对方，也能够尊重对方的一切；他们认为对方是一个独立自主的个体，不会随便忽视、利用或控制对方。

自我实现者的爱情在一定程度上是利他主义的，如果我们分析马斯洛的需要层次理论，会发现归属和爱的需要对于自我实现者而言是已经被满足的，不是他们的主要需要。因此，在这个基础上，他们的爱情是一种真正的自我成长和超越，爱情所带来的高峰体验是对他们自身的奖赏。[2]

【介绍】第十三章"自我实现者的创造力"

在谈到创造性问题的时候，马斯洛首先界定了一个问题，那就是在他的研究中创造力到底是什么。

他认同在一些天才身上，创造力和心理健康是不成正比的，例

---

[1]《动机与人格》，第190页。
[2] 梁津安：《试论马斯洛爱情思想的现实意义》，《社会心理科学》2005年第2期，第205—208页。

梵·高《自画像》

如为我们所广泛熟知的梵·高。文森特·梵·高（Vincent van Gogh）是荷兰后印象派画家。1890 年 7 月 29 日在法国瓦兹河畔因患精神病自杀身亡。他的画作如《星夜》《向日葵》《自画像》等被认为是世界上最广为人知的珍贵的艺术作品，享有崇高的声誉。

但马斯洛认为这样的个案并不能代表人类整体的创造力，因此他所研究的是普遍存在于所有心理健康的人身上的创造力。而在自我实现者身上，马斯洛认为："自我实现者的创造性首先强调的是人格，而不是成就，因为这些成就是人格的附产物，是从属于人格的。"[1]

因此，马斯洛在心理健康的人的日常生活中，通过观察他们的活动、过程和态度来研究人的创造性。他认为，自我实现的创造性"更直接地发源于人格，广泛地显现于普通日常生活中，并且不仅显现于伟大而显而易见的产物中，也以许多其他方式，以某种幽默感、以创造性地做任何事情的倾向显现出来"[2]。

---

〔1〕《动机与人格》，第 209 页。
〔2〕《动机与人格》，第 200 页。

电影《死亡诗社》剧照

　　自我实现者的创造性体现在感知、表达、好奇心等诸多方面。例如，一个自我实现者的职业如果是教师，那么，他在教学的过程中会更加容易对学生进行多角度、不同层次的观察，既能看到学生的表面现象，也能深入体察他们的内心，了解他们的本心；他们富有表达力，在课堂讲授上会表现出卓越的天赋；他们保有孩子般的创造性，不墨守成规，他们的创造行为是自发的而不是受到学校规则限制的行为；同时，他们对未知事物始终抱有好奇心，并愿意与学生分享他们的好奇心，共同探索未知事物；他们对问题的看法是多元的，对学生的观点不会持单一评判标准，而是愿意聆听学生的解释并且能够对不同角度的观点进行建构和整合；他们更有勇气，也能够将这种勇气传递给学生，使他们在创新的过程中无畏于他人的嘲讽。这样的老师，无疑是我们心目中好老师的典范！

　　就像电影《死亡诗社》中的基廷老师，在传统守旧的校园中，他大胆地改变学校的常规，在课堂上带领学生们解放思想，激发他们的创造力。他所带给学生的不仅仅是书本的知识，更多的是激起他们对知识和人生的思考和探索。

第四部分 "人类科学的方法论"

第四部分是对马斯洛研究中所涉及的方法论的总结，其中的某些部分具有较强的学术性。因为导读的目的主要在于帮助初学者对马斯洛的人格观有简单的了解，因此在这一部分中仅做最简单的介绍，不会详加展开。

在这一部分中，马斯洛首先对心理学所研究的问题，包括学习、知觉、动机、智力、认知和思维，以及几个重要的研究领域，如临床心理学、动物心理学和社会心理学的主要研究方法和研究内容进行了简要的介绍。接下来，他论述了关于科学的心理学思考，他认为科学是人类的创造的产物，由于科学家本身是存在多种需要的，因此，对科学家的研究以及对科学的心理学研究都非常重要。

关于心理学研究的方法论和研究的问题，马斯洛反对当时研究界重技术而轻问题的趋势，他认为"使科学获得尊敬和有效性的只能是科学本身的目标或目的"[1]，而现有的方法中心论存在诸多问题，例如，往往过度强调技术；过度强调数量关系；研究者倾向于将自己研究的问题适应于技术而非相反；将科学划分等级，认为某些基于技术的学科，如物理、化学之类，比社会科学更加"科学"；机械刻板地划分学科边界，而不是基于所研究的问题进行跨学科的整体思考等。

基于上述质疑，马斯洛坚持心理学研究必须建立在经验基础上、根植于现实中。心理学应该坚持以问题为中心而不是以方法为中心，方法是为问题而服务的；他反对将人的整体心理活动视为简单的单独心理现象的累加的"还原论"，而强调人格的整体性，强调心理学研究的对象应该是整个的人；他强调人的主体性、个别性、整体性和独特性，认为要将人当作人来进行研究而不是采用如其他物理之类学科

---

[1] 《动机与人格》，第 209 页。

的机械刻板的方法来进行研究；反对二分法，强调心理学研究的整合性等。[1]

三、后记

马斯洛反对弗洛伊德等精神分析学派研究者把心理学的研究基础建立在对精神病患者和心理病态的人的研究上，也反对华生等行为主义学派研究者把心理学建立在对动物和一般人的研究上，而是将"自我实现的人"——人类中最出类拔萃的杰出个体作为研究对象。他进而选取了爱因斯坦、斯宾诺莎、林肯等具有最为广泛的影响和最有名望的著名人物，并总结出了自我实现者的19条特征。他的自我实现的人代表了人类的天赋、潜能、才能等方面的充分实现，是人性发展的理想阶段。

对于马斯洛的理论，赞扬者广泛有之。他们认为马斯洛的人本主义心理学的观点代表了当代西方心理学发展的最高成果，建立了以研究人的本性、潜能与价值为主旨的心理学研究新的理论体系，形成了现代西方心理学三大主要理论流派中的"第三势力"，并对今天的积极心理学产生了重要影响。

但也有研究者对马斯洛的某些观点持质疑或批评的态度，例如他对个体的过度强调和他对高峰体验的过度重视和分析等；有研究者质疑其需要层次理论，即马斯洛认为低级需要不满足（当然不是百分百满足），高级需要就不会出现的观点，但很多研究者认为在人类社会中很多时候不是这样的。例如，在本书选取的《活出生命的意义》一书中，如果按照马斯洛的理论，在集中营中，所有的人应该为了满足

---

[1] 彭运石：《从"机械主义科学"到"人本主义科学"——马斯洛心理学方法论探微》，载《吉林大学社会科学学报》1999年第2期，第70—76页。

自己的生存而放弃一切，但《活出生命的意义》的作者却认为，即使是在集中营这种低级需要都不能满足的条件下，人们仍然有机会选择自己要成为一个什么样的人，有人在这里也做到了在不满足低级需要基础上的自我实现；也有研究者质疑其采用的研究方法，认为他虽然质疑弗洛伊德用精神病和神经症患者的心理来代表人类整体心理的方法不可取，但马斯洛本人所采用的以少部分他自己认为的自我实现者的心理来代表人类整体的方法同样需要受到质疑……

无论后人褒贬如何，我们必须正视马斯洛及其人本主义心理学关于人格的研究在心理学学科领域，以及对整个社会科学领域的价值。在人们了解自我的过程中，马斯洛的研究无疑为我们开启了一个全新的视角，使我们从人的需要和动机出发，对自我展开思考。

附：马斯洛部分著作推荐

《人的动机理论》（"A preface to motivation theory"，*Psychosomatic Medicine*，5，85-92. 1943）

《动机与人格》（*Motivation and Personality*，1954），许金声等译，中国人民大学出版社 2013 年版

《存在心理学探索》（*Toward a Psychology of Being*，1962），李文湉译，云南人民出版社 1987 年版

《科学心理学》（*The Psychology of Science*，1967），方士华译，北京燕山出版社 2013 年版

《人性能达到的境界》（*The Farther Reaches of Human Nature*，1970），曹晓慧等译，世界图书出版公司 2014 年版

走在生命意义的十字路口

——弗兰克尔《活出生命的意义》解读

一、关于弗兰克尔

维克多·埃米尔·弗兰克尔（Viktor Emil Frankl，1905—1997）是享有盛誉的存在－分析学说的领袖。他所发明的意义疗法是西方心理治疗重要流派。

1905 年 3 月，弗兰克尔出生于奥地利维也纳的一个犹太人家庭，他在兄弟姐妹中排行第二，母亲是一个虔诚善良的犹太教徒，父亲是一个小公务员。由于家庭收入有限，弗兰克尔的童年生活一直陷于贫困之中，他为了果腹，甚至曾经在农场乞讨过。

贫困的生活并没有打消弗兰克尔对学习的兴趣，他在学校中表现优异。在中学读书期间，他开始接触弗洛伊德的学说，并深受精神分析学派的观点影响。在了解弗洛伊德观点的基础上，他 16 岁时给弗洛伊德写了一封信，此后还将一篇自己完成的关于叔本华的心理分析的文章寄给弗洛伊德，这篇文章在三年后发表。在阅读弗洛伊德著作的同时，他还广泛了解了精神分析学派其他研究者的观点，尤其欣赏阿德勒的观点。虽然只有 15 岁，但他已经成为阿德勒忠实的追随者。[1]

1923 年高中毕业后，弗兰克尔进入维也纳大学医学院学习，1925

---

〔1〕 Viktor Emil Frankl，"Viktor Frankl Recollections：An Autobiography"，*Insight Books*，1997.

维克多·埃米尔·弗兰克尔

年他拜见了仰慕已久的弗洛伊德。在医学院就读期间，他的研究集中于神经内科和精神病学方面，尤其感兴趣的是抑郁和自杀等问题，并开始发表关于心理学的专业文章。在文章中，他将精神病的治疗与哲学思考相结合，在精神病的治疗过程中，探讨人的存在的意义与价值问题，这也是他此后一生研究的中心问题。[1]

在开展学术研究的同时，弗兰克尔致力于心理咨询和心理治疗，在维也纳等多个城市组织了面向未成年人的免费心理咨询中心，并服务于维也纳大学附属的精神疾病中心。在这个过程中，他积累了大量心理咨询的实践经验。

1930年，弗兰克尔获得了医学博士学位，他留在维也纳大学医学院担任助教，继续进行精神疾病相关的治疗和研究工作，并于1937年自己开办了精神病治疗的诊所，从事自己所感兴趣的精神疾病治疗工作。

到此为止，在摆脱了童年的贫困生活之后，弗兰克尔的工作稳定，生活如意，爱情圆满，一切看起来都一帆风顺。

---

[1] S. Glantz, "Viktor Frankl: A Life Worth Living", *Children's Book and Media Review*, 2006, 27(3), Article 18.

然而，在大时代中，个人总是渺小的。随着"二战"脚步的临近，弗兰克尔的命运再起波澜。1938 年德国入侵奥地利，每一个犹太人都开始忧心忡忡，为自己的前途和命运而恐惧，弗兰克尔也不例外。为了摆脱纳粹可能带来的威胁，他开始与家人筹划前往美国。但他的美国之行并不顺利，虽然弗兰克尔本人在 1939 年获得美国护照与签证，但年迈的父母并未如愿。他和未婚妻最后决定一起留在维也纳照顾家人，弗兰克尔人生悲剧的大幕随着这一决定缓缓拉开。

　　1942 年，在结婚不满一年之时，弗兰克尔及其家人全都被捕，关押进纳粹的集中营中，弗兰克尔人生的悲剧段落由此正式上演。他的父母、兄弟都相继死于饥饿和臭名昭著的纳粹毒气室。而他和妻子则在多个集中营，如著名的波兰奥斯维辛，德国考夫图、图克海姆等之间辗转。

　　弗兰克尔深爱他的妻子，他在集中营里也日夜期待着有朝一日可以和妻子相聚，这几乎成了他活下去的最重要动力之一。死亡的恐惧笼罩在集中营的每一个人头上，他一面忧心于自己的命运，一面思念妻子。不幸的是，他的妻子没有像他一样等到最后的解救，在纳粹投降前夕去世。至此，除了他已经移民的妹妹，弗兰克尔的其他家人都在纳粹的集中营里遇难了，他是唯一的幸存者。

　　1945 年 4 月 27 日，他人生的悲剧终于落幕，弗兰克尔被美国陆军解救，远离了地狱般的集中营，他的生活拉开了新的一幕。

　　重回人间后，很多人无法摆脱集中营的生活给他们的身体和心理带来的折磨，出现了各种各样的适应问题。弗兰克尔没有像一些幸存者一样消极避世，或者变得性格古怪敏感，而是迅速重新建立起对生活的信心，再次开始自己的生活。

　　他在维也纳大学医学院找到一份教师的工作，开始重新进行精神病学和心理学相关的教学和科研工作。在工作的过程中，他跟自己的助手相恋，并于 1947 年重建家庭。他重拾对研究的兴趣，并在学术研究的道路上不断努力。1948 年他获得哲学博士学位，1950 年创办奥地利心理治疗协会并任主席。

集中营的悲惨经历没有打垮弗兰克尔，反而促进了他对生命意义的思考，并形成了积极乐观的人生态度。弗兰克尔的后半生健康而快乐，他不仅醉心于学术研究，到世界各地演讲推广意义疗法，而且在其他领域也兴趣广泛。这种对待世界未知事物的好奇心一直保持到他的晚年，他通过严格的训练 67 岁时获得了飞行员驾驶执照，80 岁时仍能攀登阿尔卑斯山，可以说，弗兰克尔对未知世界的探索一直没有停止过。

我们节选了弗兰克尔久负盛名的代表作《活出生命的意义》来进行解读，在帮助大家了解弗兰克尔的主要理论的基础上，重点选择第二部分"意义疗法"中的部分内容进行详细解读。

在这本书中，弗兰克尔首先描述了他在集中营的见闻，并不断引导我们思考一个问题：在极端艰难的条件下，我们到底是遵循本能还是其他原则来行事？为什么在集中营这样的地方，仍然有人性的道德光芒在不断闪烁？进而提出最后的思考，人生的意义到底是什么？接下来，弗兰克尔介绍了他的意义疗法理论。

意义疗法是弗兰克尔吸收了弗洛伊德精神分析理论、阿德勒个体心理学理论，以及人本主义的部分观点而提出的。但弗兰克尔并没有完全照搬前人的观点，正如阿洛德·库希纳在《活出生命的意义》一书序言中所总结的，在弗兰克尔看来，"生活并非弗洛伊德所宣扬的那样，只是简单的祈求快乐，也并非阿德勒所教导的那样，只是为了争权夺利。人活着是为了寻找生命的意义，这也是人们一生中被赋予的最艰巨的使命"[1]。结合自己在纳粹集中营的经历和见闻，以及自己在精神疾病治疗过程中的实践经验，弗兰克尔提出了自己的关于寻找

---

[1] 维克多·弗兰克尔著，吕娜译：《活出生命的意义》，华夏出版社 2010 年版，第 3 页。

电影《辛德勒的名单》海报

生命意义的存在主义分析治疗理念。该理论影响力巨大，与弗洛伊德和阿德勒等人并称，被誉为维也纳的第三个心理治疗学派。

弗兰克尔的意义疗法理论主要有意志自由、意义意志和生命的意义三个基本命题。

意义疗法的第一个命题是意志自由。弗兰克尔认为，人在生活中虽然受到生物因素、心理因素和社会文化因素等多重制约，但这些制约与人的行为反应之间并不是简单的因果关系。人的意志是自由的，不受外在因素的束缚，无论外部条件如何，即使是在集中营这样个人无能为力的极端环境下，人也会遵从自己的意志进行选择，那些意志坚强的人有能力战胜外界环境施加的限制，实现自己的理想和心愿。这一观点在现实生活中可以找到大量的例证，不论是弗兰克尔对自己在集中营的体验的描述[1]，《红岩》中先辈们不屈的对抗，还是《辛德勒的名单》中所描述的身为德国人的奥斯卡·辛德勒夫妇冒着巨大风险保护了1200余名犹太人免遭法西斯杀害的壮举，都说明人类完全具有精神上的自由。

意义疗法的第二个命题是意义意志。弗兰克尔虽然受到人本主

---

[1]《活出生命的意义》，第1—117页。

观点的影响，但他不同意人本主义将自我实现看作人的最基本动机和终极目标的说法，而是认为自我实现仅仅是人在发现生命意义和价值过程中的副产品。他吸取了弗洛伊德和阿德勒的部分观点，进而提出了自己的第二个命题："对照弗洛伊德精神分析所着重的唯乐原则，和对照阿德勒心理学派所着重的权力意志，我提出了意义意志。"[1]弗兰克尔认为，人不是被动地受原始的驱动力影响，而是可以充分运用自己的精神自由，在不同的环境影响之下，自主做出选择和判断，战胜外在环境的限制，从而探索人生的意义。在追求意义的过程中，弗洛伊德所谓的追求满足的意志和阿德勒的追求权力的意志在弗兰克尔看来都不是人类终极的追求，也就是说，一个人有了安逸的生活，有了欲望的满足，有了权力和地位，都不能真正实现内心的满足，因为他们所关注的只是快乐和权力本身，而忽略了快乐和权力背后更有意义的东西。弗兰克尔认为，人类最深层次的根源性动机就是追求意义的意志。人到达精神自由的过程就是对意义的追求过程，因此精神自由就是人所要追求的意义意志。也就是说，不论在任何逆境和困境之下，人都会有追求生命意义的意志努力，这种努力是人们主动做出的。如果一个人不能理解他存在的意义，缺少精神层次上的意义意志，就会产生存在性挫折，进而导致大量的心理问题，而这正是意义疗法所针对的关键点。[2]

举个例子，我们每个人都觉得自己在追求生活的快乐和幸福，但快乐是否生命真正的意义呢？在弗兰克尔看来，快乐只是我们所体验到的一种感受，而在追求快乐的过程中，我们的生命所显示出来的意义和价值才是我们真正需要探索的。对于每一个人而言，我们都有主动去探索生命价值的意志，如果缺少了这种意志，会导

〔1〕 维克多·弗兰克尔著，桑建平译：《人生的真谛》，中国对外翻译出版公司1994年版，第75页。
〔2〕 贾林祥：《试论意义疗法的三个理论命题》，载《常州工学院学报（社科版）》2006年第2期，第32—35页。

致各种心理问题。这就是弗兰克尔意义意志这个命题所要表达的观点。

意义疗法的第三个命题是生命的意义。弗兰克尔所提到的生命的意义是一个相对的概念，不是指抽象的人生的意义，而是每个人在具体时间阶段内的人生的具体意义[1]。在现实生活中，我们无法找到两个完全一样的人，不论他们的特征和经历多么相像，即使是一对从刚出生起就在一起生活的同卵双胞胎，也是两个截然不同的个体，因此我们也无法找到两个具有完全一致的生命意义的人。不仅不同的人具有不同的生命意义，就连同一个人，在生命不同的时期，或者在不同的环境条件下，其生命的意义也不同。在这一点上，我们从他集中营的经历中可以清晰地看到。那些被关押到集中营的囚犯中，既有消极地等待死亡的人，也有积极抗争逃亡的人；既有囚犯之间对食物和药品等资源的掠夺，也有对弱者无私的救助和关爱。在集中营里，死亡是所有人共同的恐惧，但在死亡的终极威胁之下，也有人能从中发现最深刻的生命意义。在韩国电影《釜山行》中，面临绝境时每个人的表现不同，有人为了亲人、朋友，甚至是为了陌生人而舍生取义，也有人为了自己而牺牲他人，人们最终的选择事实上就是对生命的意义的终极探究，类似的例子我们可以找到很多。

接下来，我们就从书本出发，一起探讨弗兰克尔对生命意义的追索。

二、作品导读

弗兰克尔关于意义疗法的著述有很多，接下来，本书通过他的著作《活出生命的意义》中的部分章节，对弗兰克尔的观点进行解读。

---

[1] 刘翔平：《寻找生命的意义——弗兰克尔的意义治疗学说》，湖北教育出版社 1999 年版。

由于篇幅的关系，我们仅节选其中"追求意义""心理 - 动力""存在之虚无""存在之本质""爱之意义""苦难之意义"等部分的内容来进行细致分析，其余章节只做概述。

本书的目的不在于代替大家完成阅读，而是仅给心理学的入门者一点帮助和引导，想要更好地了解弗兰克尔的观点，还有赖读者本人对原著细致的阅读。

正如弗兰克尔在该书引言中所表达的一样，这本书是对当时社会中的人们的心理困境的一种思考和表达，这一点与前文我们介绍过的罗洛·梅在《人的自我寻求》一书中所进行的尝试是一样的，只不过罗洛·梅更多的是从大的时代背景下分析现代社会的特点，进而探讨了现代社会中的人所存在的一系列心理问题，而弗兰克尔则通过寻找生命意义的三个途径，工作、爱和克服困难的勇气，来探索生命存在的意义和价值。

在弗兰克尔看来，每个人都有需要面对苦难的时刻，苦难可以使得我们丧失生活中的所有，而唯一不会丧失的，就是一个人自主的选择和应对的自由。有些人可能把这部作品当作宗教作品来阅读，也有人将这部作品视为心灵鸡汤。事实上，就弗兰克尔本人的观点而言，这是一部对人的自我价值和存在进行思考的作品。

在心理学诸多关于自我研究的著作中，本书之所以选择这本书来进行解读，也正是因为他所谈的对生命意义的追求和意义疗法的理论对于今天的每一个人而言都有重要的价值。可以帮助读者们在面对困境和挫折时多一重思考问题的角度。

作者将全书的内容分为两个部分："在集中营的经历"和"意义疗法"。第一部分介绍了弗兰克尔在纳粹的集中营的各种亲身经历和见闻，第二部分则基于这一经历提出了关于生命意义的思考和意义疗法的主要观点。

第一部分 "在集中营的经历"

在第一部分的开篇，弗兰克尔写下了如下的文字："这并不是对某些事实的陈述，而是有关我个人经历的记录，同时也是对数以百万的囚徒经历过的事件的记录。……就是想要回答一个问题：集中营的日常生活是如何反映在普通的囚徒的思想中的。"[1]

基于这样的理念，弗兰克尔用了该书一半的篇幅，介绍了其集中营岁月中的见闻和亲身感受。在这些让人痛苦和绝望的经历中，我们可以看到，即使是在集中营，囚犯们也是存在着不同的特点的，按照这些特点对弗兰克尔所讲述的经历中的人物加以分类可以帮助我们更好地读懂这部作品。

虽然弗兰克尔本人并没有明显地区分，但我们可以根据他所谈到的不同的囚犯在集中营的有特点的行为表现来进行简单的区分，进而将他们划分为四类：第一类是所谓的"牢头狱霸"，第二类是"绝望无助的人，一心只想活下来"，第三类是"失去了希望和信念，一心求死的人"，最后一类则是"在关键时刻表现出极大勇气的、保持了完全的内在自由的人"。

弗兰克尔在书中论述的第一种人让人感觉到人性的绝望。在集中营，每一个人都渴望活下来，但不同的人采取的方式是不同的。有一部分人，为了自己的生存，可以无所不用其极。只有牢头狱霸在集中营里可以拥有特权，而这些特权的获得是以对其他狱友的控制、处罚甚至虐待为基础得到的。

按照弗兰克尔的说法："只有那些经历过集中营的数次转移、在生存斗争中已经无所顾忌的人才能活下来。为了生存，他们可以使用

---

[1]《活出生命的意义》，第3页。

一切手段，诸如人格，甚至还有暴力、偷窃和出卖朋友。"[1] 这些人是不是一些在入狱前就特别臭名昭著的恶人呢？可能有些是，但他们中的绝大部分在入狱前跟我们大家一样都是善良的普通人，但在进入集中营之后，他们的人性发生了极大的变化。是什么样的原因导致了这种变化的产生呢？事实上，除了弗兰克尔之外，很多研究者都关注过这个问题，导致罪恶产生的根源到底在哪里？

关于这个问题，最著名的研究应该是"斯坦福监狱实验"。该实验是由美国著名心理学家菲利普·津巴多（Philip Zimbardo）主持的。

津巴多可谓是当前心理学界活着的传奇。知识改变命运这一点在津巴多身上体现得特别明显，1933 年，他出生在美国纽约的贫民区。与本书介绍过的很多出身贫寒的心理学家一样，他依靠个人的努力走出了自己的道路。凭借学业上的优异表现，他考入纽约城市大学布鲁克林学院，并在毕业时同时获得了心理学、社会学和人类学三个不同学科的学位。在了解了不同学科之后，他最终选择心理学作为自己终身的研究领域，在博士毕业后先后在耶鲁大学、哥伦比亚大学和斯坦福大学等多所名校担任心理学教授，是当代最著名的社会心理学家，并曾担任美国心理学会主席一职。

著名的斯坦福监狱实验是津巴多斯坦福大学任教期间完成的。1971 年，津巴多在报纸上发布了一则广告，招募健康的成年大学生男性被试者来体验监狱生活，每个参与实验的被试者每天可以得到 15 美金的报酬。在实验的过程中，研究者并不是把学生送去真正的监狱，津巴多将心理学系大楼的地下室进行了简单的改造，使其看起来像是监狱。

一共有 75 名来自美国各地的学生申请参与这个为期两周的实验，他们绝大多数是在斯坦福大学和加州大学伯克利分校参加夏季课程的

---

[1]《活出生命的意义》，第 6 页。

菲利普·津巴多

学生。经过筛选，最终有 24 名学生通过测试。这 24 名学生随后被分为两组，一组学生担任囚犯，另一组学生担任看守。实际实验过程中，囚犯和看守各有 9 名，多出来的 6 人作为候补。这些自愿参加实验的学生在实验前已经被告知，在实验过程中，他们所拥有的部分人权可能被侵犯，所有人都表示清楚并能接受这一状况。

津巴多在他的《路西法效应：好人是如何变成恶魔的》[1]一书中详细介绍了这个实验的过程。加州夏日的一个礼拜天，警笛撕碎了大学生汤米·惠特洛宁静的早晨。警车在他家门前停下来，发出刺耳的声音。警察指控汤米犯有重罪，告诉他依照宪法他所享有的权利，然后对他进行搜身并给他戴上了手铐。在城市监狱里，汤米被登记入册并留了指纹。所有的一切都与真实的逮捕现场无异。

之后，学生们被转移到了斯坦福的模拟监狱，其中一部分人被脱掉自己的衣服，换上标有身份号码的囚服。另一部分被分配做看守的

---

〔1〕 菲利普·津巴多著，孙佩妏、陈雅馨译：《路西法效应：好人是如何变成恶魔的》，生活·读书·新知三联书店 2010 年版。

学生在这时参与到实验中，在囚犯进牢时，按照监狱的正式程序对犯人进行裸体的搜身，他们穿着统一的制服，带着口哨、手铐和警棍，身上除了一块写着狱警的牌子外没有任何身份标志，每个人都是匿名的。他们拥有一切真实狱警所拥有的权力。

整个实验对现实的模拟是如此地真实，让人身临其境。津巴多在研究之初假设，由于他所筛选的被试者都是人格健全、心理健康的正常人，因此，这个实验的过程可能不会出现什么特别值得讨论的结果。

事实上，刚一开始的时候狱警们循规蹈矩地行使着自己的权力，在囚犯没有执行要求的时候剥夺其吃饭、睡觉、洗澡等特权。但非常迅速地，惩罚开始变得越来越严厉，最轻微的抗议也会引发剥夺吃饭、睡觉或探视权等更重的惩罚。津巴多这样描述当时的现象："每一天狱警对囚犯的虐待都在升级：让他们徒手清洗马桶；狱警站在囚犯的背上，让他们做俯卧撑；脱光他们的衣服，然后长时间单独拘禁；甚至对他们进行有辱人格的性侮辱。"

当然不是所有的狱警都这样，有些狱警对囚犯进行了侮辱和虐待，甚至以此为乐；有些狱警只是很严厉而苛刻，但没有侮辱虐待，这样的狱警只占少数。值得注意的是，这些好的狱警对其他狱警所做出的恶劣行径没有提出任何质疑。

逮捕仅发生了 36 小时之后，其中一位囚犯就崩溃了，他带领其他囚犯反抗狱警的处罚，但没有成功，后来他出现了尖叫、痛哭、狂暴等诸多问题，不得不退出了实验。但实验并没有就此停止，而是继续了下去。在接下来的几天里，另外三位囚犯也出现类似症状。退出的学生由候补的学生顶替其位置，但情况并没有好转。到了第六天，情况持续恶化，研究者不得不终止了原本预期进行两周的实验。

这个实验的结果一经公布就引起了巨大争议和广泛讨论，人们对在如此短的时间内造成的结果表示震惊。虽然津巴多宣称事后调查显示所有的被试者都从实验中恢复过来，其心理重新回到健康的状态，

斯坦福监狱实验的纪念铭牌

人格也没有受到长期的影响。但由于在实验过程中给被试者的身心健康，不论是囚犯还是狱警，都造成了巨大的伤害，此类实验在后来被完全禁止。

2001 年，德国人将这个实验拍摄成电影《死亡实验》（*Das Experiment*），电影获得了德国电影奖年度电影及三项年度突出表现金奖等多个奖项。2010 年，美国翻拍了电影《死亡实验》（*The Experiment*）。2015 年，美国人再次就这一题材拍摄了电影《斯坦福监狱实验》（*The Stanford Prison Experiment*）。前两部影片的剧本都是根据意大利作家马里奥·焦尔达诺（Mario Giordano）的小说版本改编的；而 2015 年美国版则是根据津巴多的著作改编，因此也是最接近事实的一部。感兴趣的读者可以通过这些电影帮助了解这一实验。

斯坦福监狱实验中的每一个人，不论是狱警还是囚犯，都是精挑细选出来的，人格健全、心理健康的正常人，但他们也出现了种种问题，这不得不引起我们的深思。我们每一个人都认为自己是一个善良而勇敢的人，我们不会做出伤害他人的决定。如果我们被问到把我们自己放到这样的情境中的表现时，我们会毫不犹豫地说我们不会！

但现实往往不如预期乐观，很多的事件告诉我们，结果往往是如同实验中一样残忍的。津巴多在《路西法效应》一书中，举了美军在

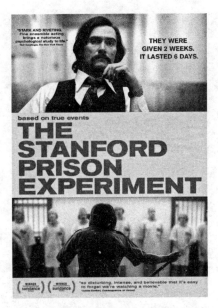

电影《斯坦福监狱实验》海报

伊拉克阿布格莱布监狱所发生的虐囚事件的例子。

整个事件好似斯坦福监狱实验的重演，而类似的例子在弗兰克尔的书中其实早有记载。津巴多将导致问题的原因归结为情境和体制的力量，他认为任何人都不能低估在特定的情境和体制之下，外在的因素会使人产生的变化，当将人们置于不良的处境时，这种力量能够使得人格与教养荡然无存。

而弗兰克尔则不这样认为，他将这种结果归结为个人的选择。在弗兰克尔看来，集中营的岁月所带给人们的绝望和痛苦的体验是一样的，但只有其中的一部分人才会形成所谓的"牢头狱霸"，而其余的人不会。导致不同身份形成的原因不在于这个人有没有能力做牢头，也不在于外在的体制和环境，他将这种结果的出现归结为个人的选择。他在书中的一个例子可以作为津巴多实验的反例：在集中营，也有这样的纳粹军官，在同样的情境和体制之下，自发地给囚犯提供一定的人道的照顾。所以，弗兰克尔坚持认为，任何一种人生都是自己主动选择的结果。

事实上，这种选择从一进入监狱就出现了，弗兰克尔将囚徒在集中营的精神反应划分为三个阶段：收容阶段、适应阶段、释放与解放阶段。

在收容阶段就会出现第一次选择，这个时候大部分人都选择使自己活下去，虽然决定的权利并不在囚犯自身。但这种活下去的意志是普遍存在的。弗兰克尔在书中有这样的一段描述，在初入集中营的时候，"旁边一个人轻轻告诉我，分到右边的是干活的人，分到左边的是老弱病残、不能干活的人，这些人要被送入特殊营地。……我就用力挺直腰板。党卫军军官仔细审视我，好像很犹豫，然后把双手放在我肩上。我尽量表现得很精干，他慢慢地向右转动我的双肩，我便顺势朝右转了过去"[1]。

对生存的渴望促使每一个人做出生的选择，即使是在集中营的逆境中。但这种选择慢慢会发生转变。在适应阶段，第二种人和第三种人开始慢慢出现分化。

我们按照弗兰克尔书中的表述将他划入第二种"绝望无助，一心只想活下来"的人的行列，因为虽然他在这本书中用大量的章节描述了集中营的苦难，但我们可以读到弗兰克尔一直没有丧失活下去的希望和勇气，并且尽自己的一切所能来生存。

这样的人和事在书中有很多，例如，弗兰克尔在书中写道，有人给他提了一个实用的建议："如果可能的话，每天刮脸，不论要用锋利的玻璃，还是用最后一块面包换刮脸工具。只有如此，你才能看起来更年轻，而且，刮脸还会使你脸色红润。想活下来，你唯一的办法

---

〔1〕《活出生命的意义》，第14页。

是，看上去能干活。"[1]

他在书中还讲述了另一个故事，囚犯们中一个长期的讨论话题是面包的分配方式，是发到手后一次性吃完，还是一天中分次食用。看到这个讨论，可能不了解集中营的读者会觉得面包很多，但事实上一天的口粮也仅够一个成年人勉强填饱一次肚子。这种讨论其实是一种黑色的乐观和幽默，是一种使得自己可以坚持活下去的自我支撑。类似的情节在这本书的第一部分中提到了很多，有对那些生活在传说中管理相对较好的集中营的犯人们可能存在的相对幸福的状态的假想，也有为了获得一勺从桶底舀出来的带有豆子的汤的努力，以及得到后的兴奋。

还有一个场景令笔者印象深刻，弗兰克尔写道："一名囚徒常常会问在旁边干活的囚徒最喜欢什么食物，然后彼此交换食谱，计划他们与家人重逢那天，也就是遥远的未来获释回家后那天的菜谱。"[2]

这个场景莫名地让人觉得熟悉，也许我们中的很多人在学生时代都经历过躺在宿舍的床上与舍友谈论家乡的美味，在离学校放假还有半个多月的时候就计划着回家第一顿饭我要吃什么的记忆。所不同的是，我们所期待的食物和温暖在不远的未来一定可以获得，而对于集中营的人而言，这种期待无法解决他们的饥饿问题，甚至会让人更加感觉饥饿，但这是使得他们继续坚持可以保持生存勇气的一种力量。

当然负面的事件也层出不穷，比如从已经死亡的囚犯身上拿走所有可以用的东西，比如为了获得更多的食物而阿谀奉承，甚至在面临饥饿绝境的时候发生过的吃人的惨状。

但毋庸置疑，对于第二种人而言，不论他选择哪一种方式，在保有一定的底线和道德的基础上，他同样没有放弃对于生存的希望。

---

[1]《活出生命的意义》，第24页。
[2]《活出生命的意义》，第36页。

当一个人自以为已经丧失了一切的时候，死亡并不是真正能够解决问题的办法，而其实是一种逃避，但遗憾的是，很多人选择并成为第三种"一心求死的人"。

对于这种人，其实弗兰克尔在书中谈得不多，寥寥几笔也更多是写如何帮助那些一心寻死的人。但是从书中这些简单的描述中，我们可以发现这类人并不少见。"集中营有一条严格的规定，禁止抢救企图自杀的人……我记得两个想自杀的人，情况都很相似，两人都谈到了自杀的念头，都觉得生活没有指望了……他谈到了过去因疾病或自杀而死去的许多狱友，他也提到了死亡的真正原因就是放弃了希望。"[1]

在该书的附言中，读者们可以找到他对于第三种人的唯一具体的描述："有人早晨5点拒绝起床干活，而是赖在牢房里，待在满是屎尿的草垫子上。无论你警告还是威胁，统统都不管用。然后他们会拿出一支藏好的烟，开始抽。那一刻，你会明白：他会在48小时内死亡。"[2]

正如书中所描述的，弗兰克尔将第三种人的行为归结于自己的选择。在集中营这样的情境下，所有的人都丧失了希望，但每个人的选择是不同的，在绝境之下，死亡是他们自认为可以解决问题的方法。

事实上，不仅是在集中营这样的恶劣的环境下，甚至是在离开集中营之后，也有人选择放弃。看过电影《肖申克的救赎》的读者可能还对一段剧情有印象，就是电影中有一位在监狱里待了五十年的老布，他几乎在监狱里度过了一生。老布在监狱里管理图书，还养了一只小鸟，他和平的生活在假释通过那天被打破了，他感觉恐惧，甚至用小刀顶住朋友的脖子以便通过犯罪的行为使得自己继续留下。出狱

---

[1] 《活出生命的意义》，第94—96页。
[2] 《活出生命的意义》，第176页。

后，他不能适应环境的转变，面对巨变的社会和空虚的生活，最终选择了自杀，只留下一行字：老布到此一游！

在这里，我们不去讨论自杀这种方式对于解决问题是多么无效，因为一个人的死亡只是生命的终结，对于解决问题没有任何帮助，反而会给周围的人带来更大的痛苦，比如父母和亲人。在弗兰克尔理论的框架下，这也是一种选择，但他希望提醒大家注意的是，这种选择的人群是可以，也是迫切需要获得帮助的对象；他们的这种选择是可以，也是必须得到转变的一种选择。

第三种人在现实生活中有一个变形，他们没有达到一心求死的地步，但同样丧失了对生活的兴趣和对生命意义的追求，我们可以在吸毒成瘾的瘾君子，以及很多沉迷于网络不肯接触社会的超级宅男身上找到他们的影子。

第四种人，"在关键时刻表现出极大勇气的、保持了完全的内在自由的人"是弗兰克尔最为称道的人。可以表现出勇气的行为很多，有一些可能乍一看来并不是很明显，比如他提到过这样一个例子："一天晚上，我们端着汤碗，精疲力竭地躺在棚屋的地板上休息，一名狱友冲进来让我们跑到集合地看日落。站在外面，我们欣赏着晚霞，看着不断变换形状和色彩的云朵笼罩着整个天空，云彩一会儿铁红色，一会儿艳红色，与我们荒凉的棚屋形成鲜明对比，泥潭也映照出灿烂的天空。几分钟的寂静之后，一名囚犯对另一名感慨道：世界多美啊！"[1]这种在绝境之下仍然拥有的对美的欣赏和感悟，以及对周围的人的无言的影响，其实也是勇气的一种体现。

但这种现象是不是弗兰克尔所说的"保持了完全的内在自由的人"的最典型表现呢？按照弗兰克尔的观点，这只能算是最浅层的"内在自由"。那么什么样的人才具有真正的"内在自由"呢？在弗

---

[1]《活出生命的意义》，第48—49页。

兰克尔看来，这样的人很少，甚至弗兰克尔认为他自己也不属于这一行列。

但事实上，弗兰克尔的一些表现其实已经具备了这样的特征，书中的几段情节很好地表现了这一点。例如，有一次弗兰克尔被要求到另一个集中营看护伤寒病人，当时他可以通过一些小伎俩逃避这一苦差。虽然知道那边更加危险，朋友们也都反对他这样做，但他仍然选择去了，因为他认为："怎么都是个死，在那里死多少会有些意义。我想，作为医生，为帮助自己的狱友而死，要比作为不中用的劳工消耗掉自己的生命，无疑更有意义。"[1]

还有一次，在策划逃离的过程中，他在面对自己同胞悲伤的眼神时产生了犹豫，这位同胞奄奄一息地躺在床上，弗兰克尔可能是他悲惨人生的唯一指望。弗兰克尔面临一个其实并不艰难的选择，是放弃难得的机会留下来帮助其他病人，还是抓住机会逃出去。"我决定自己拿一次主意。我跑出去告诉那个朋友我不跟他跑了。一说出这句话，那种不安的感觉就顿时消失了。我不知道接下来会发生什么事，但我内心得到了前所未有的平静。"[2]

这些场景让人不由想起一部电影——罗伯托·贝尼尼执导并主演的《美丽人生》。在电影中，主角们的多次选择都符合弗兰克尔所描述的"内在自由"。当剧中女主角多拉的丈夫和儿子被纳粹逮捕的时候，没有犹太血统的她本可以免于被捕，却坚持要和丈夫、儿子一同前往集中营。男主角圭多不愿意让集中营的经历给儿子纯真的心灵带来伤害，因此给儿子编造了一个游戏的故事，他告诉儿子现在他们正处在一场非常真实的游戏中，他们每一天的遭遇都是游戏的规则，只有遵守游戏规则的人才能获得积分，而拿到1000分就能得到一辆大

---

[1]《活出生命的意义》，第60页。
[2]《活出生命的意义》，第71页。

电影《美丽人生》剧照

坦克。由于有了希望，儿子乔舒亚才能忍受集中营的饥饿、恐惧和寂寞，在恶劣的环境中保有自己的童真。

不论是圭多还是弗兰克尔，这些表现都是英勇无畏的选择，是一个人在绝境面前所能做出的遵从自己内心道德的非常勇敢的行为。但在弗兰克尔看来，"内在的自由"不仅体现在行为上，还体现在内心的想法上。

他在书中提到了这样的一个例子，一位女士在去世之前跟他谈道："我感谢命运给了我这么沉重的打击……以前的生命让我糟蹋了，我从没有认真考虑过精神完美的事。……这棵树是我孤独中唯一的朋友……它对我说，我在这里，我在这里，我就是生命，永恒的生命。"[1]

这段描述，包括前文中提到的所有的例子，事实上都在论证弗兰克尔在第一部分中所要集中表述的一个观点："犯人最终成为什么样的人，仍然取决于他自己的内心的决定，而不单单取决于集中营生活的影响。"[2]

---

〔1〕《活出生命的意义》，第83页。
〔2〕《活出生命的意义》，第80页。

在弗兰克尔看来，人并不是完全受制于环境的，即使是在集中营这样高度控制的、残酷的环境之下，人仍然应该具有选择自己行为的权利，这种精神上的自由才是使得生活变得有目的、有意义的终极价值所在。

但并不是所有的选择都是好的、有价值的。正如我们所分析的集中营的四种人，我们不做任何道德评判，因为每一个人在绝境下做出的行为选择都有自己的理由。但仅从结果看，不论是选择靠欺压他人自己获利的牢头狱霸，还是选择放弃自己的生命，其最终导向的结果都不是好的，从长远看，既不利于自己，也不利于他人。弗兰克尔在书中分析道，当集中营解散回到现实世界中之后，那些适应不良的人中，很大一部分都是当时的牢头狱霸，他们的人格品质在长期霸凌他人的过程中发生了扭曲，无法适应现实社会的规则。

集中营的黑暗岁月只是人类历史上的一小段，但在任何时候任何地方，人们都有可能遭遇挫折和不幸，如何选择自己的行为，使得自己成为一个真正的"完全内在自由"的人，是接下来弗兰克尔论述的焦点。

第二部分"意义疗法"

到底什么是意义疗法呢？弗兰克尔在第二部分的开篇对其进行了如下描述：意义疗法"着眼于人类存在的意义以及对这种意义的追求。根据意义疗法，努力发现生命的意义正是人最主要的动力"[1]。

【解读】第一节"追求意义"

那么，到底如何解读追求意义这个过程呢？弗兰克尔在第二部分的第一节对这一问题进行了论述。

---

[1]《活出生命的意义》，第117页。

弗兰克尔在一开始就区别了他与弗洛伊德对于某些概念理解上的差异，在弗兰克尔看来，对生命意义的追求是人类最主要的动机，每个人的生命意义都是独特的，只能由自己来完成。因此，追求意义的过程不是弗洛伊德所提到的"次级合理化"，意义的价值也不是简单的"自我防御机制"和"反向形成"。

这一段中出现了一些弗洛伊德精神分析学派的术语，因而较为难以理解，在此略作解释，以帮助大家更好地读懂原文。

第一个要解释的词是"合理化机制"，这是精神分析的一个专业术语，是一种防御机制，是自我的一种功能。当我们意识到自己的某一种需要或动机存在问题，而且这种问题不仅是由他人指出的，而且是我们自己也能够意识到的时候，为了防止自己内心的不安，就需要寻找一个理由来为自己辩护，以免除内心的不安。[1] 例如，很多人在读书的时候都有过类似的经历，当我们一直在看电视剧而没有完成必要的学习任务时，不仅父母会警告我们这样做是不对的，我们自己心里其实也会有一个基本的判断，知道自己的行为是不恰当的，但为了使自己可以心安理得地偷懒，不产生负疚感，这时就会用"这个老师讲课太差""我不喜欢这门课""作业太难""大家都还没有写呢，又不是只有我一个"等理由来给自己找借口。

对于书中谈到的本能驱动的"次级合理化"这个概念，我们可以这样理解，当一个人产生了某种不受社会规范容许的本能的动机时，如果他想满足这种动机，又不想自己受困于道德所产生的压力，他就会寻找一个理由来证明自己这样做是合理的，从而摆脱内心的不安。举个简单的例子，假设有一个人拿走了公共卫生间的手纸（类似行为

---

〔1〕 李孟潮：《合理化及其他》，昆明精神卫生中心，来源网址：http://www.psychspace.com/psych/viewnews-1948。

有很多[1]，并曾经在天涯、知乎等网络论坛上引发过热议[2]），这件物品的经济价值可能不大，但这种行为是违反道德和社会规范的，因此按照弗洛伊德的观点，他会受到来自超我的责备，为了消除这种内疚感，他就需要给自己的行为找个借口，例如"大家都拿""我只是急用""我拿的这个东西不值钱，不能算偷东西"等。

那么，什么是"自我防御机制"呢？什么又是作者所提到的"反向形成"呢？[3]

弗洛伊德最早在《防御性神经精神病》一文中提出"防御"这个概念，它是指自我为应对痛苦的或无法忍受的观念和情感而做出的努力。后来衍生出了"自我防御机制"的概念，它是指自我在应付本我的驱动、超我的压力等问题时所采用的心理措施和防御手段，其目的在于减轻和解除心理紧张，是一种自我保护的过程。[4]

例如，假设作者最近很穷，食不果腹，我看到一个摊位上在卖包子，卖货的人睡着了，周围也没有别人在，这时本我就会告诉自我拿一个吧，别饿死了，反正也没有人能看见；而超我会告诉自我，不行，这样的行为是不道德的。那么自我到底会怎样做呢？

弗洛伊德的女儿安娜将弗洛伊德对自我防御机制的研究在《自我与防御机制》一书中进行了系统的归纳和总结，分析了其父亲提出的十种防御机制，包括压抑（repression）、隔离（isolation）、退行（regression）、抵消（undoing）、投射（projection）、内投（introjection）、转向自身（turning against the self）、反向形成（reaction formation）、反转（reversal）和升华（sublimation）。也就是说，面对这个无人看守的包子，我可能至少会有十种不同基于自我心理保护的不同应对

---

〔1〕 搜狐社会，https://www.sohu.com/a/130996589_686320。
〔2〕 天涯网，http://bbs.tianya.cn/post-free-5681344-1.shtml；知乎网，https://www.zhihu.com/question/34575552。
〔3〕《活出生命的意义》，第118页。
〔4〕 车文博：《弗洛伊德主义论评》，吉林教育出版社1992年版，第371—372页。

方式。

本文中引用的"反向形成"，它是指将一个人内心的欲望以相反的形式表现出来。例如，当我不喜欢一条别人送的很贵的新裙子而无法摆脱的时候，就会转换为天天穿着它的形式；再举一个例子，我很饿，我非常想要一个包子，但没钱买，于是我拼命使自己相信"我不喜欢吃包子""这家店的包子太难吃""这家店的老板不讲卫生"等想法。

再比如说"升华法"，它是指通过改变欲望的目标而使欲望变得更为社会所接受，这样虽然不能完整满足自己的欲望，但可以部分地满足。例如，我不去偷这个包子，而是跟包子的主人乞讨，虽然乞讨这种不劳而获的方法在一定程度上也不如自己购买那样为主流的社会规则所认可，但毕竟比偷窃强得多。[1]

那么，如何理解"更不愿意仅仅为了自己的反向形成而送死"[2]这句话呢？当一个人的求生欲望占据主要地位，但又不容于超我的时候，比如，在某些情境下，需要人出来完成一项任务，但这个任务几乎没有生路，这时候人的本能就是求生，但受到超我等因素的限制，他不能按照本我的直接欲望选择由别人去，这时候就可能以反向形成的形式表现为自己主动要求去完成任务。重点是，这里的行为仅仅是一个被动行为，并非出自本心。

弗兰克尔在这一节中用了大量的实践研究的例子，包括在法国和美国开展的与生命意义相关的实证研究的结果，来论证人们都有追求意义的需要这一观点，调查研究的结果显示，在被调查群体中，不论是法国还是美国，都有三分之二以上的人认为生命中最重要的就是寻求自己活着的价值。我们可以这样总结，追求意义的过程对于每一个

---

[1] 杨慧芳：《安娜·弗洛伊德对自我防御机制研究的贡献》，《南京晓庄学院学报》2017年第1期，第90—95页。

[2] 《活出生命的意义》，第118—119页。

人而言都是有实际价值的，它不是弗洛伊德所认为的仅仅是为了获得自身在道德感和欲望之间冲突的解脱，不是为自己的行为找借口，也不是为了减轻压力的自我保护，而是人类自身进步的动机，是生命价值的体现。

【介绍】第二节"存在之挫折"

第二节谈到了"存在之挫折"这个概念。弗兰克尔认为人们在追求意义的过程中也并不总是一帆风顺的，他界定了存在的含义："存在一词有三种含义：（1）存在本身，比如人特定模式的生存；（2）存在的意义；（3）对个体存在之意义的追求，即对意义的追求。"[1]

存在之挫折也是存在的一种状态，其最典型表现就是生活空虚，体现在人们在生活中经常感到厌倦和无聊，感觉自己的生活没有目的，缺乏意义。弗兰克尔认为，随着时间的流逝，现代社会（弗兰克尔所处的时代）的心理问题与弗洛伊德和阿德勒等人的时代已然有很大的不同，不能再将挫折或自卑感作为导致心理问题的根源。

在弗兰克尔看来，缺乏对生命终极意义和价值的思考所导致的问题才是根源。前文曾经介绍过罗洛·梅的观点，他认为孤独和焦虑是导致当代社会人们心理问题的根源，弗兰克尔所处的时代与罗洛·梅有较大的重叠，同罗洛·梅一样，他也认同存在"时代的集体神经症"，但将其根源归结为由于生活空虚或者叫作"存在的空虚"所导致的人性"虚无主义"，是一种"生命没有意义"的表现。

就如同我们在罗洛·梅的介绍中曾经探讨过的，快节奏的现代生活导致了很多问题，人们快速在城乡之间或城市之间迁移，大城市人潮聚集，生活节奏加快，人际关系淡漠，这些导致了孤独和空虚日益成为现代人的一种通病。

---

〔1〕《活出生命的意义》，第121页。

越来越多的人开始受困于寻找自身存在的价值和意义。有些人在这个过程中一直努力，最终找到自己的生命意义，但有更多的人，因为各种原因，在寻找生命意义的过程中遇到了很多问题。这样的例子很多，例如有些年轻人，因为在现实中感到无聊或受到挫折，而沉溺于网络，将虚拟世界中的人的更加多姿多彩的、任意而为的生活当作自己的生活，将虚拟世界中臆想人物的成功当作自己的成功，甚至将其生命意义当作自己的生活意义，于是出现了沉迷于网络游戏、网络小说无法自拔的现象。

从弗兰克尔的角度分析，这正是现实世界的存在之挫折的一种体现，而意义疗法旨在帮助人们寻找和发现生命的意义，是解决人性虚无的最佳途径。[1]

【介绍】第三节 "意源性神经官能症"

在第三节中，弗兰克尔承袭上文，对"意源性神经官能症"展开了详细的分析。

"意源性神经官能症"这个词较为少见，在此略作解释，弗兰克尔认为，"存在的空虚"是导致当代社会心理问题的最主要原因。他把由这种因素导致的神经官能症命名为"意源性神经官能症"，也称"心灵性神经官能症"（noogenic neuroses），其起源不是心理因素，而是源自人类存在的心灵层次。

存在的心灵层次是弗兰克尔自己的一个提法，他认为所有人的人格结构中都有灵性的部分，是人类生命中的一个特殊层次，我们可以将之理解为个体应对空虚的生活，寻找生命的意义的能力。对于这类神经官能症，弗兰克尔认为必须用含有灵性意味的意义分析来施与治

---

〔1〕 周守珍：《弗兰克尔意义疗法述评》，载《长江大学学报（社会科学版）》2005年第6期，第105—108页。

疗，主要目的是协助病人找出生命中的意义。下文会有对这一问题的详细介绍。[1]

"意源性神经官能症"的发作在弗兰克尔看来是存在的问题，当追求意义的过程中人们体验到了挫折的时候，就容易产生这一问题。

弗兰克尔认为，治疗"意源性神经官能症"最有效的方法就是他所提出的意义疗法，为了证实这一点，他举了一位外交官的例子作为证明。这位外交官接受心理治疗已经有五年之久，但其心理问题并没有得到缓解。在来到弗兰克尔这里治疗后，弗兰克尔发现这位外交官的问题是由于他不喜欢外交工作而希望从事其他职业所导致的，但他自己并没有意识到这一点，而此前的其他治疗者也没有帮他指出这一问题。当这位来访者在弗兰克尔的帮助下接受了这一观点并做出了职业选择上的改变的时候，他的问题得到了有效的解决。

在弗兰克尔看来，对于这位外交官而言，导致痛苦的根源在于，在日复一日重复的外交工作中，他无法找到自己生命的意义所在，而意义疗法则针对他问题的实质，帮助他找到了生命的意义，因此能够有效地解决问题。

【解读】第四节"心理－动力"

在第四节中，弗兰克尔开篇进行了这样的表述："人对意义的追寻会导致内心的紧张而非平衡。不过，这种紧张恰恰是精神健康的必要前提。"[2]

这一段话所表达的意思与传统的精神分析学派的观点正好相反。传统理论往往认为内心的紧张和冲突会导致心理问题，也就是我们一般理解的压力和紧张会使人产生焦虑，而弗兰克尔的观点则恰恰相

---

[1] 崔晓君、贾伟：《人，一种追求意义的存在——弗兰克尔意义疗法述评》，载《山东行政学院山东省经济管理干部学院学报》2006 年第 3 期，第 121—123 页。
[2] 《活出生命的意义》，第 125 页。

反，他认为一定程度的紧张是必要的，对人的心理健康有积极的作用，是人类进步的重要力量。

弗兰克尔指出，适度的紧张对人的精神健康具有重要的意义。这里的紧张可以理解为"已完成的状态和有待完成的任务之间的紧张，或者是当下状态与理想状态之间的差距"[1]。当存在这样的紧张状态，并且被人所意识到的时候，人们才会产生为了达到目标和理想而奋斗的动机。在心理治疗的过程中，治疗的关键不在于消除紧张，而是通过帮助来访者了解到导致他当前紧张状态的那些他有待完成的目标的意义来激励他，进而唤起他内心潜在的追求意义的意志。

"人所需要的不是'内稳态'，而是我所谓的'精神动力'，也就是存在的动力处于一个紧张的极化区（其中一极代表有待完成的意义，另一极代表意义所期待的主体）。"[2]这里的"内稳态"是指人体内部环境的平衡状态，"紧张的极化区"所指的应是人和其所追求的生命的意义之间的紧张程度。弗兰克尔认为，不仅仅是心理健康的人应该积极地追求生命的意义，当产生心理问题时，更应该在治疗者的帮助下反思并寻找自己生命的意义。

对这一节的内容加以总结，我们可以将之理解为，适度的紧张状态是非常必要的，是人们心理活动的动力所在。

【解读】第五节"存在之虚无"

在第五节中，弗兰克尔继续探讨存在的问题，他用了"存在的虚无"这个标签来描述 20 世纪人们普遍存在的状态。

他认为，导致这一状态的原因是人们的"动物本能"和"为其行为根基的传统"的双重丧失[3]，关于动物本能的丧失相对好理解，动

---

[1]《活出生命的意义》，第 126 页。
[2]《活出生命的意义》，第 127 页。
[3]《活出生命的意义》，第 129 页。

物在数千年衍化的过程中所形成的关于生命的活动规律在进化到人类的过程中失去了指导意义。因为人类社会自身的复杂性使得人类所面临的问题相对于动物而言更加地复杂。

而作为行为根基的传统的丧失则指向现代社会，随着社会的发展和国际化融合的趋势，导致人们不再遵从传统的行为规则，但又未能形成新的、有效的并得到广泛认可的行为指导标准。在这种情境下，我们不知道自己该做什么，甚至不知道自己想要做什么。

这一问题的最直接表现就是厌倦人生，感觉日复一日重复的生活没有意义，对生活悲观而厌倦，进而导致抑郁和其他各类心理问题。对权力的追求和对享乐的追求在弗兰克尔看来只不过是人们应对存在的虚无的另外一种表达方式，与厌倦人生相比，它们是经过伪装的，但究其实质，也是因为无法寻找到当下生命真正的意义和价值而产生的。

要解决上述问题，在弗兰克尔看来，其唯一的办法就是帮助人们重新思考生命的意义，并获得生命的意义。

【介绍】第六节"生命之意义"

那么生命之意义到底是什么呢？弗兰克尔认为没有人能够用概括性的语言来进行描述，因为我们每一个人都是独立的个体，每一个人的生活每一天都在发生变化，因此，生命的意义应该是一个相对于个人的、不断变化的概念。

因此，弗兰克尔对生命的意义进行了如下总结："人不应该问他的生命之意义是什么，而必须承认是生命向他提出了问题。简单地说，生命对每个人都提出了问题，他必须通过对自己生命的理解来回答生命的提问。对待生命，他只能担当起自己的责任。"[1]

---

[1]《活出生命的意义》，第133页。

也就是说，所谓生命的意义，应该是一个基于个人的、动态的、不断追索的过程。我们不应该用他人的生命意义来指导和规范自己的生命意义，因为你不能过别人的生活，不断询问他人的生命意义对于寻找自己的生命意义事实上并不能提供太大的帮助。只有通过安静自居的思考，结合自身的经历和自己对未来的规划和期望，才能解答关于自己生命意义的问题。

【解读】第七节"存在之本质"

在上一节的末尾，弗兰克尔写下了这样的一句话："因此，意义疗法认为，负责任就是人类存在之本质。"[1]这也正是第七节他所要论述的问题。

在意义疗法的过程中，弗兰克尔始终尽力使来访者意识到自己的责任，意识到只有自己才能对自己负责。为了帮助来访者真正承担起自己的责任，他努力使来访者接受如下的观点："首先，它要求你设想现在就是过去；其次，过去能够被改变和修补。这就使人能够直面生命的有限性及自身生命的终结性。"[2]

从这段话我们可以看出，弗兰克尔特别强调责任的重要性，责任不仅体现在人在某一具体时刻，必须完成其具体使命，还体现在人不仅有选择的自由，更需要为自己的选择负责。那么如何激发人的责任感呢？弗兰克尔做了一个假设，如果我们可以重复人生，那么我们应该做什么呢？弗兰克尔认为，这时我们的责任就是尽量弥补自己此前所犯下的一切错误。

但是，穿越小说永远只能是漂浮在纸面上的幻想，逝去的时间也无法重来。那么，人们在面对生活的时候必须有这样的意识，对于那

---

〔1〕《活出生命的意义》，第 133 页。
〔2〕《活出生命的意义》，第 134 页。

些可能会反复出现的生活问题，我们在每一次实践中都要意识到，因为已经发生过的错误是无法挽回的，因此避免之前的错误是我们的责任；而对于新的事件，我们必须主动思考自己在新的情境下的责任之所在。而实现这一切的执行人必须是，也只能是每个人自己，不能将做出自我评价和寻找生命意义的责任转嫁给他人。

为什么呢？因为"有人不仅仅把自己的生命看作是赋予他们的任务，也是监工分派给他们的任务"[1]。现实生活中存在大量的这类人，例如厌学的孩子和讨厌工作的员工。对于这些孩子而言，学习的意义和价值不是个人的成长，而是父母强加给他们的任务；对于这些员工而言，手头工作的意义也不是实现自身价值的手段和过程，而是万恶老板的剥削和压迫。日常的学习和工作只是他们被迫的任务，他们无法主动地从中体验到任何意义和价值。

对于弗兰克尔而言，意义疗法的目的就是帮人进行反思，使他们意识到自己的错误，并开始思考人生的真正意义。也就是说，学习和工作的真实意义不是治疗师告诉他的，而是他自己体悟到的。

负责任是人存在的本质，这是弗兰克尔在本节的开篇就点明的，更进一步地，他指出，一个人责任的对象不应该仅仅局限于自身，"生命的真正意义要在世界当中而不是内心中去发现"[2]。在这里，他所强调的是要坚持人的社会性，也就是说，人生意义的体现不应该是抽象的、脱离了社会现实的，而应该是作为一个社会的人的、在社会生活中所具有的。他将这一点总结为"人类存在之自我超越"[3]。

在此基础上，弗兰克尔总结了三种不同的发现生命意义的途径："（1）通过创立某项工作或从事某种事业；（2）通过体验某种事情或

---

〔1〕《活出生命的意义》，第 135 页。
〔2〕《活出生命的意义》，第 135 页。
〔3〕《活出生命的意义》，第 135 页。

面对某个人；（3）在忍受不可避免的苦难时采取某种态度。"[1]

【解读】第八节"爱之意义"

如果我们将上一节末尾弗兰克尔所提到的第一种发现生命意义的途径理解为成功，这一点可以参照马斯洛的自我实现理论来加以理解，也就是说，人在完成自己认为有价值的工作中获得自我实现，而这正是人生意义的体现。那么，爱可以作为帮助我们理解第二个途径的最佳诠释。

一叶障目，没有人能够彻底了解自己，弗兰克尔认为，爱是帮助我们加深了解的重要途径。只有通过全身心的爱，我们才能对一个人有彻底而深入的观察和了解，这种他人对于我的了解与本人对自己的了解一定会存在差异。当一个人通过他人的反馈和自身的思考对自身有一个更深层次的了解之后，就会对自身的意义有一个更加全面和彻底的反思。

爱，不仅仅是爱情，也存在亲子之爱、朋友之爱等诸多途径。不论是对恋人还是孩子、朋友，因为我们爱他们，因而会渴望从更多的角度更加了解他们。我们会看到他们的优点，也会在相处的过程中感受到他们的缺点。

可以通过一个例子来帮助大家理解这种途径。比如有一个母亲非常爱她的儿子，将他视为心肝宝贝，愿意用世界上一切最美的词语来赞美他。但是，这个母亲自己也会清楚地意识到孩子的缺点，比如他会因为不肯跟朋友分享他的玩具而号啕大哭。对这个问题的处理方法很多，母亲可以视而不见，坚持认为自己的儿子是世界上最完美的孩子；也可以帮助他意识到现有行为的不足，意识到分享的必要性和乐趣。而如果母亲完成了后者，对她的儿子而言，是帮助他找到分享这

---

[1]《活出生命的意义》，第 136 页。

个行为对于生命的意义，是爱的一种最佳体现，对母亲自身而言，也是作为母亲的价值的最完美的实现。

【解读】第九节"苦难之意义"

发现生命意义的第三种途径是承受苦难。在这本书中，弗兰克尔通过自身的经验，向我们反复陈述了苦难的意义和价值。就好像在第一部分中我们所分析的第四种人一样，有些人在集中营那样绝望的处境和极度的苦难之下，也能找到生命的意义。

但遭受痛苦并不是获得生命意义的必经之路，人不是一定要经历痛苦才能找到生命的价值。弗兰克尔想表达的并不是鼓励我们一定要去西藏的无人区跋涉，才能在面临绝境的时刻更好地体验生命的宝贵和伟大，虽然这是现在很多年轻人所向往和追求的体验生命的方式之一。他想要表达的其实是，即使当我们面临不可避免的痛苦和绝望时，我们还是有选择的权利，我们积极的选择会帮助我们更好地了解生命的意义。

文章中引用了佐治亚大学心理学教授爱迪斯·焦尔森的一句话："我们目前的心理－卫生哲学强调的是，人应当幸福，而不幸福是调适不当的结果。这样一种价值体系可能会造成这样的后果：不可避免的不幸之重负由于对不幸感到不幸而变得更加严重了。"[1]这句话理解起来有一点难度。我们可以这样理解：有些时候，对于人而言，痛苦和不幸是无法避免的。如果我们坚持此前的观点，坚持认为我们不幸的主观体验是由于自己调适不当导致的，那么这就是一件值得悲哀的事情。为什么不幸只降临在我的身上？为什么只有我感到痛苦呢？如果人们陷入这样的思考模式，他的痛苦的体验将永远无法得到缓解，只会在恶性循环中不断加重。这一论述背后的潜在观点符合弗兰克尔

[1]《活出生命的意义》，第 141 页。

的理论，即挫折和不幸对于人而言是有积极的进步意义的。

事实上，生命的意义在任何时候都是无条件地存在的，区别在于，在相同的处境下，不同的人的选择是不一样的，因此对于生命的意义的追求也不同。

我们可以在日复一日的平凡人生中体悟生命的意义，因为平淡本身就是生命意义的一个很好的诠释途径；我们也可以在自我实现的过程中不断挑战自我，感受生命的价值；而在挫折和苦难降临时，不被苦难所束缚和奴役，仍然保持着追求生命意义的意志自由，则是人们面对苦难时所能表现出的最好的形态。

后续章节

由于篇幅的原因，我们无法对接下来的全部章节都进行细致的论述，下面仅挑选其中较为重要或难以理解的章节展开细致分析，其余内容将仅做简要介绍。

在简单介绍了意义疗法过程中的一些案例之后，弗兰克尔提出了一个新的概念——"超级意义"，这个概念事实上是针对那些有宗教信仰的人提出的，对于有虔诚信仰的人而言，宗教对于他们寻找生命的意义有巨大的价值，甚至宗教的教义可以作为他们生命的直接的也是最高级的意义。

但是"超级意义"这个概念仅限于那些有自己虔诚信仰的人。事实上，不论是哪一种人，我们的生命都是短暂的。但"存在的短暂性并不会使存在变得没有意义"[1]，相反，在弗兰克尔看来，如果我们意识到自己存在的短暂，并努力在这短暂的生命中将自己的潜力激发出来，更积极地应对生活，那么，当年华逝去之后，他会因自己曾经的选择和努力而定格的那些生命片段感到满足和自豪。所以，超级意义

---

[1]《活出生命的意义》，第 151 页。

的追求应该是不仅局限于宗教层面的，而是广义的、对更高层次的生命意义的追求。

"我拥有的不仅仅是可能性，而是现实性，我做过了，爱过了，也勇敢地承受过痛苦。这些痛苦是我最珍视的，尽管它们不会引起别人的嫉妒。"[1]而意义疗法的真正价值就在于帮助人们意识到在短暂的生命中自己的责任，意识到自己存在的价值和生命的意义。

他在书中介绍了意义疗法的几种重要疗法，比如"心理剧"和"矛盾意向法"。在这里，我们选取后者进行简单的介绍。

弗兰克尔认为，"矛盾意向法"这一治疗技术的基础和根源在于："一方面，正是恐惧导致了所害怕的事情的出现；另一方面，过度渴望使其所希望的事情变得不可能。"[2]

有些时候，越是努力想要做什么，就越不容易成功。如果我们将自己恐惧的目标加以放大，作为自己想要达到的目标的话，就可以有效地消除恐惧。

举个例子来帮助大家理解，假设一个人非常害怕自己在公众场合发言会表现不好引发大家的嘲笑，那么，使用"矛盾意向法"来进行治疗的时候，就要首先帮他确定一个能够引发会场里所有的人一起嘲笑他的目标，在实际执行的时候，当他将注意力转移到如何引发大家嘲笑这一问题上之后，他会发现这个任务非常难以达成，而自己对在公众面前讲话的恐惧感经过多次获得嘲笑的尝试后已经消失了。

意义疗法是弗兰克尔所开创的心理治疗的新的流派，在心理学界至今仍有较大的影响力。由于这本书不是对意义疗法的方法展开详细介绍的专著，因此，感兴趣的读者可以通过阅读弗兰克尔的其他著作，如《实践中的心理治疗学》《意义治疗和存在分析》《心理治疗中

---

[1]《活出生命的意义》，第 153 页。
[2]《活出生命的意义》，第 156 页。

的意义问题》等，来加深对意义疗法的了解。

三、后记

在书中"苦难之意义"这一节中，弗兰克尔最后提出了一个问题："所有这些苦难、死亡到底有没有意义？如果没有，那么压根儿就不该忍受。基于这种偶然之上的生命，压根儿就没有意义。"[1]

从他整本书的论述中不难发现，无法避免的苦难作为生命的一部分，对于思考生命的意义而言，具有重要的意义，在我们忍受苦难并与苦难斗争的过程中，生命的意义自然体现，区别只在于我们是否去对我们的现状进行思考，进而意识到生命意义的存在。

生命的意义需要每个人自己去探索和发现，然而，我们今天的每一个人，由于各种各样的原因，越来越缺少对生命意义的思考，而现有的教育在这一点上也没有起到足够的作用。

我是谁？我是什么样的人？我希望成为什么样的人？我的价值体现在哪些方面？我生命的意义是什么？

诸如此类的问题，不仅是哲学上的思考，也是我们每一个人在建立自我的过程中最基本的反思。然而，很多人在成长和受教育的过程中，轻易将现代社会所崇尚的金钱、权力、成功和地位等因素简化为自己的价值观，将考好大学、找好工作、有高收入等定义为自己自我实现的终极目标。这无疑是将人性简单化、模式化和功利化的体现。在这种情况下，重读弗兰克尔的《活出生命的意义》，对于我们反思自我，寻找生活的意义，具有重要的价值。

然而，弗兰克尔的理论中也有其不足之处。

比如，他一直强调生活的意义，但意义评判的标准到底是什么？

---

[1]《活出生命的意义》，第143页。

他并没有明确地解释。同时，意义本身就存在正反两个方向，弗兰克尔并没有说明消极的意义的影响和价值，而是将所有的非积极的关于意义的思考都笼统地纳入需要治疗的目标。

再如他在某些时候过度强调宗教在人的意义寻找的过程中的重要性，由于他自己有坚定的宗教信仰，并认为自己的宗教信仰在集中营的岁月中帮助他坚持活下来具有巨大的意义，因此他将之定义为"超级意义"，但这种基于自身信仰的归纳应该区别性地理解。难道对于那些没有宗教信仰的人而言，就没有追求更高级的人生意义的能力和机会了吗？答案当然是否定的。

但是这些批评也都是一家之言。"一千个人心目中有一千个哈姆雷特"，相信每一个读者在读过弗兰克尔的理论之后都会有自己的独特的解读。

附：弗兰克尔部分著作推荐

《追求意义的意志》（*The Will to Meaning*：*Foundations and Applications of Logotherapy*，1969），郭本禹、司群英译，中国人民大学出版社 2015 年版

《活出生命的意义》（*Man's Search for Meaning*，1972），吕娜译，华夏出版社 2010 年版

《心理治疗中的意义问题》（*Die Sinnfrage in der Psychotherapie*，1985）

《在意义问题之前的人》（*Der Mensch vor der Frage nach dem Sinn*，1985）

《实践中的心理治疗学》（*Die Psychotherapie in der Praxis*，1986）

《意义治疗和存在分析》（*Logotherapie und Existenzanalyse*，1987），赵旭东译，电子工业出版社 2014 年版

后　记

　　写作这本书的想法之所以会出现，要感谢汕头大学宗教文化研究中心的卢龙光教授和陈晨博士。有一个学期，我跟宗教文化研究中心合开了一门通过微电影拍摄来促进学生自我成长的课程。对于我而言，这门课程其实是一个学习的过程，一方面因为我很喜欢看电影，另一方面也因为我很希望通过这样一门课程为自己的教学和研究提供一些不一样的角度。

　　在讨论课程的过程中，卢教授和陈博士跟我提到他们中心一直致力于推广学生对于经典名著的阅读，这些名著不应该仅仅局限于我们所看过的文学作品，而且应该涵盖社会科学的各个学科领域。我非常赞同这一观点，因此也想将一些心理学专业中较为经典的作品推荐给对心理学感兴趣的读者，这个想法得到了两位老师的支持，于是我鼓起勇气开始写这本书。

　　挑选作品的过程其实是费了很多功夫的。我读博士期间的研究领域是认知和学习心理学，我更熟悉的是当前心理学界较为主流的定量研究方法，目前心理学专业在教学过程中的专业教材中所使用的材料，大都集中在这一范畴。但对于一个非心理学专业的人而言，这样的阅读过程会相对枯燥乏味，而且如果不是从基础心理学循序渐进、系统学习的话，也会难以理解书中的内容。因此，在挑选作品时，我有意识地挑选了精神分析和人本主义等思辨性和可读性相对较强的作品来进行导读，尽量采用生活化、通俗化的例子来帮助大家进行理解。

同时，在选取作品的时候，我也尽量注意区分不同的心理学家的观点。在现代心理学研究中，我们探讨人的自我的形成，主要会关注遗传、家庭、学校和社会等不同因素对人的自我发展和形成过程的影响。这部书中所介绍的作品也尽量涵盖上述不同的领域，以使读者对影响自我的不同因素进行多角度的思考。必须指出的是，这些经典的作品的写作时代距今已经有一定的间隔，其中所介绍的观点虽然都是我们今日仍可在心理学专业教科书上找到的经典理论，但仍有一定的历史性和局限性。

如果想要对关于自我的心理学理论有更深入的了解，建议大家把这本书，以及本书中所推荐和导读的几本经典作品作为敲门砖，在此基础上更多去了解不同的研究理论，并广泛涉猎行为研究、认知研究和现代认知神经科学中关于自我的研究成果，以便对这一领域有更好的了解。

这本书没有走严肃的科研著作的路，而是希望以一个更加通俗有趣的形式展现给大家，帮助那些对心理学感兴趣的非心理学专业读者和心理学专业的初学者更好地了解心理学理论。但并不是说这本书是不严谨的，书中所介绍的心理学家，每一位在心理学历史上都是极为著名的、有重要影响力的人物！在写作的过程中，我也采取严肃的态度来对每位心理学家的观点进行引证和分析，尽量做到对其基本观点的真实还原和解读。

感谢汕头大学和李嘉诚基金会在本书出版过程中为我提供的支持和帮助，感谢汕头大学宗教文化研究中心的卢龙光教授、陈晨博士、彭尚青博士，以及霍淑萍、陶颖和周晓萍等诸位同事在本书写作和出版过程中提供的耐心而周到的帮助。没有大家的支持和鼓励，就没有这本书的出版。最后，我想感谢父母和家人的支持和帮助，他们使这本小书得以问世。